Sebastian Mauelshagen, Dirk Overbeck, Markus Schajek

Herausgeber: Dirk Overbeck

Handlungsfeld: Kosten- und Leistungsrechnung

Lernsituationen für einen kompetenzorientierten Unterricht

1. Auflage

Bestellnummer 58214

Bildungsverlag EINS
westermann

Die in diesem Produkt gemachten Angaben zu Unternehmen (Namen, Internet- und E-Mail-Adressen, Handelsregistereintragungen, Bankverbindungen, Steuer-, Telefon- und Faxnummern und alle weiteren Angaben) sind i. d. R. fiktiv, d. h., sie stehen in keinem Zusammenhang mit einem real existierenden Unternehmen in der dargestellten oder einer ähnlichen Form. Dies gilt auch für alle Kunden, Lieferanten und sonstigen Geschäftspartner der Unternehmen wie z. B. Kreditinstitute, Versicherungsunternehmen und andere Dienstleistungsunternehmen. Ausschließlich zum Zwecke der Authentizität werden die Namen real existierender Unternehmen und z. B. im Fall von Kreditinstituten auch deren IBANs und BICs verwendet.

Die in diesem Werk aufgeführten Internetadressen sind auf dem Stand zum Zeitpunkt der Drucklegung. Die ständige Aktualität der Adressen kann vonseiten des Verlages nicht gewährleistet werden. Darüber hinaus übernimmt der Verlag keine Verantwortung für die Inhalte dieser Seiten.

service@bv-1.de
www.bildungsverlag1.de

Bildungsverlag EINS GmbH
Ettore-Bugatti-Straße 6-14, 51149 Köln

ISBN 978-3-427-**58214**-4

westermann GRUPPE

Vorwort

Liebe Schülerinnen und Schüler,
liebe Kolleginnen und Kollegen,

mit dem vorliegenden Arbeitsbuch wollen wir **kompetenzorientiertes Lernen in vollständigen Lernhandlungen unterstützen**.

Insgesamt finden Sie **19 Lernsituationen**, welche die Umsetzung eines problem- und handlungsorientierten Unterrichts erleichtern und **selbstständiges, schülerorientiertes Arbeiten** ermöglichen. Die Lernsituationen und Übungen dieses Lehrbuchs sind konsequent an einem **Modellunternehmen**, den Westfälischen Fahrradwerken (WSW AG), ausgerichtet.

Jeder Lernsituation steht eine problemorientierte **Ausgangssituation** voran. Sämtliche Informationen, welche zur Bearbeitung der Arbeitsaufträge erforderlich sind, sind in einer „**Info-Box**" zusammengefasst. Als Möglichkeit zur **Binnendifferenzierung** schließen sich **vertiefende Übungen** und/oder **ergänzende Übungen** an. Eine selbstständig zu vervollständige **Zusammenfassung** der wesentlichen Inhalte dient der Wiederholung und Festigung des erworbenen Wissens. Jede Lernsituation schließt mit einer **Schülerselbsteinschätzung**, mit deren Hilfe die erworbenen **Kompetenzen** eingeschätzt werden können.

Wie das Buch zum Handlungsfeld „Finanzbuchhaltung" verfügt auch dieser Band über **Trainingsmodule**. In zwei Trainingsmodulen können Kompetenzen zu ausgewählten Inhalten der Voll- bzw. Teilkostenrechnung gefestigt werden. Am Ende des Buches findet sich ein nach den Lernsituationen gegliedertes Kapitel mit Aufgaben zur Klausur- und Prüfungsvorbereitung.

Bei der Konzeption dieses Arbeitsbuches haben wir Wert darauf gelegt, dass ein bildungsgangübergreifender **Einsatz unabhängig vom eingeführten Lehrbuch** möglich ist.

Wir wünschen Ihnen viel Spaß und viel Erfolg bei der Nutzung dieses Arbeitsbuches!

Das Autorenteam

Inhaltsverzeichnis

Unternehmensbeschreibung

1. Firma Geschäftssitz Internet E-Mail	Westfälische Fahrradwerke AG (WFW AG) Kanalstr. 48–52, 48159 Münster www.wfw.de mail@wfw.de
2. Geschäftsjahr	1. Januar bis 31. Dezember
3. Bankverbindungen	Deutsche Bank Münster, IBAN DE76 4007 0080 0055 2034 88 Postbank Dortmund, IBAN DE81 4401 0046 0286 7783 41
4. Produktionsprogramm	diverse Fahrräder, unterteilt in die Produktgruppen 1. Rennräder 2. Touringräder 3. Mountainbikes 4. E-Bikes
5. Handelswaren	Fahrradbekleidung, Fahrradhelme, Satteltaschen, Fahrradanhänger
6. Kundengruppen	Fahrradeinzel- und -großhandel, Fahrradverleiher
7. Lieferanten	Metall verarbeitende Industriebetriebe, Spezialgroßhändler
8. Absatzgebiet	Deutschland, Belgien, Niederlande, Luxemburg
9. Maschinen und Anlagen	Bohrmaschinen, Schleifmaschinen, Schweißgeräte, Lackierautomaten
10. Fertigungsarten	Serienfertigung
11. Fertigungsorganisation	Fließfertigung (Montage), Gruppen- und Werkstättenfertigung (Rahmenbau)
12. Stoffe und Teile – Rohstoffe – Hilfsstoffe – Betriebsstoffe – Fremdbauteile	Bleche und Rohre aus Stahl und Aluminium Lacke, Beschichtungsmittel, Grundierungen, Schrauben Lösemittel, Fette, Schmierstoffe Bremsen, Sättel, Gangschaltungen, Lampen, Federgabeln, Akkus und Elektromotoren für E-Bikes
13. Beschäftigte	Mitarbeiter: 300 Auszubildende: 14
14. Arbeitstage	Montag bis Freitag, 8 Stunden täglich im Einschichtbetrieb
15. Rechtsform und Gesell- schaftsverhältnisse	Aktiengesellschaft Vorstand: Anne Wessels und Rainer Flender Aufsichtsrat: Heike Brügge, Yassir Murak, Heinz Bast Grundkapital: 4 000 000,00 €
16. Verbände	IHK Nord Westfalen Zweirad-Industrie-Verband (ZIV)
17. Betriebsnummer	48 575 839
18. USt-Identifikationsnummer	DE455612796
19. Handelsregistereintrag	Amtsgericht Münster HR B 564-054

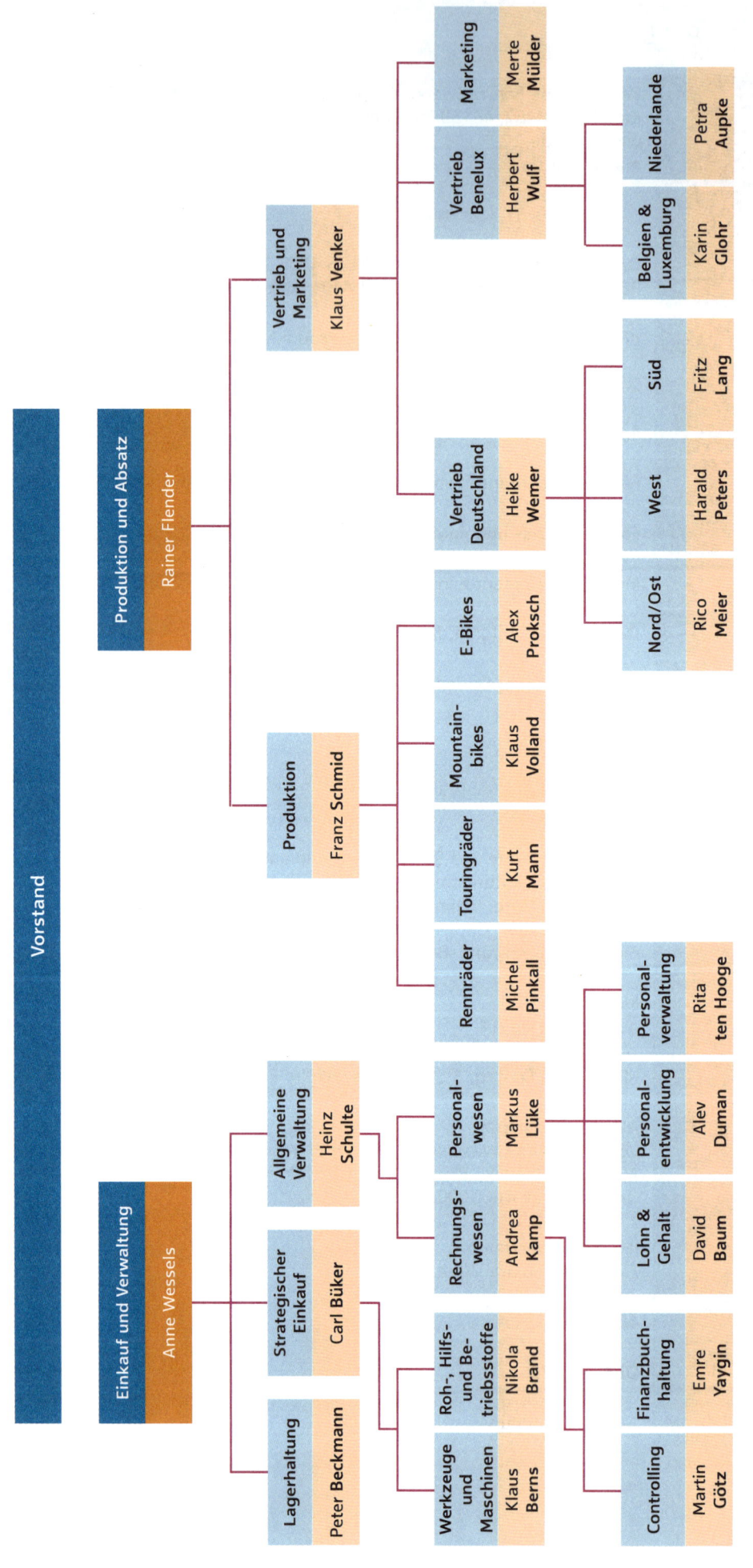

Organigramm der Westfälischen Fahrradwerke AG (WFW AG)

Vorstand

Einkauf und Verwaltung — Anne Wessels

Produktion und Absatz — Rainer Flender

- Lagerhaltung — Peter Beckmann
- Strategischer Einkauf — Carl Büker
  - Werkzeuge und Maschinen — Klaus Berns
  - Roh-, Hilfs- und Betriebsstoffe — Nikola Brand
- Allgemeine Verwaltung — Heinz Schulte
  - Rechnungswesen — Andrea Kamp
    - Controlling — Martin Götz
    - Finanzbuchhaltung — Emre Yaygin
  - Personalwesen — Markus Lüke
    - Lohn & Gehalt — David Baum
    - Personalentwicklung — Alev Duman
    - Personalverwaltung — Rita ten Hooge

- Produktion — Franz Schmid
  - Rennräder — Michel Pinkall
  - Touringräder — Kurt Mann
  - Mountainbikes — Klaus Volland
  - E-Bikes — Alex Proksch
- Vertrieb und Marketing — Klaus Venker
  - Vertrieb Deutschland — Heike Wemer
    - Nord/Ost — Rico Meier
    - West — Harald Peters
    - Süd — Fritz Lang
  - Vertrieb Benelux — Herbert Wulf
    - Belgien & Luxemburg — Karin Glohr
    - Niederlande — Petra Aupke
  - Marketing — Merte Mülder

Auszubildende

Maik Balster	Industriekaufmann
Leonie Gremme	Industriekauffrau
Malte Wiege	Kaufmann für Büromanagement
Omar Guetat	Groß- und Außenhandelskaufmann

Ausgangssituation: Zwischen den Zeilen lesen …

Die Leiterin der Abteilung Rechnungswesen bei der WFW AG, Andrea Kamp, analysiert gemeinsam mit ihren Mitarbeitern Martin Götz (Controlling) und Emre Yaygin (Finanzbuchhaltung) die Gewinn- und Verlustrechnung für den letzten Monat, als die Auszubildenden Maik Balster und Leonie Gremme hinzukommen.

SOLL		8020 GuV (Oktober)	HABEN
6000 Aufwendungen für Rohstoffe	2 975 000,00 €	5000 Umsatzerlöse f. eigene Erzeugnisse	3 875 000,00 €
6020 Aufwendungen für Hilfsstoffe	185 000,00 €	5200 Bestandsveränderungen	545 000,00 €
6030 Aufwendungen für Betriebsstoffe	155 000,00 €	5401 Mieterträge	247 000,00 €
6050 Energieaufwand	56 000,00 €	5410 Sonstige Erlöse	420 000,00 €
6160 Fremdinstandsetzung	105 000,00 €	5710 Zinserträge	35 800,00 €
6200 Löhne	520 000,00 €		
6300 Gehälter	525 000,00 €		
6520 Abschreibungen auf Sachanlagen	134 000,00 €		
6800 Aufwendungen für Büromaterial	22 000,00 €		
6979 Anlagenabgänge	350 000,00 €		
7510 Zinsaufwendungen	35 400,00 €		
3000 EK (Gewinn)	60 400,00 €		
	5 122 800,00 €		5 122 800,00 €

Maik Balster:	„Warum schauen Sie denn so besorgt? Ein Gewinn von rund 60 000,00 € im Oktober, wenn die Hauptsaison vorbei ist, ist doch ganz ordentlich."
Emre Yaygin:	„Das stimmt zwar, aber wirklich glücklich sind wir mit dem Ergebnis nicht. Betrachtet man die GuV als Ganzes, haben wir zwar einen Gewinn gemacht …"
Martin Götz:	„… aber wenn wir uns die Zahlen genauer anschauen, erkennen wir, dass wir im Oktober doch einige Probleme hatten."
Leonie Gremme:	„Was meinen Sie genau?"
Martin Götz:	„Nun, da sind zum Beispiel die Sonstigen Erlöse. Die stammen aus dem Verkauf einer nicht mehr benötigten Fertigungsanlage. Diese stand noch mit 350 000,00 € in den Büchern und konnte von uns für 420 000,00 € verkauft werden. Das ist sicherlich positiv, bleibt aber ein einmaliger Ertrag, der sich so nicht mehr wiederholen lässt."
Emre Yaygin:	„Auch die Mieterträge haben ja letztlich nichts mit unserem eigentlichen Betriebszweck, der Herstellung und dem Verkauf von Fahrrädern zu tun. Sicherlich haben wir auch Aufwendungen für unsere Werkswohnungen, z. B. mussen wir einen Hausmeister bezahlen, aber dennoch sorgen unsere Mieteinnahmen für einen beträchtlichen Teil des Unternehmensgewinns."
Leonie Gremme:	„Verstehe. Aber es ist doch dennoch richtig, sämtliche Aufwendungen und Erträge, die im Unternehmen angefallen sind, gegenüberzustellen."

Martin Götz:	„Natürlich, genau das macht die Finanzbuchhaltung mithilfe der GuV. In der Kosten- und Leistungsrechnung konzentriert man sich aber auf die Aufwendungen und Erträge, die im Zusammenhang mit dem Hauptzweck der Unternehmung, in unserem Fall der Produktion und dem Verkauf von Fahrrädern, regelmäßig anfallen. Diese betrieblichen Aufwendungen und Erträge nennt man Kosten und Leistungen."
Maik Balster:	„Sie ermitteln also die Kosten und Leistungen die jeden Monat anfallen?"
Martin Götz:	„Und wir berechnen so den Erfolg, den der Betrieb erzielt hat. Aufwendungen und Erträge, die nichts mit dem Betriebszweck zu tun haben, bleiben unberücksichtigt."
Leonie Gremme:	„Verstehe, mithilfe der Finanzbuchhaltung erkennt man, ob das Unternehmen als Ganzes wirtschaftlich arbeitet, und durch die Kosten- und Leistungsrechnung kontrollieren Sie die Wirtschaftlichkeit des Betriebs."
Martin Götz:	„Genau, aber die KLR macht natürlich noch mehr. Auf Basis unserer Berechnungen werden die Verkaufspreise für einzelne Produkte kalkuliert, die Angebotspreise für Aufträge und Projekte berechnet und festgelegt, welche Betriebsbereiche oder Produktgruppen möglicherweise eliminiert werden müssen, weil sie nicht mehr kostendeckend arbeiten."
Andrea Kamp:	„Tja, Herr Balster, wie würden Sie das Unternehmensergebnis denn nun beurteilen?"

Arbeitsaufträge

1 Beschreiben Sie den grundsätzlichen Aufbau und die Positionen einer Gewinn- und Verlustrechnung.

2 Diskutieren Sie, warum Frau Kamp, Herr Yaygin und Herr Götz das Unternehmensergebnis des Monats Oktober nicht uneingeschränkt positiv sehen.

3 Erläutern Sie, welche Informationen der vorliegenden Gewinn- und Verlustrechnung nicht entnommen werden können.

4 Erläutern Sie die wesentlichen Unterschiede zwischen der Kosten- und Leistungsrechnung (KLR) und der Finanzbuchhaltung.

5 Nennen Sie die Hauptaufgaben der Kosten- und Leistungsrechnung.

6 Erläutern Sie die drei Stufen der Kosten- und Leistungsrechnung.

Info 1: Aufbau und Schwächen der Gewinn- und Verlustrechnung

INFOBOX

Als Teil der Finanzbuchhaltung ist die Gewinn- und Verlustrechnung dem externen Rechnungswesen zuzurechnen. Sie stellt damit wichtige Informationen für Eigentümer, Banken oder auch Finanzbehörden bereit. Der Aufbau der Gewinn- und Verlustrechnung unterliegt den gesetzlichen Vorschriften des HGB. Gemäß § 242 HGB werden in der **Gewinn- und Verlustrechnung** am Geschäftsjahresende die Aufwendungen und Erträge gegenübergestellt, um den **Erfolg des Unternehmens** insgesamt (= **Unternehmensergebnis** oder **Gesamtergebnis**) zu ermitteln. Es werden somit sämtliche Aufwendungen und Erträge erfasst; auch solche, die mit dem sachlichen Zweck des Unternehmens nichts zu tun haben oder die unregelmäßig anfallen bzw. betragsmäßig außergewöhnlich sind.

Beispiele: Mieterträge, Gewinne oder Verluste aus Wertpapiergeschäften, Aufwendungen für vermietete Wohnungen, Zinserträge aus Anlage- und Wertpapiergeschäften, Erfolge aus dem Verkauf von Anlagevermögen

Die GuV ermöglicht somit eine **Wirtschaftlichkeitskontrolle der Unternehmung insgesamt**, liefert jedoch **keine Informationen über**

- die **Wirtschaftlichkeit des** eigentlichen **Betriebszwecks**, dem Sachziel der Unternehmung (Herstellung und Produktion eigener Erzeugnisse).

  Beispiel: Das mithilfe der GuV ermittelte Unternehmensergebnis enthält Mieterträge, die jedoch nichts mit dem Sachziel der WFW AG, der Produktion und dem Verkauf von Fahrrädern, zu tun haben.

- die **Wirtschaftlichkeit einzelner Betriebsbereiche**, weil die Aufwendungen in der GuV in einer Summe ausgewiesen werden müssen.

  Beispiel: Nach dem Verkauf veralteter Lackierkabinen wird zunehmend vollautomatisch lackiert. Die Geschäftsleitung kann aus der GuV nicht ablesen, wie produktiv das neue Verfahren ist.

- die **Wirtschaftlichkeit einzelner Produktgruppen**, weil die Zurechnung der entsprechenden Aufwendungen und Erträge zu einzelnen Produkten fehlt.

  Beispiel: In der GuV werden die Umsatzerlöse in einer Summe ausgewiesen. Es fehlen Informationen darüber, in welchem Maße die Produktgruppen Rennräder, Touringräder, Mountainbikes und E-Bikes zu dem Gesamtergebnis beigetragen haben.

Info 2: Hauptaufgaben der Kosten- und Leistungsrechnung

Während durch die Finanzbuchhaltung als externes Rechnungswesen sämtliche Aufwendungen und Erträge in der Gewinn- und Verlustrechnung erfasst werden, ist die Kosten- und Leistungsrechnung eine innerbetriebliche Planungs- und Kontrollrechnung, die sich nur mit den Aufwendungen befasst, die durch den eigentlichen Betriebszweck regelmäßig verursacht werden. Die Kosten- und Leistungsrechnung ermittelt also Leistungen, die der Betrieb regelmäßig erbringt, und die Kosten, die diese Leistungserbringung regelmäßig verursacht.

Beispiele: Rohstoffaufwendungen, Lohnzahlungen für Mitarbeiter der Fertigung, Umsatzerlöse für eigene Erzeugnisse und Handelswaren

Durch die Gegenüberstellung der betrieblichen Erträge (Leistungen) und der betrieblichen Aufwendungen (Kosten) wird das **Betriebsergebnis** ermittelt.

Darüber hinaus ermöglicht die Abgrenzung der nicht unmittelbar durch die Herstellung der Produkte verursachten Aufwendungen die Ermittlung der Selbstkosten je Produkt, die Kalkulation der Angebotspreise und eine Kontrolle der Wirtschaftlichkeit des Gesamtbetriebs sowie einzelner Teilbereiche und Produktgruppen.

Info 3: Aufbau der Kosten- und Leistungsrechnung

1. **Kostenartenrechnung:** Hier erfolgt die Abgrenzung der betriebsfremden Erträge und Aufwendungen. Es werden also die Kosten und Leistungen erfasst und gegliedert: **Welche** Kosten und Leistungen sind entstanden? (vgl. Lernsituationen 2 und 3)
2. **Kostenstellenrechnung:** Hier werden die Kosten verursachungsgerecht auf die verschiedenen Betriebsbereiche, die sog. Kostenstellen, verteilt: **Wo** sind die Kosten entstanden? (vgl. Lernsituation 4)
3. **Kostenträgerrechnung:** Hier werden die Kosten den Produktgruppen bzw. Produkten zugeordnet, von denen sie verursacht wurden: **Wer** hat die Kosten zu tragen? (vgl. Lernsituationen 5 und 7)

Vertiefende Übungen

1 Prüfen Sie, ob die folgenden Aussagen wahr sind, und korrigieren Sie die falschen Aussagen.
   a) Die Finanzbuchhaltung erfasst alle Geschäftsfälle in einem Unternehmen.
   b) Die Kosten- und Leistungsrechnung ermittelt den Unternehmenserfolg.
   c) Die Finanzbuchhaltung ermittelt den Betriebsgewinn.
   d) Die Kostenträgerrechnung gibt Auskunft darüber, wo die Kosten entstanden sind.
   e) Die Kostenartenrechnung erfasst und gliedert alle Kosten und Leistungen.
   f) Die Kosten- und Leistungsrechnung ermittelt die Selbstkosten je Produkt und kalkuliert die Verkaufspreise.
   g) In der Gewinn- und Verlustrechnung werden Aufwendungen und Leistungen gegenübergestellt.

2 Vervollständigen Sie den folgenden Lückentext:

In der Finanzbuchhaltung wird durch die Gegenüberstellung von _____ und

_____ das _____ eines Unternehmens, der _____

oder der _____ ermittelt. Allerdings werden die Aufwendungen der gesamten

Unternehmung in einer Summe ausgewiesen, sodass keine Aussagen über die _____

und die _____ einzelner Teilbereiche getroffen werden können. Die Kosten-

und Leistungsrechnung hingegen konzentriert sich auf die Aufwendungen und Erträge, die im

Zusammenhang mit dem unmittelbaren Sachziel, dem _____ der Unternehmung

stehen. Diese bezeichnet man als _____ bzw. _____. Stellt man diese

gegenüber, so erhält man das _____. Die Kosten- und Leistungsrechnung ermittelt

die Leistungen, die der _____ erstellt, und die Kosten, die diese Leistungserstellung

regelmäßig verursacht. Sie berechnet die _____ je Produkt und kalkuliert die

_____. Sie ist darüber hinaus das zentrale _____ für

die Wirtschaftlichkeit des Gesamtbetriebs, einzelner Teilbereiche und Produktgruppen. Durch die

_____ wird geklärt, welche Kosten entstanden sind.

Die _____ verdeutlicht, wo diese Kosten entstanden sind, und

die _____ klärt, welcher Kostenanteil auf die einzelnen Produkte entfällt.

ZUSAMMENFASSUNG

Finanzbuchhaltung
Erfassung aller _____ und _____ zur Ermittlung des _____ in der Gewinn- und Verlustrechnung.

GuV	_____ – Aufwendungen = _____ ergebnis

Kosten- und Leistungsrechnung
1. Analysieren, welche Aufwendungen und Erträge durch den _____ verursacht worden sind.
2. _____ und _____ zur Ermittlung des _____ erfassen.
3. Ursachen der Entstehung von _____ und _____ sowie ihre Entwicklung verdeutlichen.
4. Aussagen über die _____ des Gesamtbetriebs treffen.
5. a) Analysieren, welche _____ und _____ die Kosten und Leistungen verursacht haben.
b) Analysieren, welche _____ die Kosten und Leistungen verursacht haben.

KLR	Leistungen – _____ = _____ ergebnis

Stufen der Kosten- und Leistungsrechnung				
Kosten- _____ rechnung	Basis für →	Kosten- _____ rechnung	Basis für →	Kosten- _____ rechnung
_____ Kosten sind entstanden?		_____ sind die Kosten entstanden?		_____ hat die Kosten zu tragen?

SELBSTEINSCHÄTZUNG

	Ja ☺	Mit Hilfe 😐	Nein ☹

Außerdem habe ich gelernt:

_____

_____

_____

_____

> **HINWEIS**   Zur Wiederholung und Vertiefung:
> Seite 196, Aufgabe 1

LERNSITUATION 2: Die Abgrenzungsrechnung durchführen

Ausgangssituation I: Neutrale Aufwendungen und Erträge abgrenzen

Nachdem die grundsätzlichen Aufgaben und die Notwendigkeit der Kosten- und Leistungsrechnung geklärt wurden, sollen Maik Balster und Leonie Gremme die Gewinn- und Verlustrechnung vom Oktober (vgl. Seite 7) genauer analysieren.

Maik Balster: „Dazu müssen wir uns jede Position der GuV genau anschauen und überprüfen, ob sie durch den Betriebszweck verursacht wurde und regelmäßig anfällt."

Martin Götz: „Genau. Ich habe daher alle notwendigen ergänzenden Informationen zur GuV vom Oktober zusammengefasst."

GuV-Position	Erläuterungen
6160 FIS	Von den vorliegenden Handwerkerrechnungen entfallen 22 000,00 € auf eine durchgeführte Fassadenrenovierung eines vermieteten Wohngebäudes.
6300 Gehälter	3 000,00 € entfallen auf das Gehalt des Hausmeisters der Wohngebäude.

GuV-Position	Erläuterungen
6520 Abschreibungen	Von den Abschreibungen entfallen 2 500,00 € auf vermietete Wohngebäude und Lagerhallen.
7510 Zinsaufwand	Zinsaufwendungen in Höhe von 6 500,00 € entfallen auf ein Darlehen, welches zur Finanzierung eines Wohngebäudes aufgenommen wurde.
5401 Mieterträge	Die Mieterträge sind in voller Höhe durch die Vermietung von Wohnungen und Lagerhallen entstanden.
5710 Zinserträge	22 000,00 € Zinserträge haben wir durch vor einigen Jahren angelegte Festgelder erzielt.

Arbeitsaufträge

1 Berechnen Sie mithilfe der nachfolgenden Informationen die
a) betriebsfremden Aufwendungen,
b) betrieblich bedingten Aufwendungen,
c) betriebsfremden Erträge,
d) betrieblich bedingten Erträge

und begründen Sie die von Ihnen vorgenommenen Zuordnungen.

Kto.-Nr.	Aufwendungen laut GuV	betriebsfremde Aufwendungen	betrieblich bedingte Aufwendungen
6000	2 975 000,00 €		
6020	185 000,00 €		
6030	155 000,00 €		
6050	56 000,00 €		
6160	105 000,00 €		
6200	520 000,00 €		
6300	525 000,00 €		
6520	134 000,00 €		
6800	22 000,00 €		
6979	350 000,00 €		
7510	35 400,00 €		
Summe			

Kto.-Nr.	Erträge laut GuV	betriebsfremde Erträge	betrieblich bedingte Erträge
5000	3 875 000,00 €		
5200	545 000,00 €		
5401	247 000,00 €		
5410	420 000,00 €		
5710	35 800,00 €		
Summe			

2 Berechnen Sie auf Basis Ihrer Ergebnisse aus Arbeitsauftrag 1 und mithilfe der nachfolgenden Informationen die
   a) betrieblich außerordentlichen Aufwendungen,
   b) betrieblich außerordentlichen Erträge,
   c) Kosten (= ordentliche betriebliche Aufwendungen),
   d) Leistungen (= ordentliche betriebliche Erträge)

und begründen Sie die von Ihnen vorgenommenen Zuordnungen.

GuV-Position	Erläuterungen
6000 Rohstoffaufwand	Im Oktober sind Metallplatten im Wert von 18 000,00 € oxidiert und waren danach unbrauchbar. Es bestand kein Versicherungsschutz.
6979 Anlagenabgänge	Der Buchwert der nicht mehr benötigten und verkauften Fertigungsanlage betrug 350 000,00 €.
5410 Sonstige Erlöse	Die 420 000,00 € stammen aus dem Verkauf einer nicht mehr benötigten Fertigungsanlage.
5710 Zinserträge	13 800,00 € waren angefallene Verzugszinsen unserer Kunden, die ihre Rechnungen verspätet beglichen haben.

Kto.-Nr.	betrieblich bedingte Aufwendungen	betrieblich außerordentliche Aufwendungen	Kosten
6000			
6020			
6030			
6050			
6160			
6200			
6300			
6520			
6800			
6979			
7510			
Summe			

Kto.-Nr.	betrieblich bedingte Erträge	betrieblich außerordentliche Erträge	Leistungen
5000			
5200			
5401			
5410			
5710			
Summe			

3 Ermitteln Sie das Unternehmens- und Betriebsergebnis und berechnen Sie die Differenz.

Erträge
Aufwendungen
Unternehmensergebnis

Leistungen
Kosten
Betriebsergebnis

Differenz

4 Erklären Sie die Differenz zwischen Unternehmensergebnis und Betriebsergebnis.

Info 1: Abgrenzung von neutralen Aufwendungen und Kosten

Die Beurteilung der Wirtschaftlichkeit eines Betriebes aufgrund der Gewinn- und Verlustrechnung führt zu falschen Aussagen, weil neben den Aufwendungen, welche regelmäßig anfallen und dem **Betriebszweck** dienen (**Kosten**), und den Erträgen (**Leistungen**), die regelmäßig durch den Betriebszweck entstehen, auch betriebsfremde und unregelmäßig anfallende Aufwendungen und Erträge berücksichtigt werden. Ziel der Kosten- und Leistungsrechnung ist es daher, diese **neutralen Aufwendungen und Erträge** von den Kosten und Leistungen zu trennen.

Kosten
Aufwendungen, die betrieblich bedingt sind und regelmäßig anfallen. Stimmen diese Kosten mit denen in der Finanzbuchhaltung erfassten Aufwendungen überein, spricht man auch von **Grundkosten** oder **Zweckaufwendungen**.

Beispiele: Lohnkosten für Facharbeiter, Gehälter für Verwaltungsmitarbeiter, Aufwendungen für in der Produktion verwendete Hilfsstoffe

Betriebsfremde Aufwendungen
Aufwendungen, die in keinerlei Beziehung zum betrieblichen Leistungsprozess stehen.

Beispiele: Reparaturkosten für vermietete Gebäude, Abschreibungen auf vermietete Gebäude

Betrieblich außerordentliche Aufwendungen
Aufwendungen, die betriebsbedingt sind, jedoch nach Art und Höhe so außergewöhnlich sind, dass sie nicht als Kosten erfasst werden, weil
* sie **einmalig, völlig unerwartet** oder **untypisch** für das normale Betriebsgeschehen sind.
* sie sich keinem bestimmten Abrechnungszeitraum zurechnen lassen (**zeitraumneutrale Anwendungen**).
* sie eine bereits abgeschlossene Rechnungsperiode betreffen (**periodenfremde Aufwendungen**).

Beispiele: Rohstoffverderb oder diebstahl, Zahlung des tarifvertraglich vereinbarten Weihnachtsgeldes im Dezember, Gewerbesteuernachzahlung für das letzte Geschäftsjahr

Betriebsfremde und betrieblich außerordentliche Aufwendungen bezeichnet man als **neutrale Aufwendungen**.

Info 2: Abgrenzung von neutralen Erträgen und Leistungen

Leistungen

Erträge, die betrieblich bedingt sind und regelmäßig anfallen. Stimmen diese Leistungen mit denen in der Finanzbuchhaltung erfassten Erträgen überein, spricht man auch von **Grundleistungen** oder **Zweckerträgen**.

Beispiele: Umsatzerlöse aus dem Verkauf von eigenen Erzeugnissen oder Handelswaren (**Absatzleistungen**), die in einer Rechnungsperiode hergestellten, aber noch nicht verkauften Erzeugnisse (**Lagerleistungen**), selbst erstellte Werkzeuge und Maschinen für den Betrieb (**aktivierte Eigenleistungen**)

Betriebsfremde Erträge

Erträge, die in keinerlei Beziehung zum betrieblichen Leistungsprozess stehen.

Beispiele: Mieteinnahmen, Zinserträge von Nichtkunden

Betrieblich außerordentliche Erträge

Erträge, die betriebsbedingt sind, jedoch nach Art und Höhe so außergewöhnlich sind, dass sie nicht als Leistungen erfasst werden, weil

* sie **einmalig, völlig unerwartet** oder **untypisch** für das normale Betriebsgeschehen sind.
* sie sich keinem bestimmten Abrechnungszeitraum zurechnen lassen (**zeitraumneutrale Anwendungen**),
* sie eine bereits abgeschlossene Rechnungsperiode betreffen (**periodenfremde Aufwendungen**).

Beispiele: Erträge aus dem Verkauf von Gegenständen des Anlagevermögens, Auflösung einer Steuerrückstellung für das letzte Geschäftsjahr

Vertiefende Übungen

1 Die WFW AG plant, eine Mitarbeiterschulung zur Kosten- und Leistungsrechnung durchzuführen. Sie sollen in diesem Zusammenhang einen Impulsvortrag zu folgenden Themen halten:
   a) Abgrenzung der Kosten von den neutralen Aufwendungen
   b) Notwendigkeit der Abgrenzung von Kosten und neutralen Aufwendungen zur Beurteilung der Wirtschaftlichkeit des Betriebszwecks
   c) Merkmale des Leistungsbegriffes analog zum Kostenbegriff

2 Für die Mitarbeiterschulung sollen Sie in einem Merkblatt die unterschiedlichen Aufgaben
   a) der unternehmensbezogenen Abgrenzungsrechnung sowie
   b) der betriebsbezogenen Abgrenzungsrechnung erläutern.

3 Prüfen Sie, ob folgende Geschäftsfälle bei der WFW AG
   a) betrieblich ordentlich,
   b) betrieblich außerordentlich oder
   c) betriebsfremd sind.
      1. Dachreparatur an einem Wohnhaus des Betriebes
      2. Akkordlohnzahlungen
      3. Maschinenschaden aufgrund eines Bedienungsfehlers
      4. Rohstoffverbrauch laut Stückliste
      5. Holzentnahme zur Reparatur der Treppe in einem vermieteten Lagergebäude
      6. Fertige Möbel sind wegen unsachgemäßer Lagerung nicht mehr absetzbar.
      7. Kassenfehlbetrag
      8. Gewerbesteuernachzahlung für das vergangene Rechnungsjahr
      9. Rohstoffe werden wegen eines Wasserrohrbruches unbrauchbar.
      10. Forderungsausfall

11. Miete für eine gemietete Lagerhalle

12. Zahlung der Kfz-Steuer für einen Betriebs-Pkw

13. Ausgabe für eine Einführungswerbung

14. Telefonkosten

15. Vertreterprovision

16. Totalschaden eines Lkw durch selbst verschuldeten Unfall

4　Begründen Sie, ob es sich bei den nachfolgenden Fällen der WFW AG

  a) Leistungen,

  b) außerordentliche Erträge,

  c) periodenfremde Erträge oder

  d) betriebsfremde Erträge handelt.

    1. Verkauf von Fahrradbekleidung (Handelswaren)

    2. Erträge aus einer vermieteten Lagerhalle

    3. Verkauf einer nicht mehr benötigten Fertigungsanlage

    4. Rückerstattung zu viel bezahlter Gewerbesteuer durch das Finanzamt

    5. Zinsenerträge für ein einem Kunden gewährtes Darlehen

5　Die WFW AG führt die Abgrenzungsrechnung durch. Erläutern Sie, ob folgende Aufwendungen für die KLR zu übernehmen sind:

  a) Diebstahl von Spezialschrauben im Wert von 400,00 €

  b) Reparatur des Daches des Verwaltungsgebäudes (11 800,00 €)

  c) Spende an Amnesty International (5 000,00 €)

  d) Nachzahlung von Gewerbesteuer für das Vorjahr (9 500,00 €)

  e) Zinsaufwand für aufgenommene betriebsnotwendige Darlehen (7 750,00 €)

  f) Verlust durch Aktienspekulationen (1 800,00 €)

  g) Regelmäßige monatliche Fremdwartung der vollautomatischen Metallsäge (900,00 €)

Ausgangssituation II: Die Ergebnistabelle erstellen

Herr Götz ist mit den Ergebnissen von Maik Balster und Leonie Gremme einverstanden und erläutert: „Hervorragend. Sie haben die neutralen Aufwendungen und Erträge korrekt abgegrenzt. Jetzt geht es nur noch darum, die Abgrenzungsrechnung in eine allgemeingültige und übersichtliche Form zu bringen. Dazu hat man eine sog. Ergebnistabelle entwickelt. Die Formvorlage habe ich Ihnen mitgebracht. Sie müssen nur noch Ihre Ergebnisse von oben in die Tabelle übertragen."

Arbeitsaufträge

1　Führen Sie die Abgrenzungsrechnung mithilfe der Ergebnistabelle auf Seite 18 durch.

2　Analysieren Sie das von Ihnen ermittelte Ergebnis der Abgrenzungsrechnung, indem Sie Unternehmensergebnis, neutrales Ergebnis und Betriebsergebnis miteinander vergleichen. Erläutern Sie, wie sich die wirtschaftliche Situation der WFW AG im Oktober darstellt, nennen Sie mögliche Ursachen und gehen Sie dabei auf einzelne, markante Positionen der Abgrenzungsrechnung ein.

Nr.	Konto	Rechnungskreis I		Rechnungskreis II					
		Erfolgsbereich		Abgrenzungsbereich				Kosten- und Leistungsbereich	
		Werte der Finanzbuchführung		Unternehmensbezogene Abgrenzung (betriebsfremd)		Betriebsbezogene Abgrenzung (betriebl. a.-o.)		Kosten- und Leistungsarten	
		1	2	3	4	5	6	7	8
		Aufw.	Erträge	Aufw.	Erträge	Aufw.	Erträge	Kosten	Leistungen
1									
2									
3									
4									
5									
6									
7									
8									
9									
10									
11									
12									
13									
14									
15									
16									
Summe									
Saldo									
Summe									
		Gesamtergebnis		Ergebnis aus unternehmensbezogener Abgrenzung		Ergebnis aus betriebsbezogener Abgrenzung		Betriebsergebnis	
				Neutrales Ergebnis					

Info 3: Die Ergebnistabelle

Die Abgrenzung der neutralen Aufwendungen und Erträge erfolgt mithilfe einer sogenannten Ergebnistabelle, deren grundlegende Struktur durch die nachfolgende Abbildung verdeutlicht wird:

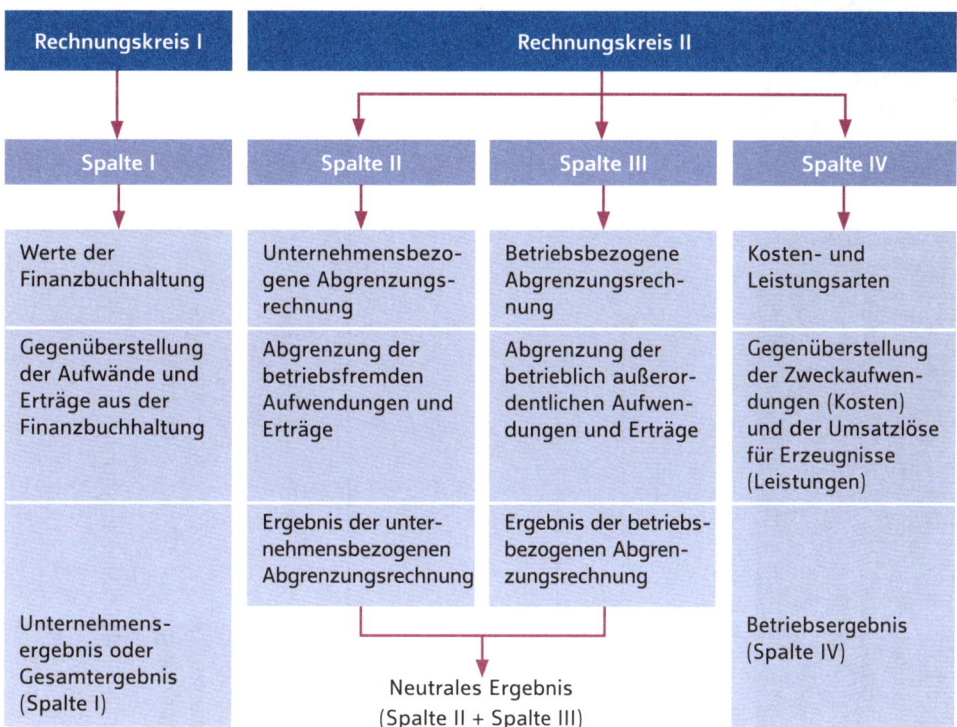

Werte der Finanzbuchhaltung

In der **Spalte I** werden die Aufwendungen und Erträge der GuV-Rechnung übernommen. Der Saldo weist den Unternehmensgewinn bzw. den Unternehmensverlust aus. In dieser Spalte sind betriebliche, betriebsfremde und betrieblich außerordentliche Aufwendungen und Erträge enthalten.

Unternehmensbezogene Abgrenzungsrechnung

Die unternehmensbezogene Abgrenzungsrechnung hat die **Funktion eines ersten Filters**. In der **Spalte II** werden die Aufwendungen und Erträge abgegrenzt, die **betriebsfremd** sind. Nach Abgrenzung der betriebsfremden Aufwendungen und Erträge verbleiben ausschließlich betriebsbezogene Aufwendungen und Erträge.

Betriebsbezogene Abgrenzungsrechnung

In der **Spalte III** werden die Aufwendungen und Erträge abgegrenzt, die zwar betriebsbezogen, aber gleichzeitig unerwartet, untypisch oder stark schwankend sind, sodass sie das Betriebsergebnis verfälschen würden. Dabei handelt es sich um **betrieblich außerordentliche Aufwendungen und Erträge**.

Neutrales Ergebnis

Addiert man das Ergebnis aus unternehmensbezogener Abgrenzungsrechnung (Spalte II) und das Ergebnis aus betriebsbezogener Abgrenzungsrechnung (Spalte III) erhält man das **neutrale Ergebnis**.

Kosten- und Leistungsarten

In **Spalte IV** verbleiben nach Abgrenzung der betriebsfremden sowie der betrieblich außerordentlichen Aufwendungen und Erträge ausschließlich die **Kosten und Leistungen**. Durch ihre Gegenüberstellung wird das **Betriebsergebnis** ermittelt.

Abstimmung der Ergebnisse

Das **Betriebsergebnis** unterscheidet sich vom **Gesamtergebnis** der Unternehmung durch das **neutrale Ergebnis**, d. h., es gilt: Gesamtergebnis = neutrales Ergebnis + Betriebsergebnis.

Dabei erfolgt die Übertragung der einzelnen Positionen nach folgendem Muster:

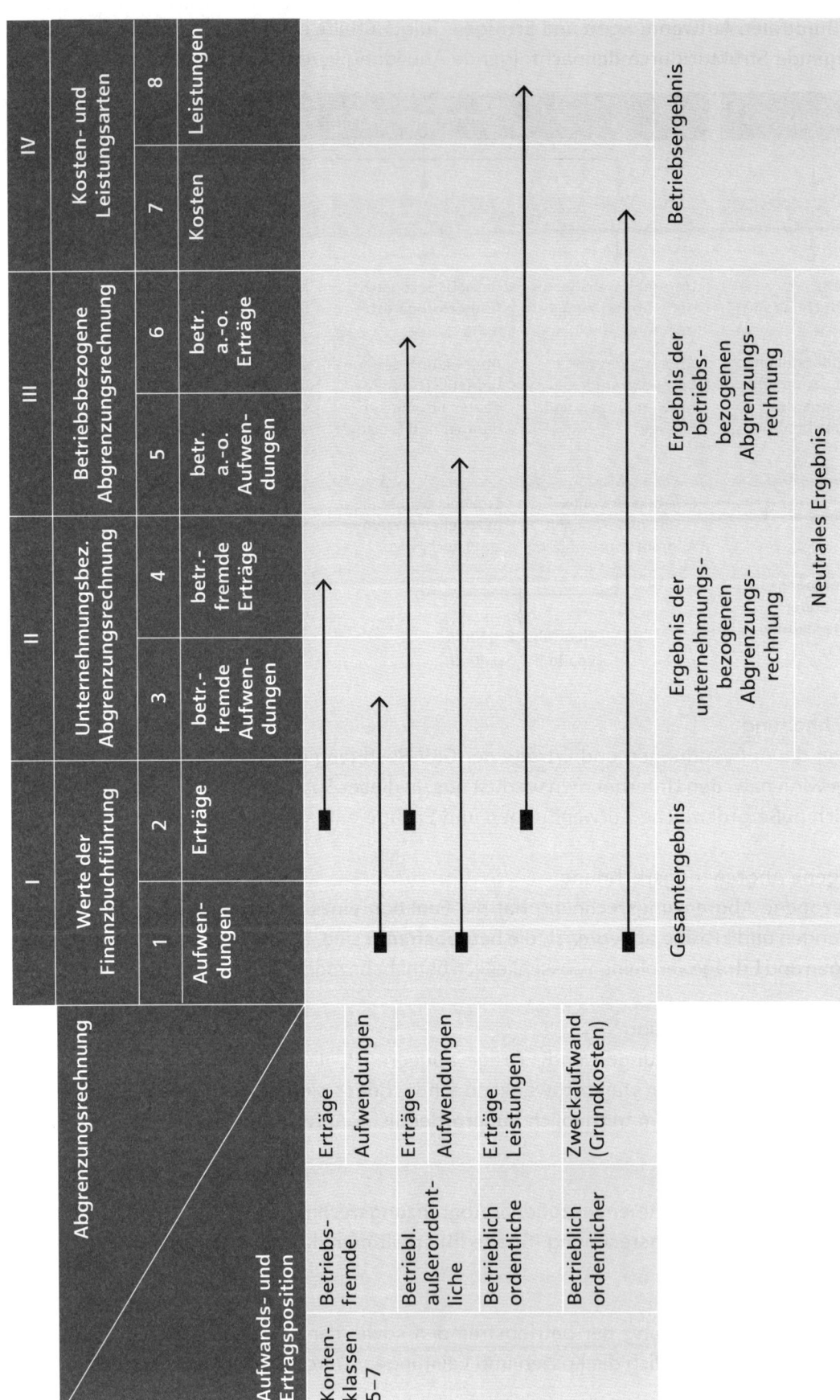

Vertiefende Übungen

1 Die Sommerfeld Bürosysteme GmbH muss auf Basis der nachfolgenden Werte die Abgrenzungsrechnung für den vergangenen Monat erstellen.

Konto	Kontobezeichnung	Aufwendungen €	Erträge €
5000	Umsatzerlöse für eigene Erzeugnisse	–	4 200 000,00
5400	Mieterträge	–	180 000,00
5410	Sonstige Erlöse (hier aus dem Verkauf einer betrieblich genutzten Anlage)		75 000,00
5710	Zinserträge	–	1 000,00
6000	Aufwendungen für Roh-, Hilfs- und Betriebsstoffe	1 450 000,00	–
62–6400	Personalaufwand	1 300 000,00	–
6520	Abschreibungen auf Sachanlagen	250 000,00	–
66–6900	Sonstige betriebliche Aufwendungen	910 000,00	–
6979	Anlagenabgänge	150 000,00	–
7000	Betriebliche Steuern	90 000,00	–
7510	Zinsaufwendungen	35 000,00	–

Zu den obigen Positionen liegen folgende Informationen vor:

Konto	Anwendungen	€
5710	Verzugszinsen für verspätet bezahlte Kundenrechnungen	1 000,00
6000	Rohstoffverderb, Diebstahl	21 000,00
6520	Abschreibungen davon entfallen auf das vermietete Gebäude	250 000,00 12 000,00
6979	Ausbuchung der verkauften betrieblichen Anlage	150 000,00
7000	a) Grundsteuer für vermietete Gebäudeteile b) Gewerbesteuernachzahlung für das vergangene Geschäftsjahr c) Restliche Steuern sind Zweckaufwand	2 500,00 15 000,00 72 500,00
7510	Zinsaufwendungen für betrieblich notwendiges Fremdkapital Ansonsten handelt es sich um betrieblich ordentliche Aufwendungen und Erträge	35 000,00

Führen Sie die Abgrenzungsrechnung durch, erstellen Sie die Ergebnistabelle und stimmen Sie die Ergebnisse miteinander ab.

2 Die Finanzbuchhaltung der WEGA-Maschinen GmbH wies für das abgelaufene Geschäftsjahr folgende Werte aus:

Konto	Kontobezeichnung	Aufwendungen €	Erträge €
5000	Umsatzerlöse für eigene Erzeugnisse	–	4 800 000,00
5400	Mieterträge	–	120 000,00
5410	Sonstige Erlöse	–	16 000,00
5710	Zinserträge	–	2 000,00
6000	Aufwendungen für Roh-, Hilfs- und Betriebsstoffe	1 900 000,00	–
62–64	Personalaufwand	900 000,00	–
6520	Abschreibungen auf Sachanlagen	300 000,00	–
66–6870	Sonstige betriebliche Aufwendungen	1 415 000,00	–
6880	Spenden	4 000,00	–
6900	Versicherungsbeiträge	19 000,00	–
6979	Anlagenabgänge	140 000,00	–
7000	Betriebliche Steuern	66 000,00	–

Zu den obigen Positionen liegen folgende Informationen vor:

Konto	Anmerkungen	€
5400	Mieterträge aus vermieteten Wohnungen	120 000,00
5410	Erträge aus dem Verkauf gebrauchter Maschinen	16 000,00
5710	Verzugszinsen für verspätet bezahlte Kundenrechnungen	2 000,00
6520	Abschreibungen davon entfallen auf das vermietete Gebäude	300 000,00 24 000,00
6880	Spende an das Deutsche Rote Kreuz	4 000,00
6900	a) Versicherungsprämie für vermietete Gebäudeteile b) Restliche Aufwendungen sind Zweckaufwendungen	3 000,00 16 000,00
6979	a) Ausbuchung eines nicht betriebsnotwendigen Gebäudes b) Ausbuchung der verkauften Maschinen	25 000,00 115 000,00
70	a) Grundsteuer für vermietete Gebäudeteile b) Restliche Steuern sind sachzielbezogene Steuern	8 000,00 58 000,00
	Die übrigen Positionen enthalten ausschließlich sachzielbezogene Aufwendungen und Erträge	

Führen Sie die Abgrenzungsrechnung durch und stimmen Sie die Ergebnisse miteinander ab.

ZUSAMMENFASSUNG

Rechnungskreis I		Rechnungskreis II	
Spalte _____	Spalte _____	Spalte _____	Spalte _____
Werte der _____ _____ _____	_____ Abgrenzungsrechnung	_____ Abgrenzungsrechnung	Kosten- und Leistungsarten
Gegenüberstellung aller _____ und _____ _____	Abgrenzung der _____ Aufwendungen und Erträge	Abgrenzung der _____ _____ Aufwendungen und Erträge	Gegenüberstellung der _____ und _____
Beispiele:	Beispiele:	Beispiele:	Beispiele:
_____	_____	_____	_____
_____	_____	_____	_____
_____	_____	_____	_____
_____	_____	_____	_____
_____	_____	_____	_____
_____	_____	_____	_____
_____	_____	_____	_____
_____	_____	_____	_____
_____	_____	_____	_____
_____	_____	_____	_____
_____	_____	_____	_____
_____	_____	_____	_____
_____	_____	_____	_____
_____	_____	_____	_____
_____	_____	_____	_____
_____	_____	–	+ _____
_____			_____

SELBSTEINSCHÄTZUNG	Ja 😊	Mit Hilfe 😐	Nein ☹
Ich kann betriebsfremde Aufwendungen und Erträge erläutern und abgrenzen.			
Ich kann betrieblich außerordentliche Aufwendungen und Erträge erläutern und abgrenzen.			
Ich kann das neutrale Ergebnis berechnen.			
Ich kann das Betriebsergebnis berechnen.			
Ich kann Unternehmensergebnis, neutrales Ergebnis und Betriebsergebnis voneinander unterscheiden.			
Ich kann die Ergebnistabelle erstellen.			
Ich kann die einzelnen Positionen einer Ergebnistabelle erläutern.			
Ich kann die Notwendigkeit der Abgrenzungsrechnung begründen.			

Außerdem habe ich gelernt:

_____

_____

_____

HINWEIS   Zur Wiederholung und Vertiefung:
Seite 197, Aufgabe 2

LERNSITUATION 3: Kalkulatorische Kosten bei der Abgrenzungsrechnung berücksichtigen

Ausgangssituation I: Die Realität besser abbilden

Nachdem Leonie Gremme und Maik Balster die vorläufige Ergebnistabelle für den Oktober erstellt haben, treffen sie sich im Büro von Martin Götz, um das weitere Vorgehen zu besprechen.

| Maik Balster: | „Dass wir die betriebsfremden und betrieblich außerordentlichen Aufwendungen abgrenzen müssen, habe ich verstanden. Aber sind die bisher ausgewiesenen Kosten nicht teilweise zu ungenau, um damit später kalkulieren zu können? Unsere Fir- |

menwagen beispielsweise werden in der Finanzbuchhaltung laut AfA-Tabelle über sechs Jahre abgeschrieben. Sie haben dann also einen Buchwert von 0,00 €, obwohl sie doch zweifelsfrei noch nicht wertlos sind. Herr Venker vom Vertrieb fährt seit über sechs Jahren mit seinem Audi A 8 zu unseren Kunden. Den könnte man doch locker noch für ein paar tausend Euro verkaufen."

Martin Götz: „Natürlich. Die bilanziellen Abschreibungsbeträge der Finanzbuchhaltung, die auf Basis von steuer- und handelsrechtlichen Vorschriften ermittelt werden, drücken auch nicht den wahren Wertverlust des Pkw aus. Da wir unsere Firmenwagen länger nutzen, kalkulieren wir in der KLR mit einer anderen betriebsindividuellen Nutzungsdauer von zehn Jahren."

Leonie Gremme: „Und das kann man einfach so machen?"

Martin Götz: „Ja. Sie dürfen nicht vergessen, dass es sich bei der KLR um das interne Rechnungswesen handelt, bei dem wir im Leistungsprozess angefallene Kosten ermitteln. Unsere Pkw sind eben nicht nach sechs Jahren wertlos, sondern im Regelfall nach zehn Jahren. Wir setzen damit in der KLR einen anderen Abschreibungswert an als in der Finanzbuchhaltung."

Maik Balster: „Ich habe gelesen, dass man den Firmenwagen in der KLR von den sogenannten Wiederbeschaffungskosten abschreibt. Warum legt man eigentlich nicht wie in der Finanzbuchhaltung die Anschaffungskosten zugrunde?"

Arbeitsaufträge

1 Unterscheiden Sie anhand der folgenden Tabelle zwischen bilanziellen und kalkulatorischen Abschreibungen.

	Bilanzielle Abschreibungen	Kalkulatorische Abschreibungen
Berechnungsgrundlage		
Art der Nutzungsdauer		

2 Begründen Sie die unterschiedlichen Wertansätze zur Berechnung der kalkulatorischen Abschreibungen.

3 Berechnen Sie für den in der Ausgangssituation genannten Pkw
   a) die jährlich bilanzielle Abschreibung und
   b) die jährliche kalkulatorische Abschreibung,
      wenn folgende Angaben gelten:
      Anschaffungskosten: 72 000,00 €
      Wiederbeschaffungskosten: 84 000,00 €
      Nutzungsdauer laut AfA-Tabelle: 6 Jahre
      Betriebsindividuelle Nutzungsdauer: 10 Jahre

4 Übertragen Sie die Werte für den Audi A 8 in die abgebildete Anlagendatei und ermitteln Sie auch für andere Gegenstände des betriebsnotwendigen Anlagevermögens die bilanziellen und kalkulatorischen Abschreibungen.

ANLAGENDATEI (Auszug) der WFW AG

Nr.	Anlagegut	AK in €	ND laut AfA-Tabelle	Bilanzielle AfA in €	WK in €	Betriebs-individuelle ND	Kalk. AfA in €
1	Transportanlage	160 000,00	10 Jahre	16 000,00	180 000,00	15 Jahre	12 000,00
2	Audi A 8	72 000,00	6 Jahre		84 000,00	10 Jahre	
3	Ford Transit Transporter	36 000,00	9 Jahre		45 000,00	10 Jahre	
4	Lkw MAN	180 000,00	9 Jahre		220 000,00	10 Jahre	
5	PC	2 100,00	3 Jahre		2 000,00	4 Jahre	
...	...		...	...	...	...	...
	Summe (jährlich)			1 578 000,00		Summe (jährlich)	1 692 000,00
	Summe (monatlich)			131 500,00		Summe (monatlich)	141 000,00

5 Übernehmen Sie für die Abschreibungen die monatlichen Summen in die richtigen Spalten der ausschnittsweise abgebildeten Ergebnistabelle und stimmen Sie Unternehmensergebnis, neutrales Ergebnis und Betriebsergebnis miteinander ab.

		Rechnungskreis I			Rechnungskreis II					
		Erfolgsbereich			Abgrenzungsbereich				Kosten- und Leistungsbereich	
		Werte der Finanzbuchführung			Unternehmensbezogene Abgrenzung (betriebsfremd)		Betriebsbezogene Abgrenzung (betriebl. a.-o. Verrechnungskorrekturen)		Kosten- und Leistungsarten	
		1	2	3	4	5	6	7	8
Konto	Bezeichnung	Aufwendungen	Erträge	Aufwendungen	Erträge	Aufwendungen/ Aufw. lt. Fibu	Erträge/ verrechnete Kosten	Kosten	Leistungen
6520	AfA	134 000,00[1]		2 500,00[2]					
	Kalk. AfA								
	Summe								
	Saldo								
	Summe								
		Gesamtergebnis		Ergebnis aus unternehmensbezogener Abgrenzung		Ergebnis aus kosten- und leistungsrechnerischen Korrekturen		Betriebsergebnis	
				Neutrales Ergebnis					

---

[1] Vgl. Ausgangssituation zur LS 1 (Seite 7) bzw. Arbeitsauftrag 1 in LS 2 (Seite 13).
[2] Vgl. Abgrenzung der betriebsfremden Abschreibungen (LS 2, Arbeitsauftrag 1, Seite 13).

Abstimmung der Ergebnisse				
Unternehmensergebnis	=	neutrales Ergebnis	+	Betriebsergebnis
_____	=	_____ + _____	+	_____
_____	=	_____	+	_____

6 Erläutern Sie anhand ihrer Berechnungen, welche Auswirkungen sich für die Kostenrechnung der WFW AG ergeben, wenn die WFW AG statt der kalkulatorischen Abschreibungen die bilanziellen Abschreibungen in der Spalte 7 der Ergebnistabelle ansetzt.

Info 1: Bilanzielle Abschreibungen

Der in der Finanzbuchhaltung erfasste Abschreibungsaufwand (bilanzielle Abschreibung) wird wie folgt berechnet:

$$\text{Bilanzieller Abschreibungsbetrag} = \frac{AK}{ND \text{ lt. AfA-Tabelle}}$$

Beispiel: Eine Transportanlage mit einem Anschaffungswert von 150 000,00 € wird laut AfA-Tabelle über eine Nutzungsdauer von zehn Jahren bilanziell abgeschrieben. Der bilanzielle Abschreibungsbetrag beträgt damit 15 000,00 €.

Die Höhe der bilanziellen Abschreibung wird dabei von handels- und steuerrechtlichen Bestimmungen beeinflusst. Die **Nutzungsdauer** der Anlagen wird durch **AfA-Tabellen** vorgegeben und die Abschreibungen müssen auf Basis der **Anschaffungskosten** berechnet werden. Damit spiegeln die bilanziellen Abschreibungen den tatsächlichen Werteverzehr der Anlagen nur unzureichend wider und lassen zudem Finanzierungseffekte unberücksichtigt.

Info 2: Kalkulatorische Abschreibungen

Die kalkulatorischen Abschreibungen werden auf Basis der tatsächlichen ND und der Widerbeschaffungskosten (WK) wie folgt berechnet:

$$\text{Kalkulatorischer Abschreibungsbetrag} = \frac{WK}{\text{tatsächliche ND}}$$

Beispiel: Unter Berücksichtigung der Herstellerangaben sowie betrieblicher Erfahrungswerte wird davon ausgegangen, dass die Transportanlage tatsächlich 15 Jahre lang genutzt werden kann. Die Wiederbeschaffungskosten am Ende der betriebsindividuellen Nutzungsdauer werden aufgrund von erwarteten Preissteigerungen auf 180 000,00 € geschätzt. Damit ergibt sich ein jährlicher kalkulatorischer Abschreibungsbetrag von 12 000,00 €.

Da die kalkulatorischen Abschreibungen die **betriebsindividuelle Nutzungsdauer** berücksichtigen, erfassen sie den tatsächlichen Werteverzehr von Anlagegütern besser.

Auch sind die Anschaffungskosten als Ausgangswert für die Berechnung der kalkulatorischen Abschreibung nicht geeignet, weil damit bei fortschreitender Kaufkraftentwertung am Ende der Nutzungsdauer nicht mehr dieselbe Anlage angeschafft werden kann. Der Betrieb würde somit an Substanz verlieren. Um das zu verhindern, muss die kalkulatorische Abschreibung so bemessen sein, dass über sie am Ende der Nutzungsdauer auch eine im Preis gestiegene Anlage finanziert werden kann (Prinzip der Substanzerhaltung). Zur Ermittlung der kalkulatorischen Abschreibung werden daher die prognostizierten **Wiederbeschaffungskosten** zugrunde gelegt.

Das folgende Beispiel verdeutlicht diese Zusammenhänge.

Beispiel: Mit der Transportanlage werden während der tatsächlichen Nutzungsdauer von 15 Jahren 100 000 Transportvorgänge vorgenommen. Auf Basis der Wiederbeschaffungskosten von 180 000,00 € sind also pro Transportvorgang 1,80 € zur verrechnen. Die Kalkulation des Verkaufspreises für den Stuhl „Etsche", der einen Transportvorgang in Anspruch nimmt, sieht damit (vereinfacht) wie folgt aus:

Materialkosten (RHB-Stoffe)	20,00 €
+ Fertigungskosten (Löhne)	20,00 €
+ Abschreibung (1 Transportvorgang)	1,80 €
+ Gewinnanteil	3,20 €
= Verkaufspreis	**45,00 €**

Damit ergibt sich für die Refinanzierung der Transportanlage der folgende **Abschreibungskreislauf**:

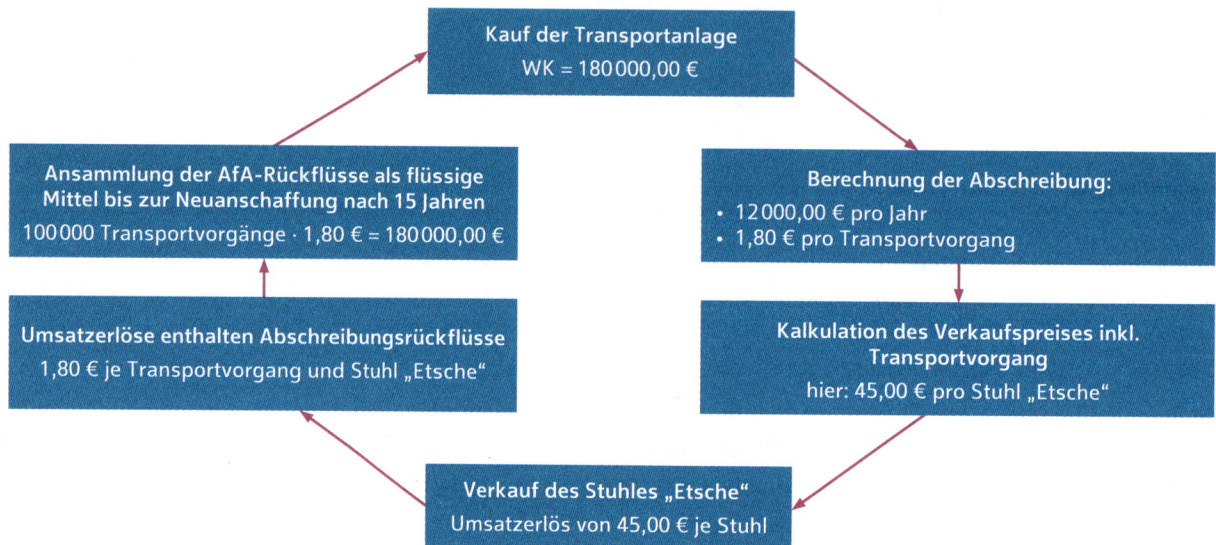

Würden lediglich die Anschaffungskosten in Höhe von 150 000,00 € in die Berechnung der kalkulatorischen Abschreibungen eingehen, würden pro Transportvorgang nur 1,50 € in die Preise einkalkuliert. Nach 15 Jahren wären dann bei 100 000 Transportvorgängen lediglich 150 000,00 € über die Umsatzerlöse zurückgeflossen. Damit ergäbe sich eine Finanzierungslücke von 30 000,00 € bei der Anschaffung einer neuen Transportanlage.

Info 3: Übernahme der kalkulatorischen Abschreibungen in die Ergebnistabelle

Die kalkulatorischen Abschreibungen zählen zu den **Anderskosten**, denn die kalkulatorischen Abschreibungen weichen wertmäßig von den bilanziellen Abschreibungen ab. Wie alle Aufwendungen der Finanzbuchhaltung werden die bilanziellen Abschreibungen zunächst in der Spalte 1 der Ergebnisstabelle erfasst. Dagegen werden die neu zu berechnenden kalkulatorischen Abschreibungen in der Spalte 7 der Ergebnisstabelle als Kosten übernommen. Um die bilanziellen und kalkulatorischen Abschreibungen voneinander abzugrenzen und damit letztendlich das Gesamtergebnis und das Betriebsergebnis aufeinander abzustimmen, müssen die Abschreibungen zusätzlich im Abgrenzungsbereich als Verrechnungskorrekturen berücksichtigt werden. Die Verrechnungskorrekturen werden im Rahmen der betriebsbezogenen Abgrenzung in den Spalten 5 (Aufwand lt. Fibu) und 6 (verrechnete Kosten) zusammen mit der betrieblich außerordentlichen Abgrenzung vorgenommen. Die kalkulatorischen Abschreibungen werden in der Spalte 6 der Abgrenzungstabelle als verrechnete Kosten und die bilanziellen Abschreibungen als Aufwand lt. Fibu in der Spalte 5 berücksichtigt.

Beispiel: Die bilanzielle Abschreibung der Transportanlage in Höhe von 16 000,00 € wird in den Spalten 1 und 5 der Ergebnistabelle erfasst. Die kalkulatorische Abschreibung beträgt 12 000,00 € und wird in den Spalten 6 und 7 erfasst.

Konto	Bezeichnung	Rechnungskreis I Erfolgsbereich Werte der Finanzbuchführung		Rechnungskreis II Abgrenzungsbereich Unternehmensbezogene Abgrenzung (betriebsfremd)		Betriebsbezogene Abgrenzung (betriebl. a.-o. Verrechnungskorrekturen)		Kosten- und Leistungsbereich Kosten- und Leistungsarten	
		1	2	3	4	5	6	7	8
		Aufwendungen	Erträge	Aufwendungen	Erträge	Aufwendungen/ Aufw. lt. Fibu	Erträge/ verrechnete Kosten	Kosten	Leistungen
6520	AfA	16 000,00				16 000,00			
	Kalk. AfA						12 000,00	12 000,00	
	Summe	16 000,00	0,00			16 000,00	12 000,00	12 000,00	0,00
	Saldo		16 000,00				4 000,00		12 000,00
	Summe	16 000,00	16 000,00			16 000,00	16 000,00	12 000,00	12 000,00
		Gesamtergebnis		Ergebnis aus unternehmensbezogener Abgrenzung		Ergebnis aus kosten- und leistungsrechnerischen Korrekturen		Betriebsergebnis	
				Neutrales Ergebnis					

Die Abstimmung der Ergebnisse ergibt für die Abschreibungen insgesamt:

Unternehmensergebnis	=	neutrales Ergebnis	+	Betriebsergebnis
(– 16 000,00 €)	=	(– 4 000,00 €)	+	(– 12 000,00 €)

Der Unterschied zwischen dem Unternehmensergebnis und dem Betriebsergebnis lässt sich also dadurch erklären, dass insgesamt 4 000,00 € weniger an Kosten verrechnet wurden (12 000,00), als wir Aufwand in der Finanzbuchhaltung hatten (16 000,00).

Ausgangssituation II: Mit Zinsen für das gebundene Kapital kalkulieren

Martin Götz: „Als nächstes müssen wir die Zinsaufwendungen genauer analysieren."

Leonie Gremme: „Nun, das sind die Zinsen, die wir an die Bank für die von uns aufgenommenen Darlehen bezahlen müssen."

Maik Balster: „Richtig, Leonie, aber eines der Darlehen dient doch zur Finanzierung des vermieteten Wohngebäudes."

Martin Götz: „Genau, Herr Balster, diese Zinsaufwendungen haben wir bereits als betriebsfremd abgegrenzt. Aber auch die restlichen betrieblich bedingten Zinsaufwendungen übernehmen wir nicht einfach so als Zinsaufwand, sondern setzen dafür, wie bei den kalkulatorischen Abschreibungen, ebenfalls einen anderen Wert an. Wir rechnen mit kalkulatorischen Zinsen."

Leonie Gremme: „Wieso das denn?"

Martin Götz: „Fast jedes Unternehmen ist auch mit Eigenkapital finanziert, wie die WFW AG. Bedenken Sie: Über die Umsatzerlöse bekommen wir nur die Kosten bezahlt, die wir auch vorher kalkuliert haben. Stellen Sie sich mal vor, Frau Gremme, sie hätten mit Herrn Balster zusammen ein eigenes Unternehmen und würden privat im Lotto gewinnen. Würden Sie dieses Geld Ihrem gemeinsamen Unternehmen „kostenlos" zur Verfügung stellen?"

Arbeitsaufträge

1 Erläutern Sie, warum der Ansatz kalkulatorischer Zinsen in der Kosten- und Leistungsrechnung notwendig ist.

2 Ermitteln Sie auf Basis der nachfolgenden Angaben der WFW AG
   a) das betriebsnotwendige Anlagevermögen,
   b) das betriebsnotwendige Umlaufvermögen,
   c) das betriebsnotwendige Vermögen,
   d) das Abzugskapital,
   e) das betriebsnotwendige Kapital und
   f) die kalkulatorischen Zinsen für den Monat Oktober, wenn ein Zinssatz von 3 % p. a. zugrunde gelegt wird.

Anlagevermögen	
bebaute Grundstücke	500 000,00 €
davon nicht betrieblich genutzt	100 000,00 €
Gebäude	7 500 000,00 €
davon nicht betrieblich genutzt	1 500 000,00 €
Technische Anlage und Maschinen	12 000 000,00 €
Fuhrpark	800 000,00 €
Betriebs- und Geschäftsausstattung	1 200 000,00 €

Umlaufvermögen	
Vorräte (RHB, UFE, FE)	1 275 000,00 €
Forderungen a. LL.	648 000,00 €
Liquide Mittel	527 000,00 €

Fremdkapital (auszugsweise)	
Verbindlichkeiten a. LL.	527 000,00 €
Kundenanzahlungen	103 000,00 €

Rechenschema:	
betriebsnotwendiges AV	
+ betriebsnotwendiges UV	
= betriebsnotwendiges Vermögen	
– Abzugskapital	
= betriebsnotwendiges Kapital	

Kalkulatorische Zinsen

3 Übernehmen Sie die monatlichen Summen in die richtigen Spalten der ausschnittsweise abgebildeten Ergebnistabelle und stimmen Sie Unternehmensergebnis, neutrales Ergebnis und Betriebsergebnis miteinander ab.

Rechnungskreis I				Rechnungskreis II					
Erfolgsbereich				Abgrenzungsbereich				Kosten- und Leistungsbereich	
Werte der Finanzbuchführung				Unternehmensbezogene Abgrenzung (betriebsfremd)		Betriebsbezogene Abgrenzung (betriebl. a.-o. Verrechnungskorrekturen)		Kosten- und Leistungsarten	
		1	2	3	4	5	6	7	8
Konto	Bezeichnung	Aufwendungen	Erträge	Aufwendungen	Erträge	Aufwendungen/ Aufw. lt. Fibu	Erträge/ verrechnete Kosten	Kosten	Leistungen
7510	Zinsaufwand	35 400,00[1]		6 500,00[2]					
	Kalk. Zinsen								
	Summe								
	Saldo								
	Summe								
		Gesamtergebnis		Ergebnis aus unternehmensbezogener Abgrenzung		Ergebnis aus kosten- und leistungsrechnerischen Korrekturen		Betriebsergebnis	
				Neutrales Ergebnis					

Abstimmung der Ergebnisse					
Unternehmensergebnis	=	neutrales Ergebnis		+	Betriebsergebnis
_____	=	_____	+	_____	+ _____
_____	=	_____		+	_____

4 Erläutern Sie die Auswirkungen auf die Kostenrechnung der WFW AG, wenn keine kalkulatorischen Zinsen ermittelt und stattdessen die bilanziellen Zinsaufwendungen in der Spalte 7 der Ergebnistabelle Berücksichtigung finden würden.

---

[1] Vgl. Ausgangssituation zur LS 1 (Seite 7) bzw. Arbeitsauftrag 1 in LS 2 (Seite 13).
[2] Vgl. Abgrenzung der betriebsfremden Abschreibungen (LS 2, Arbeitsauftrag 1, Seite 13).

5 Erstellen Sie die endgültige Ergebnistabelle der WFW AG für den Monat Oktober, indem Sie die blau markierten Zeilen ergänzen. Die übrigen Werte bleiben unverändert, da ihnen keine kalkulatorischen Kosten gegenüberstehen.

		Rechnungskreis I				Rechnungskreis II			
		Erfolgsbereich			Abgrenzungsbereich			Kosten- und Leistungsbereich	
		Werte der Finanzbuchführung		Unternehmensbezogene Abgrenzung (betriebsfremd)		Betriebsbezogene Abgrenzung (betriebl. a.-o. Verrechnungskorrekturen)		Kosten- und Leistungsarten	
		1	2	3	4	5	6	7	8
Nr.	Konto	Aufwendungen	Erträge	Aufwendungen	Erträge	Aufwendungen/ Aufw. lt. Fibu	Erträge/ verrechnete Kosten	Kosten	Leistungen
1	5000		3 675 000,00						3 875 000,00
2	5200		545 000,00						545 000,00
3	5401		247 000,00	247 000,00					
4	5410		420 000,00				420 000,00		
5	5710		35 800,00		22 000,00		13 800,00		
6	6000	2 975 000,00				18 000,00		2 957 000,00	
7	6020	185 000,00						185 000,00	
8	6030	155 000,00						155 000,00	
9	6050	56 000,00						56 000,00	
10	6160	105 000,00		22 000,00				83 000,00	
11	6200	520 000,00						520 000,00	
12	6300	525 000,00		3 000,00				522 000,00	
13	6520	134 000,00		2 500,00					
14	6800	22 000,00						22 000,00	
15	6979	350 000,00				350 000,00			
16	7510	35 400,00		6 500,00					
17	Kalk. AfA								
18	Kalk. Zinsen								
	Summe	35 400,00							
	Saldo								
	Summe								
		Gesamtergebnis		Ergebnis aus unternehmensbezogener Abgrenzung		Ergebnis aus kosten- und leistungsrechnerischen Korrekturen		Betriebsergebnis	
				Neutrales Ergebnis					

Abstimmung der Ergebnisse				
Unternehmensergebnis	=	neutrales Ergebnis	+	Betriebsergebnis
_____	=	_____ + _____	+	_____
_____	=	_____	+	_____

> **HINWEIS** Die Kosten der Spalte 7 werden als Ausgangswerte für die nächste Lernsituation benötigt. Achten Sie bitte darauf, dass Ihre Ergebnisse korrekt sind.

Info 4: Zinsaufwendungen und kalkulatorische Zinsen

In der Finanzbuchhaltung werden gezahlte Zinsen für aufgenommenes Fremdkapital als Zinsaufwand erfasst.

Kalkulatorische Zinsen in der Kosten- und Leistungsrechnung

Der Zinsaufwand der Finanzbuchhaltung kann nicht in gleicher Höhe als Zinskosten übernommen werden, denn nicht nur die Fremdkapitalgeber erwarten eine Verzinsung für das zur Verfügung gestellte Kapital, sondern auch die Eigenkapitalgeber. Der Eigenkapitalgeber hat jedoch keinen rechtlichen Anspruch auf eine Verzinsung wie der Fremdkapitalgeber. Insofern wird eine Verzinsung des Eigenkapitals in der Finanzbuchhaltung auch nicht gebucht. Der Eigenkapitalgeber erhält dafür den Gewinn.

Wenn ein Eigenkapitalgeber eine bestimmte Summe in einen Betrieb investiert, erwartet er trotzdem eine Verzinsung des investierten Kapitals. Ansonsten wäre es für ihn ökonomisch sinnvoller, das Geld zu einem bestimmten Zinssatz nahezu risikolos bei der Bank anzulegen. Diese vom Eigenkapitalgeber erwartete Verzinsung muss deshalb als Kosten angesetzt und in die Preise einkalkuliert werden, ansonsten fließt die einkalkulierte Verzinsung für den Eigenkapitalgeber über die Umsatzerlöse nicht zurück. Nur die Kosten fließen über die Umsatzerlöse zurück, die zuvor auch einkalkuliert wurden.

Für die Zwecke der Kosten- und Leistungsrechnung ist der Zinsaufwand der Finanzbuchhaltung ungeeignet, denn
- über die in den Verkaufspreis einkalkulierten Kosten muss auch eine **Verzinsung** des eingesetzten **Eigenkapitals** erwirtschaftet werden und
- **Betriebe mit hohem Fremdkapital** sollen keine **Wettbewerbsnachteile** gegenüber Betrieben mit hohem Eigenkapitalanteil haben.

In der Kosten- und Leistungsrechnung werden deshalb, abweichend von den Zinsaufwendungen der Finanzbuchhaltung, kalkulatorische Zinsen angesetzt, die zu den **Anderskosten** zählen.

Berechnung der kalkulatorischen Zinsen

Die kalkulatorischen Zinsen dürfen nicht vom Gesamtkapital der Unternehmung berechnet werden, weil das hiermit finanzierte Vermögen teilweise nicht dem eigentlichen Betriebszweck (dem Sachziel) der Unternehmung dient.

Beispiel: Verpachtete Grundstücke oder vermietete Gebäude dienen betriebsfremden Zwecken.

Grundlage für die Berechnung der kalkulatorischen Zinsen ist daher das **betriebsnotwendige Kapital**. Dies wird ermittelt, indem vom Gesamtvermögen die nicht betriebsnotwendigen Vermögensteile abgezogen werden. Von dem verbleibenden betriebsnotwendigen Vermögen sind als sogenanntes **Abzugskapital** Kapitalbeträge abzuziehen, für deren Nutzung das Unternehmen **keine Zinsen** zahlen muss (z. B. Kundenanzahlungen, Verbindlichkeiten a. LL.) oder deren Verzinsung (nicht ausgenutzter Skonto) **in einer anderen Kostenart** erfasst wird (im Aufwand für Roh-, Hilfs- und Betriebsstoffe).

INFOBOX

Das so ermittelte betriebsnotwendige Kapital wird mit einem Zinssatz für langfristige Kapitalanlagen, dem kalkulatorischen Zinssatz, verzinst. Damit werden die kalkulatorischen Zinsen wie folgt ermittelt:

> Kalkulatorische Zinsen = betriebsnotwendiges Kapital · kalkulatorischer Zinssatz

Beispiel: Berechnung von kalkulatorischen Zinsen

Anlagevermögen	7 625 000,00 €
– nicht betriebsnotwendig (vermietet, verpachtet)	625 000,00 €
= betriebsnotwendiges Anlagevermögen	7 000 000,00 €
+ betriebsnotwendiges Umlaufvermögen	1 850 000,00 €
= betriebsnotwendiges Vermögen	8 850 000,00 €
– Abzugskapital (Kundenanzahlungen, Verb. a. LL.)	624 855,00 €
= betriebsnotwendiges Kapital	8 225 145,00 €

Kalkuliert die Geschäftsleitung mit einem Zinssatz von 3,5 % p. a., werden die kalkulatorischen Zinsen pro Monat wie folgt ermittelt:

Kalkulatorische Zinsen pro Monat = (8 225 145,00 € · 3,5 %) / 12 = 23 990,00 €

Übernahme der kalkulatorischen Zinsen in die Ergebnistabelle

Da die kalkulatorischen Zinsen auch zu den Anderskosten zählen, erfolgt die Übernahme in die Ergebnistabelle analog zu den kalkulatorischen Abschreibungen. Die Zinsaufwendungen der Finanzbuchhaltung (Spalte 1) werden in die Spalte 5 übertragen (Aufwendungen lt. Fibu). Dafür werden kalkulatorische Zinsen als Kosten angesetzt (Spalte 7), die in der Spalte 6 (verrechnete Kosten) gegengerechnet werden.

Beispiel: Die im abgelaufenen Geschäftsjahr tatsächlich gezahlten Zinsen beliefen sich laut GuV-Rechnung auf 153 600,00 € (= 12 800,00 € monatlich). In der KLR sind aber monatlich 23 990,00 € kalkulatorische Zinsen zu verrechnen.

Rechnungskreis I				Rechnungskreis II					
Erfolgsbereich				Abgrenzungsbereich				Kosten- und Leistungsbereich	
Werte der Finanzbuchführung				Unternehmensbezogene Abgrenzung (betriebsfremd)		Betriebsbezogene Abgrenzung (betriebl. a.-o. Verrechnungskorrekturen)		Kosten- und Leistungsarten	
		1	2	3	4	5	6	7	8
Konto	Bezeichnung	Aufwendungen	Erträge	Aufwendungen	Erträge	Aufwendungen/ Aufw. lt. Fibu	Erträge/ verrechnete Kosten	Kosten	Leistungen
7510	Zinsaufwand	12 800,00				12 800,00			
	Kalk. Zinsen						23 990,00	23 990,00	
	Summe	12 800,00	0,00			12 800,00	23 990,00	23 990,00	0,00
	Saldo		12 800,00			11 190,00			23 990,00
	Summe	12 800,00	12 800,00			23 990,00	23 990,00	23 990,00	23 990,00
		Gesamtergebnis		Ergebnis aus unternehmensbezogener Abgrenzung		Ergebnis aus kosten- und leistungsrechnerischen Korrekturen		Betriebsergebnis	
				Neutrales Ergebnis					

Die Abstimmung der Ergebnisse ergibt für die Zinsen insgesamt:

Unternehmensergebnis	=	neutrales Ergebnis	+	Betriebsergebnis
(– 12 800,00 €)	=	(– 11 190,00 €)	+	(– 23 990,00 €)

Der Unterschied zwischen dem Unternehmensergebnis und dem Betriebsergebnis lässt sich dadurch erklären, dass insgesamt 11 100,00 € mehr an kalkulatorischen Zinsen verrechnet wurden (23 990,00 €), als wir als Zinsaufwand in der Finanzbuchhaltung hatten (12 800,00 €).

Vertiefende Übungen

1 Die Nutzungsdauer laut AfA-Tabelle für den Geschäftswagen der Vorstandsvorsitzenden Anne Wessels (Anschaffungskosten 82 800,00 €) wird bilanziell über sechs Jahre abgeschrieben. Zur Ermittlung der Wiederbeschaffungskosten nach der betriebsindividuellen Nutzungsdauer von neun Jahren wird mit einer jährlichen Preissteigerungsrate von 2 % kalkuliert.
   a) Ermitteln Sie den monatlichen bilanziellen Abschreibungsbetrag.
   b) Ermitteln Sie die Wiederbeschaffungskosten und runden Sie diesen kaufmännisch auf volle 100,00 €.
   c) Ermitteln Sie den monatlichen kalkulatorischen Abschreibungsbetrag.

2 Ihnen liegt der abgebildete – unvollständige – Auszug aus der Anlagendatei vor.

Inventar-Nr.: 501	Bezeichnung: Gabelstapler	Kostenstellen: Material und Fertigung
Anlagenkonto: 0720	Abschreibungskonto: 6520	Abschreibungsbeginn: 02.01.2015
Nutzungsdauer laut AfA-Tabelle: 10 Jahre	Abschreibungsmethode: linear	Anschaffungskosten: 285 000,00 €
Betriebsindividuelle Nutzungsdauer: 12 Jahre	Abschreibungsmethode: linear	Wiederbeschaffungskosten:

   a) Ermitteln Sie die monatlichen bilanziellen Abschreibungen.
   b) Ermitteln Sie die monatlichen kalkulatorischen Abschreibungen, wenn Sie von einer jährlichen Preissteigerungsrate von 1,5 % ausgehen.

3 Zur Ermittlung des betriebsnotwendigen Kapitals sind folgende Aufgaben auszuwerten:

Umlaufvermögen
Vorräte	360 000,00 €
Forderungen a. LL.	220 000,00 €
Wertpapiere des Umlaufvermögens	20 000,00 €
Liquide Mittel	100 000,00 €
Eigenkapital	1 800 000,00 €

Fremdkapital
Hypothekenschulden	1 000 000,00 €
Darlehensschulden	500 000,00 €
Verbindlichkeiten a. LL. (nicht skontierbar)	240 000,00 €
Sonstige Verbindlichkeiten	100 000,00 €
Kundenanzahlungen	60 000,00 €

Anlagevermögen	Anschaffungswerte	bisherige Abschreibung	
		bilanzmäßige	kalkulatorische
Bald benötigte Reservegrundstücke	220 000,00	–	–
Bebaute Grundstücke	460 000,00	–	–
Gebäude	1 400 000,00	500 000,00	400 000,00
Maschinen und maschinelle Anlagen	960 000,00	360 000,00	320 000,00
Fuhrpark	350 000,00	150 000,00	140 000,00
Betriebs- und Geschäftsausstattung	160 000,00	40 000,00	30 000,00
Geleistete Anzahlungen	50 000,00		

Ermitteln Sie

a) das zu verzinsende betriebsnotwendige Kapital,

b) die kalkulatorischen Zinsen bei einem Zinssatz von 8 %.

4 Ein Lieferant der WFW AG, die Stahlwerke Bochum GmbH, weist folgende Bilanz zum Geschäftsjahresende in TEUR aus:

Aktiva	Bilanz		Passiva
I. Anlagevermögen		I. Eigenkapital	1 900
Bebaute Grundstücke	550	II. Schulden	
Fabrikgebäude	780	Hypothekenschulden	950
Wohngebäude	220	Darlehensschulden	300
Maschinen und maschinelle Anlagen	470	Verbindlichkeiten a. LL.	280
Betriebs- und Geschäftsausstattung	60	Kundenanzahlungen	170
II. Umlaufvermögen			
Roh-, Hilfs- und Betriebsstoffe	270		
Unfertige und fertige Erzeugnisse	180		
Forderungen a. LL.	320		
Bankguthaben	700		
Kasse	50		
	3 600		3 600

Folgende ergänzende Angaben sind zu berücksichtigen:

- Für die Berechnung des betriebsnotwendigen Anlagevermögens sind kalkulatorische Restwerte zugrunde zu legen.
- Von den bebauten Grundstücken entfallen 120 TEUR auf die Wohngebäude, die an Nichtbetriebsangehörige vermietet sind.
- Der kalkulatorische Restwert der Fabrikgebäude liegt bei 810 TEUR, der kalkulatorische Restwert der Wohngebäude bei 200 TEUR.
- Bei allen anderen Positionen des Anlagevermögens stimmen Buchwerte und kalkulatorische Restwerte überein.
- Die Verbindlichkeiten aus Lieferungen und Leistungen sind nicht skontierbar.

a) Ermitteln Sie das betriebsnotwendige Kapital unter Angabe der relevanten Zwischenergebnisse.

b) Ermitteln Sie die monatlichen kalkulatorischen Zinsen, wenn Sie einen Zinssatz von 3 % p. a. zugrunde legen.

c) Ermitteln Sie die Abweichung des Wertansatzes der Betriebsbuchhaltung von dem der Finanzbuchhaltung, wenn die jährlichen Zinsaufwendungen (Konto 7510) 73 000,00 € betragen.

d) Erläutern Sie, warum die kalkulatorischen Zinsen höher sind als die Zinsaufwendungen der Finanzbuchhaltung (Konto 7510).

5 Die Abteilung Finanzbuchhaltung der Schiller GmbH hat für das abgelaufene Geschäftsjahr folgende Gewinn- und Verlustrechnung erstellt:

SOLL	8020 GuV		HABEN
6000 Aufw. für Rohstoffe	345 000,00	5000 Umsatzerlöse	875 000,00
6050 Energieaufwand	87 000,00	5200 Bestandsmehrungen	18 000,00
6200 Löhne	184 000,00	5400 Mieterträge	221 000,00
6300 Gehälter	98 000,00	5410 Sonstige Erlöse	99 500,00
6520 Afa	126 500,00	5710 Zinsen u. ähnliche Erträge	123 000,00
6990 Versicherungsaufwendungen	24 000,00		
7000 Unternehmenssteuern	26 000,00		
7510 Zinsaufwendungen	38 000,00		
3000 EK	408 000,00		
	1 336 500,00		1 336 500,00

Zur GuV liegen weiterhin folgende Informationen vor:

- **5400:** Sämtliche Mieterträge sind Erträge aus der Vermietung von Wohnungen an Werksangehörige und deren Familienmitglieder.
- **5410:** Die Erträge stammen aus dem Verkauf bereits vollständig Fertigungsanlagen über Buchwert.
- **5710:** Die Erträge stammen aus Wertpapiergeschäften.
- **6000:** Insgesamt sind Rohstoffe im Wert von 12 800,00 € gestohlen worden. Hierfür lag eine Fremdversicherung vor.
- **6200:** Es wurden Löhne in Höhe von 17 000,00 € für Arbeitsleistungen an vermieteten Wohngebäuden bezahlt.
- **6300:** Von den Gehältern entfielen 26 500,00 € auf die Verwaltung vermieteter Wohngebäude.
- **6520:** 28 000,00 € entfallen auf die vermieteten Wohngebäude.
- **7000:** 11 000,00 € mussten an Grundsteuer für vermietete Wohngebäude entrichtet werden.
- Weiterhin sind folgende kalkulatorische Kosten anzusetzen:

  kalkulatorische Abschreibungen   105 000,00 €

  kalkulatorische Zinsen   41 000,00 €

Führen Sie für die Schiller GmbH die Abgrenzungsrechnung durch und stimmen Sie die Ergebnisse miteinander ab.

Ergänzende Übungen

1 Kalkulatorische Wagnisse

Die Trend-Systemmöbel AG berücksichtigt in ihrer jährlichen Kostenrechnung kalkulatorische Wagnisse, um Schäden, die zeitlich unregelmäßig auftreten und nicht fremdversichert sind, mithilfe von kalkulatorischen Wagniszuschlägen zu berücksichtigen. Berechnen Sie, mit welchen Beträgen die Einzelwagnisse in der Kostenrechnung des folgenden Jahres zu berücksichtigen sind:

1. **Beständewagnis:** Von den gelagerten Rohstoffen der letzten fünf Jahre mit einem Wert von insgesamt 6 Mio. € wurden im gleichen Zeitraum Rohstoffe im Wert von 132 000,00 € durch Verderb unbrauchbar. Im kommenden Jahr wird ein Rohstoffverbrauch in Höhe von 1,5 Mio. € prognostiziert. Bei den fertigen Erzeugnissen im Wert von 250 000,00 € kalkuliert man mit einem Wertverlust von 2 %.
2. **Anlagenwagnis:** Die Reparaturkosten infolge von Bedienungsfehlern und selbst verschuldeten Unfällen betrugen in den letzten acht Jahren insgesamt 320 000,00 €.
3. **Fertigungswagnis:** Es wird mit Rohstoffverschnitt von 1,5 % des Verbrauchs (1,5 Mio. €, s. o.) gerechnet.
4. **Entwicklungswagnis:** 2 % der durchschnittlichen Forschungs-, Versuchs- und Entwicklungskosten in Höhe von 250 000,00 €
5. **Vertriebswagnis:** 2,5 % des durchschnittlichen Forderungsbestandes ohne Umsatzsteuer der letzten Jahre in Höhe von 180 000,00 €
6. **Gewährleistungswagnis:** 1,2 % des geplanten Umsatzes in Höhe von 8,4 Mio. €

2 Rohstoffkosten zu Verrechnungspreisen

Da die von der Trend-Systemmöbel AG zu beschaffenden Rohstoffe starken Preisschwankungen unterliegen, ermittelt das Unternehmen für die Kostenrechnung Verrechnungspreise als gewogenen Durchschnittspreis. Für die Herstellung von 500 Schreibtischen wurden jeweils 2,5 m² Tischlerplatte verarbeitet. Die Tischlerplatten wurden dem Lager entnommen und zu folgenden Einstandspreisen beschafft:

- 400 m² zu 4,90 €/m²
- 700 m² zu 4,50 €/m²
- 200 m² zu 5,80 €/m²

Ermitteln Sie die in der Kostenrechnung anzusetzenden kalkulatorischen Rohstoffkosten.

3 Kalkulatorischer Unternehmerlohn

Die Dieter Deutel Fahrradgroßhandel OHG setzt für ihre beiden Geschäftsführer jeweils ein auf Basis von Vergleichswerten ermitteltes kalkulatorisches Jahresgehalt von Höhe 90 000,00 € an. Ermitteln Sie den in der monatlichen Kostenrechnung insgesamt zu berücksichtigenden kalkulatorischen Unternehmerlohn.

4 Kalkulatorische Miete

Die Trend-Systemmöbel AG setzt in ihrer jährlichen Kostenrechnung für betrieblich genutzte Gebäude mit einer Gesamtgröße von 2150 m² die ortsübliche Vergleichsmiete von 8,25 €/m² an. Ermitteln Sie die kalkulatorischen Mietkosten.

Info 5: Kalkulatorische Wagnisse als Anderskosten

Sind Risiken bei einer Versicherungsgesellschaft versichert, wird die Versicherungsprämie als Kosten in die Kosten- und Leistungsrechnung übernommen.

Beispiel: Die TSM AG hat eine Feuerversicherung für das Betriebsgebäude abgeschlossen. Die monatlichen Versicherungsbeiträge werden auf dem Konto 6900 Versicherungsbeiträge in der Finanzbuchhaltung gebucht und in gleicher Höhe als Kosten in die Spalte 7 der Ergebnistabelle übernommen.

Neben den versicherten Risiken ist ein Unternehmen aber weiteren Wagnissen ausgesetzt, die häufig nicht versichert sind. Es lassen sich folgende (Einzel-)Wagnisse unterscheiden:

Beständewagnis	**Beispiele:** Diebstahl, Verderb, Güteminderung, Wertminderung durch Preissenkungen
Anlagenwagnis	**Beispiele:** Bruch oder Beschädigung von Maschinen oder Fahrzeugen durch Explosion, Brand, Unfälle (Katastrophenverschleiß), technischen Fortschritt, Fehlschätzung der Nutzungsdauer
Fertigungswagnis	**Beispiele:** Mehrkosten aufgrund von Arbeits- und Konstruktionsfehlern (Ausschuss, Nacharbeit)
Entwicklungswagnis	**Beispiele:** Kosten für fehlgeschlagene Forschungs- und Entwicklungsarbeiten
Vertriebswagnis	**Beispiele:** Forderungsausfälle, Währungsverluste, Verlust von Absatzgebieten
Sachmängelhaftungswagnis	**Beispiele:** Kostenlose Reparaturen (Nacharbeiten) verkaufter Erzeugnisse aus Garantieverpflichtungen oder Ersatzlieferungen

Im Schadensfall werden in der Finanzbuchhaltung eingetretene Schäden in ihrer vollen Schadenshöhe erfasst. Würden diese Schäden bei **nicht versicherten Wagnissen** anstelle einer Versicherungsprämie in voller Höhe als Kosten übernommen, käme es zu einer erheblichen Belastung des Betriebsergebnisses in der Schadensperiode. In Perioden, in denen hingegen keine Schäden eintreten, würde das Betriebsergebnis nicht belastet, da keine Aufwendungen angefallen sind. In der Konsequenz würden die Kosten des Unternehmens und damit auch die zu kalkulierenden Preise je nach Anzahl und Art der eingetretenen Schäden stark schwanken. Diese Preisschwankungen sind aber nur schwer an die Kundschaft weiterzugeben, da die Kunden auf Produkte der Konkurrenz ausweichen würden. Deshalb werden in der Kosten- und Leistungsrechnung bei **nicht versicherten Wagnissen** statt der aufgrund der Schadensfälle tatsächlich geleisteten Aufwendungen **kalkulatorische Wagnisse** angesetzt. Kalkulatorische Wagnisse stellen damit eine Art Eigenversicherung des Risikos dar und belasten das Unternehmen mit gleichmäßigen und im Betrag weitestgehend konstanten kalkulatorischen Wagniskosten. Die kalkulatorischen Wagniszuschläge errechnen sich aus einem Durchschnittssatz der in den letzten Jahren tatsächlich eingetretenen Wagnisverluste.

INFOBOX

Beispiel: Die TSM AG hat folgende nicht versicherte Schäden zu verzeichnen:

Jahr	Schaden
20(0)	100 000,00 €
20(1)	50 000,00 €
20(2)	30 000,00 €

In der Ergebnistabelle für 20(2) verrechnet die TSM AG nicht den tatsächlichen Schaden von 30 000,00 €, sondern 60 000,00 € ((100 000,00 + 50 000,00 + 30 000,00 €)/3) als kalkulatorisches Wagnis.

Kalkulatorische Wagnisse werden nur für Einzelwagnisse als Kosten angesetzt. Das allgemeine Unternehmerrisiko aufgrund von Nachfrageschwankungen und Wirtschaftskrisen wird über den Gewinn abgegolten.

Info 6: Übernahme der kalkulatorischen Wagnisse in die Ergebnistabelle

Da die kalkulatorischen Wagnisse auch zu den Anderskosten zählen, erfolgt die Übernahme in die Ergebnistabelle analog zu den kalkulatorischen Abschreibungen und den kalkulatorischen Zinsen. Die in der Finanzbuchhaltung erfassten Schäden (Spalte 1) werden in die Spalte 5 übertragen (Aufwendungen lt. Fibu). Dafür werden kalkulatorische Wagnisse als Kosten angesetzt (Spalte 7), die in der Spalte 6 (verrechnete Kosten) gegengerechnet werden.

Beispiel: Aufgrund eines Wirbelsturms hat die TSM AG erhebliche Schäden am Dach des Verwaltungsgebäudes zu beklagen. Sie setzt statt der tatsächlich aufgetretenen Verluste aus Schadensfällen in Höhe von 30 000,00 € kalkulatorische Wagnisse in Höhe von 6 000,00 € an.

		Rechnungskreis I			Rechnungskreis II					
		Erfolgsbereich			Abgrenzungsbereich				Kosten- und Leistungsbereich	
		Werte der Finanzbuchführung			Unternehmensbezogene Abgrenzung (betriebsfremd)		Betriebsbezogene Abgrenzung (betriebl. a.-o. Verrechnungskorrekturen)		Kosten- und Leistungsarten	
		1	2	3	4	5	6	7	8
Konto	Bezeichnung	Aufwendungen	Erträge	Aufwendungen	Erträge	Aufwendungen/ Aufw. lt. Fibu	Erträge/ verrechnete Kosten	Kosten	Leistungen
6930	Verluste aus Schadensfällen	30 000,00				30 000,00			
	Kalk. Wagnisse						6 000,00	6 000,00	
	Summe	30 000,00	0,00			30 000,00	6 000,00	6 000,00	0,00
	Saldo		30 000,00				24 000,00		6 000,00
	Summe	30 000,00	30 000,00			30 000,00	30 000,00	6 000,00	6 000,00
		Gesamtergebnis		Ergebnis aus unternehmensbezogener Abgrenzung		Ergebnis aus kosten- und leistungsrechnerischen Korrekturen		Betriebsergebnis		
				Neutrales Ergebnis						

Die Abstimmung der Ergebnisse ergibt für die kalkulatorischen Wagnisse insgesamt:

Unternehmensergebnis	=	neutrales Ergebnis	+	Betriebsergebnis
(– 30 000,00 €)	=	(– 24 000,00 €)	+	(– 6 000,00 €)

Es sind damit 24 000,00 € weniger an kalkulatorischen Wagnissen in der Kosten- und Leistungsrechnung verrechnet worden, als tatsächliche Verluste aus Schadensfällen aufgetreten sind.

INFOBOX

Info 7: Rohstoffkosten zu Verrechnungspreisen als Anderskosten

Schwierig wird die Bewertung des Rohstoffverbrauchs in der Kosten- und Leistungsrechnung, wenn die Beschaffungspreise für Rohstoffe stark schwanken und Materialien aus einem Lagerbestand verbraucht werden, die sich aus mehreren Einkäufen mit unterschiedlichen Einstandspreisen zusammensetzen. Durch die Bewertung zu durchschnittlichen Anschaffungskosten (Verrechnungspreisen) vergangener Perioden kann dieser Mangel behoben werden. Dies geschieht dadurch, dass in der KLR über eine Abrechnungsperiode mit gleichbleibenden Verrechnungspreisen je Verbrauchseinheit gerechnet wird, die als Durchschnittspreis der Anschaffungskosten ermittelt werden können. Alternativ zur Durchschnittsberechnung aus Vergangenheitswerten kann auch ein Festpreis angesetzt werden, der sich aus einer Schätzung der zukünftigen Wiederbeschaffungspreise ergibt. In der Finanzbuchhaltung wird dagegen der Verbrauch immer zu Anschaffungskosten ermittelt. Da sich die Wertansätze in der Finanzbuchhaltung und in der Kosten- und Leistungsrechnung unterscheiden, zählen die Rohstoffkosten beim Ansatz von Verrechnungskreisen zu den Anderskosten.

Info 8: Übernahme von Verrechnungspreisen in die Ergebnistabelle

Die Rohstoffaufwendungen der Finanzbuchhaltung (Spalte 1) werden in die Spalte 5 übertragen (Aufwendungen lt. Fibu). Dafür werden kalkulatorische Verrechnungspreise als Kosten für die Rohstoffe angesetzt (Spalte 7), die in der Spalte 6 (verrechnete Kosten) gegengerechnet werden.

Beispiel: Die tatsächlichen Rohstoffaufwenden zu Anschaffungskosten beliefen sich laut GuV-Rechnung auf 500 000,00 €. In der KLR werden die Rohstoffkosten mit einem Verrechnungspreis von 480 000,00 € angesetzt.

		Rechnungskreis I			Rechnungskreis II					
		Erfolgsbereich			Abgrenzungsbereich				Kosten- und Leistungsbereich	
		Werte der Finanzbuchführung			Unternehmens-bezogene Abgrenzung (betriebsfremd)		Betriebsbezogene Abgrenzung (betriebl. a.-o. Verrechnungskorrekturen)		Kosten- und Leistungsarten	
		1	2	3	4	5	6	7	8
Konto	Bezeichnung	Aufwendungen	Erträge	Aufwendungen	Erträge	Aufwendungen/ Aufw. lt. Fibu	Erträge/ verrechnete Kosten	Kosten	Leistungen
6000	RS-Aufw.	500 000,00				500 000,00			
	Rohstoffkosten (verrechnet)						480 000,00	480 000,00	
	Summe	500 000,00	0,00			500 000,00	480 000,00	480 000,00	0,00
	Saldo		500 000,00				20 000,00		480 000,00
	Summe	500 000,00	500 000,00			500 000,00	500 000,00	480 000,00	480 000,00
		Gesamtergebnis		Ergebnis aus unternehmensbezogener Abgrenzung		Ergebnis aus kosten- und leistungsrechnerischen Korrekturen		Betriebsergebnis	
				Neutrales Ergebnis					

Die Abstimmung der Ergebnisse ergibt für die Rohstoffe insgesamt:

Unternehmensergebnis	=	neutrales Ergebnis	+	Betriebsergebnis
(– 500 000,00 €)	=	(– 20 000,00 €)	+	(– 480 000,00 €)

Es sind damit 20 000,00 € weniger an Rohstoffkosten in der Kosten- und Leistungsrechnung verrechnet worden, als an Aufwand in der Finanzbuchhaltung angefallen ist.

Info 9: Kalkulatorischer Unternehmerlohn als echte Zusatzkosten

In Kapitalgesellschaften erhalten die gesetzlichen Vertreter (Vorstandsmitglieder der AG und Geschäftsführer der GmbH) für ihre Tätigkeit Gehälter. Diese gehen im Rahmen der Personalaufwendungen als Grundkosten in die KLR ein. Anders ist es beim **Einzelunternehmer** und bei den Gesellschaftern der **Personengesellschaften**. Sie haben nur Anspruch auf einen etwaigen Gewinn und beziehen kein monatliches Gehalt. Damit im Gewinn die Arbeitsleistung abgegolten wird, muss sie als Kostenbestandteil in den Verkaufspreis einkalkuliert werden. Daher muss die Mitarbeit des Unternehmers in seinem eigenen Betrieb als kalkulatorischer Unternehmerlohn zusätzlich in der Kostenrechnung berücksichtigt werden.

Der Unternehmerlohn wird als die Vergütung für die dem Unternehmen durch den Inhaber zur Verfügung gestellte betrieblich notwendige Arbeitskraft angesehen. Bei der Festlegung des kalkulatorischen Unternehmerlohns orientiert sich die KLR an Gehältern leitender Angestellter (Geschäftsführer, Prokuristen) mit gleichwertiger Tätigkeit in einem Unternehmen gleicher Art und Bedeutung sowie gleichen Standortes. Dem kalkulatorischen Unternehmerlohn stehen keine Aufwendungen in der Finanzbuchhaltung gegenüber. Daher handelt es sich um echte Zusatzkosten.

Info 10: Übernahme des kalkulatorischen Unternehmerlohnes in die Ergebnistabelle

Da der Unternehmerlohn nicht in der Finanzbuchhaltung erfasst wird, wird der kalkulatorische Unternehmerlohn lediglich als Kosten in der Spalte 7 angesetzt und in der Spalte 6 (verrechnete Kosten) gegengerechnet.

Beispiel: Der OHG-Gesellschafter Müller arbeitet in der Müller und Maurer OHG in der Geschäftsführung mit. In einer vergleichbaren Position würde er bei einem vergleichbaren Unternehmen 120 000,00 € pro Jahr verdienen.

Rechnungskreis I			Rechnungskreis II					
Erfolgsbereich			Abgrenzungsbereich				Kosten- und Leistungsbereich	
Werte der Finanzbuchführung			Unternehmensbezogene Abgrenzung (betriebsfremd)		Betriebsbezogene Abgrenzung (betriebl. a.-o. Verrechnungskorrekturen)		Kosten- und Leistungsarten	
		1	2	3	4	5	6	7	8
Konto	Bezeichnung	Aufwendungen	Erträge	Aufwendungen	Erträge	Aufwendungen/ Aufw. lt. Fibu	Erträge/ verrechnete Kosten	Kosten	Leistungen
	Kalk. Unt.-lohn						120 000,00	120 000,00	
	Summe					0,00	120 000,00	120 000,00	0,00
	Saldo					120 000,00			120 000,00
	Summe					120 000,00	120 000,00	120 000,00	120 000,00
	Gesamtergebnis			Ergebnis aus unternehmensbezogener Abgrenzung		Ergebnis aus kosten- und leistungsrechnerischen Korrekturen		Betriebsergebnis	
				Neutrales Ergebnis					

Die Abstimmung der Ergebnisse ergibt in Bezug auf den kalkulatorischen Unternehmerlohn:

Unternehmensergebnis	=	neutrales Ergebnis	+	Betriebsergebnis
(– 0,00 €)	=	(+ 120 000,00 €)	+	(– 120 000,00 €)

Es sind damit 120 000,00 € als kalkulatorischer Unternehmerlohn verrechnet worden, denen keine Kosten in der Finanzbuchhaltung gegenüberstehen.

INFOBOX

Info 11: Kalkulatorische Miete

Bei der kalkulatorischen Miete kann es sich um Anders- oder Zusatzkosten handeln.

Statt die vielfältigen und verschieden hohen Aufwendungen, die die Gebäude (Verwaltungs-, Lager-, Fertigungsgebäude usw.) und deren Erhaltung verursachen, als Kosten in die KLR zu bringen, kann es sinnvoll sein, eine kalkulatorische Miete als Anderskosten zu ermitteln, die aufgrund ihres gleichmäßigen Ansatzes Kostenvergleichsrechnungen und Kalkulationen nicht verfälscht. Die Verrechnung einer kalkulatorischen Miete setzt eine exakte Abgrenzung der Gebäudeaufwendungen von anderen ähnlichen Aufwendungen voraus, damit eine Doppelverrechnung in der KLR vermieden wird. So müssen im Falle der kalkulatorischen Miete für die Betriebsräume

- die Abschreibungen von Gebäuden, die sich im Eigentum des Unternehmens befinden, nicht in die kalkulatorischen Abschreibungen,
- Zinsen von diesen Gebäuden nicht in die kalkulatorischen Zinsen,
- Reparaturen dieser Gebäude nicht in die Instandhaltungskosten sowie
- die anteilige Grundsteuer und Gebäudeversicherung nicht in die betrieblichen Steuern und Versicherungen abgegrenzt werden.

Werden in Klein- und mittelständischen Betrieben private Räume kostenlos zu Geschäftszwecken genutzt, kann in der Kosten- und Leistungsrechnung eine kalkulatorische Miete für diese Räumlichkeiten angesetzt werden, um eine Vergütung über die kalkulierten Verkaufspreise zu erhalten. Wird die kalkulatorische Miete in diesem Sinne angesetzt, handelt es um echte Zusatzkosten.

Je nachdem, ob die kalkulatorische Miete als Anders- oder als Zusatzkosten anzusehen ist, erfolgt die Übernahme in die Ergebnistabelle analog zu den anderen Anders- bzw. Zusatzkosten.

ZUSAMMENFASSUNG

Abschreibungen	
Bilanzielle Abschreibung (Finanzbuchhaltung)	**Kalkulatorische Abschreibung (Kostenrechnung)**
• Basis ist das _____ des _____	• Basis ist das _____ Anlagevermögen des Unternehmens.
• dient der Bewertung des Vermögens in der _____ und der Aufwendungen in der _____	• dient der Bewertung des _____ _____ Werteverzehrs
• wird von _____ _____ Vorschriften bestimmt	• wird vom Grundsatz der _____ bestimmt

Abschreibungen	
Bilanzielle Abschreibung (Finanzbuchhaltung)	**Kalkulatorische Abschreibung (Kostenrechnung)**
• wird vom _____ ermittelt	• wird von den _____ ermittelt

Der Abschreibungskreislauf

1. Die Nutzung des

_____

führt im Leistungsprozess zu einer Wertminderung.

2. Die kalkulatorischen

_____

sind Ausdruck dieser Wertminderung und werden

als _____ in der KLR berücksichtigt.

4. Durch die Verkaufserlöse der fertigen Erzeugnisse (= Umsatzerlöse) fließen dem Unternehmen

_____

zu, mit denen wieder Anlagegüter angeschafft werden können.

3. Die Wertminderungen der Anlagegüter werden dadurch bei der

_____

der Verkaufspreise berücksichtigt, führen aber nicht zu.

_____

Gründe für die Ermittlung kalkulatorischer Zinsen in der KLR
1. Über den Verkaufspreis für die hergestellten Erzeugnisse soll auch eine _____ des   eingesetzten _____ erwirtschaftet werden.
2. Betriebe mit hohem _____ hätten Wettbewerbsnachteile gegenüber Betrieben mit   hohem _____ .

Rechenschema zur Ermittlung des betriebsnotwendigen Kapitals

_____

− _____

= _____

+ _____

= _____

− _____

= _____

Berechnung der kalkulatorischen Zinsen

Kalkulatorische Zinsen = _____ · _____

		Übernahme der Kosten in die Ergebnistabelle							
Rechnungskreis I				**Rechnungskreis II**					
Erfolgsbereich				**Abgrenzungsbereich**				**Kosten- und Leistungsbereich**	
Werte der Finanzbuchführung				**Unternehmensbezogene Abgrenzung (betriebsfremd)**		**Betriebsbezogene Abgrenzung (betriebl. a.-o. Verrechnungskorrekturen)**		**Kosten- und Leistungsarten**	
		1	**2**	**3**	**4**	**5**	**6**	**7**	**8**
Konto	**Bezeichnung**	Aufwendungen	Erträge	Aufwendungen	Erträge	Aufwendungen/ Aufw. lt. Fibu	Erträge/ verrechnete Kosten	Kosten	Leistungen
01	Zweckertrag/ Grundleistungen		X						X
02	Zweckaufwand/ Grundkosten								
03	betriebsfremde Ertr.								
04	betriebsfremder Aufw.								
05	betrieblich a.-o. Ertr.								
06	betrieblich a.-o. Aufw.								
07	betriebl. periodenfr. Ertr.								
08	betriebl. periodenfr. Aufw.								
09	bil. planm. Abschreibung								

Übernahme der Kosten in die Ergebnistabelle									
Rechnungskreis I			Rechnungskreis II						
Erfolgsbereich			Abgrenzungsbereich					Kosten- und Leistungsbereich	
Werte der Finanzbuchführung			Unternehmensbezogene Abgrenzung (betriebsfremd)		Betriebsbezogene Abgrenzung (betriebl. a.-o. Verrechnungskorrekturen)		Kosten- und Leistungsarten	
		1	2	3	4	5	6	7	8
Konto	Bezeichnung	Aufwendungen	Erträge	Aufwendungen	Erträge	Aufwendungen/ Aufw. lt. Fibu	Erträge/ verrechnete Kosten	Kosten	Leistungen
10	kalk. Abschreibung								
11	Zinsaufwand								
12	kalk. Zinsen								
13	betriebl. Schadensfälle								
14	kalk. Wagnisse								
15	kalk. Miete								
16	kalk. Unternehmerlohn								
17	AfR (bei Verrechnungspreis)								
18	verrechnete AfR								
		Gesamtergebnis		Ergebnis aus unternehmensbezogener Abgrenzung		Ergebnis aus kosten- und leistungsrechnerischen Korrekturen		Betriebsergebnis	
				Neutrales Ergebnis					

SELBSTEINSCHÄTZUNG	Ja ☺	Mit Hilfe ☺	Nein ☹
Ich kann den Begriff der kalkulatorischen Kosten erläutern.			
Ich kann kalkulatorische Abschreibungen berechnen und in die Ergebnistabelle übernehmen.			
Ich kann kalkulatorische Zinsen berechnen und in die Ergebnistabelle übernehmen.			
Ich kann das neutrale Ergebnis berechnen.			

SELBSTEINSCHÄTZUNG	Ja 😊	Mit Hilfe 😐	Nein ☹
Ich kann das Betriebsergebnis berechnen.			
Ich kann Unternehmensergebnis, neutrales Ergebnis und Betriebsergebnis voneinander unterscheiden.			
Ich kann die Ergebnistabelle erstellen.			
Ich kann die einzelnen Positionen einer Ergebnistabelle erläutern.			
Ich kann die Notwendigkeit der Abgrenzungsrechnung begründen.			
Außerdem habe ich gelernt:			

_____

_____

_____

HINWEIS Zur Wiederholung und Vertiefung:
Seiten 121–122, Trainingsmodul 1 und Seiten 197–198, Aufgabe 3

LERNSITUATION 4: Die Kostenstellenrechnung mithilfe des einstufigen BAB durchführen

Ausgangssituation I: Wer ist hier eigentlich wofür verantwortlich?

Als Leonie Gremme über den Flur geht, um Briefe zur Poststelle zu bringen, bekommt sie durch die geöffnete Tür mit, wie sich der Geschäftsführer Rainer Flender gegenüber dem Abteilungsleiter Produktion Franz Schmid entrüstet.

Rainer Flender: „Ich habe hier die Ergebnistabelle. Schauen Sie sich mal die Zahlen für den Monat Oktober an, Herr Schmid. Wir haben ein negatives Betriebsergebnis von fast 300000,00 €. Wenn das so weiter geht, dann sind wir bald pleite. Dafür sind Sie als Abteilungsleiter der Produktion ganz allein verantwortlich. Sie haben viele falsche Entscheidungen getroffen. Auch bin ich mir ziemlich sicher, dass ihre Umstrukturierungen im Bereich der Rennräder nichts gebracht haben."

Franz Schmid: „Moment mal, Herr Flender, da sind Sie aber ein bisschen vorschnell. Bedenken Sie bitte, dass ..."

Arbeitsaufträge

1 Fassen Sie die wesentlichen Vorwürfe von Rainer Flender gegenüber Franz Schmid kurz in eigenen Worten zusammen.

2 Schauen Sie sich die Ergebnistabelle der LS 3.II auf Seite 32, die Unternehmensbeschreibung auf S. 5 und das Organigramm auf S. 6 noch einmal an und finden Sie Argumente, die Franz Schmid dem Geschäftsführer Rainer Flender entgegnen kann.

Ausgangssituation II: Einzel- und Gemeinkosten unterscheiden

Als Leonie Gremme dem Controlling-Verantwortlichen, Martin Götz, sowie Maik Balster von dem Gespräch berichtet, erwähnt sie, dass Franz Schmid die Vorwürfe von Rainer Flender mit geschickten Argumenten entkräftet hat.

Leonie Gremme: „So richtig verstanden habe ich seine Argumente allerdings nicht."

Martin Götz: „Herr Schmid hat natürlich nicht nur das Betriebsergebnis, das wir bereits in der Ergebnistabelle ermittelt haben, im Kopf gehabt. Er weiß, dass es eine Kostenstellenrechnung gibt, bei der man die Kosten auf die Kostenstellen verteilt."

Maik Balster: „So kann man also feststellen, in welchen Bereichen des Betriebes welche Kosten angefallen sind?"

Martin Götz: „Richtig, und nicht nur das. Sie können sogar Zuschlagssätze bilden und damit in einem nächsten Schritt der Kostenträgerzeitrechnung die Kosten für einzelne Produktgruppen ermitteln. Ob die Umstrukturierungen im Bereich der Rennräder was gebracht haben, kann man dort erkennen."

Leonie Gremme: „Da bin ich aber mal gespannt, wie das nun konkret aussieht."

Arbeitsaufträge

1 Beschreiben Sie anhand der Ausgangssituation und der Infobox, um welche nächsten Schritte sich Leonie Gremme und Maik Balster kümmern müssen, um die möglichen Argumente von Franz Schmid nachvollziehen zu können.

2 Martin Götz bittet nun Leonie Gremme und Maik Balster, mit der Kostenstellenrechnung zu beginnen. Analysieren Sie die in den Lernsituationen 3.II ermittelten Kosten (Spalte 7 der Ergebnistabelle auf Seite 32) und ordnen Sie die Kosten den Einzel- oder Gemeinkosten betragsmäßig zu. Begründen Sie Ihre Zuordnung.

Kostenart	Einzelkosten in €	Gemeinkosten in €
6000 Rohstoffaufwand		
6020 Hilfsstoffaufwand		
6030 Betriebsstoffaufwand		
6050 Energieaufwand		
6160 Fremdinstandsetzung		
6200 Löhne		
6300 Gehälter		
6800 Büromaterial		
Kalkulatorische Abschreibungen		
Kalkulatorische Zinsen		
Summe		

Info 1: Kostenstellenrechnung

Wenn ein Unternehmen nur ein Produkt herstellt, dann werden sämtliche Kosten durch dieses eine Produkt verursacht, und die Kosten können diesem Produkt direkt zugerechnet werden. In der Realität findet man solche Einproduktunternehmen aber nur noch äußerst selten. In Unternehmen, die mehrere unterschiedliche Produkte in Serienfertigung herstellen (wie die WFW AG), fallen zahlreiche Kosten für die Produktion mehrerer unterschiedlicher Produkte an.

Beispiel: Die Biegemaschinen der WFW AG werden für die Produktion von Mountainbikes, Touringrädern und Rennrädern genutzt. Dementsprechend lassen sich die Kosten der Biegemaschine keiner Produktgruppe verursachungsgerecht zuordnen.

Die (Voll-)Kostenrechnung vollzieht sich deshalb bei einer Serienfertigung grundsätzlich in drei Schritten:

Kostenartenrechnung (1. Schritt)	Kostenstellenrechnung (2. Schritt)	Kostenträgerrechnung (3. Schritt)
Ermittlung der Kosten in der Ergebnistabelle (siehe LS 1–3) und Unterscheidung zwischen Einzel- und Gemeinkosten (LS 4)	Verteilung der **Gemeinkosten** auf die Kostenstellen (LS 4) und Bildung von Zuschlagssätzen für die Kalkulation (LS 5)	Kalkulation der Kosten für einzelne Produkte und Produktgruppen mithilfe von Zuschlagssätzen (LS 5 und 7)

Die **Kostenstellenrechnung** ermittelt, welche Kosten in welchen Betriebsbereichen (= Kostenstellen) entstanden sind. Um eine Kostenstellenstellenrechnung durchführen zu können, muss zunächst zwischen Einzel- und Gemeinkosten unterschieden werden:

(Kostenträger-)Einzelkosten
Kosten, die sich einzelnen Kostenträgern (Produkten) **verursachungsgerecht** direkt zuordnen lassen.

Beispiele für Einzelkosten:
- Rohstoffkosten: Mithilfe von Materialentnahmescheinen und Stücklisten lässt sich genau berechnen, welche Rohstoffe in welchem Produkt verbaut wurden.
- Lohnkosten: Mithilfe von Lohnlisten und/oder Akkordzetteln lässt sich genau berechnen, welche Löhne den Mitarbeitern für die Herstellung an welchen Produkten gezahlt wurden.

(Kostenträger-)Gemeinkosten

Gemeinkosten sind Kosten, die durch mehrere oder alle Produkte eines Unternehmens verursacht wurden (echte Gemeinkosten) oder bei denen aufgrund des geringen Wertes aus Wirtschaftlichkeitsgründen auf eine Verteilung auf die Kostenträger verzichtet wird (unechte Gemeinkosten).

Gemeinkosten gibt es damit prinzipiell nur bei einer Einzel-, Sorten- oder Serienfertigung. Wird nur ein Produkt in Massenfertigung hergestellt, sind prinzipiell sämtliche Kosten Einzelkosten, da sie nur diesem einen Produkt zugerechnet werden können.

Beispiele für Gemeinkosten:

- Energiekosten: Stromverbrauch von Maschinen, die für die Herstellung mehrerer Produkte benötigt werden (z. B. Biegemaschine, Lackierautomat)
- Gehälter für die Mitarbeiter in der Verwaltung
- kalkulatorische Abschreibungen auf Fertigungsanlagen und Betriebsgebäude
- Hilfsstoffe: Bei Hilfsstoffen (z. B. Nieten, Schrauben oder Lack) wäre eine Einzelerfassung je Fahrrad theoretisch denkbar. Aus betriebswirtschaftlichen Gesichtspunkten wird aber auf eine Zuordnung verzichtet (unechte Gemeinkosten).

Einzelkosten werden nicht in der Kostenstellenrechnung auf die Kostenstellen verteilt, sondern direkt in die Kostenträgerrechnung (Kalkulation) übernommen. Sie können definitionsgemäß den einzelnen Produkten direkt zugeordnet werden und bei Fehlentwicklungen sind die Verantwortlichkeiten leicht festzustellen. Dagegen sind die Verantwortlichkeiten für die Gemeinkosten nicht so leicht zu klären.

Ausgangssituation III: Den Gesamtbetrieb in Kostenstellen gliedern und die Gemeinkosten verteilen

Nachdem Leonie Gremme und Maik Balster zwischen Einzel- und Gemeinkosten unterschieden haben, lenkt Martin Götz die Aufmerksamkeit der beiden auf die Aufwendungen für Büromaterial: „Die Kosten für Büromaterial sind jahrelang Monat für Monat gestiegen. Wenn ich durch die Abteilungen gegangen bin, hatte ich oft das  Gefühl, dass es den Mitarbeitern und auch den Abteilungsleitern völlig egal sei, wer viel Büromaterial verbraucht hat und welche Kosten dadurch verursacht wurden. Der Abteilungsleiter der Verwaltung hat gesagt, der hohe Verbrauch läge am Vertrieb und umgekehrt. Das lief frei nach dem Motto: Sind ja schließlich Gemeinkosten, sollen die anderen sich mal kümmern. Aber damit ist schon länger Schluss. Wir haben in der Büromaterialausgabe nun Materialentnahmescheine eingeführt, auf denen festgehalten wird, wer welches Material für welche Abteilung entnimmt. Leider ist es aber nicht immer so einfach, die Gemeinkosten zu verteilen und damit die Verantwortlichkeiten zu klären."

Arbeitsaufträge

1 Erläutern Sie das in der Ausgangssituation geschilderte Problem.

2 Erarbeiten Sie einen Vorschlag zur Lösung des geschilderten Problems.

3 Übernehmen Sie die **Gemeinkosten** des Monats Oktober (vgl. Ausgangssituation I) in den abgebildeten Betriebsabrechnungsbogen und verteilen Sie die Gemeinkosten auf Basis folgender Verteilungsschlüssel auf die Kostenstellen:

Gemeinkostenart	Verteilungsgrundlage	Material	Fertigung	Verwaltung	Vertrieb
6020 Hilfsstoffaufwand	Materialentnahme-scheine	27 000,00 €	156 000,00 €	800,00 €	1 200,00 €
6030 Betriebsstoffaufwand	Materialentnahme-scheine	26 000,00 €	126 000,00 €	1 000,00 €	2 000,00 €
6050 Energieaufwand	Stromzähler	20 000 kWh	161 000 kWh	22 000 kWh	21 000 kWh
6160 Fremdinstandsetzung	Eingangsrechnungen	21 000,00 €	34 000,00 €	6 500,00 €	21 500,00 €
6300 Gehälter	Gehaltslisten	39 000,00 €	98 000,00 €	254 000,00 €	131 000,00 €
6800 Büromaterial	Materialentnahme-scheine	2 000,00 €	1 000,00 €	12 000,00 €	7 000,00 €
Kalkulatorische Abschreibungen	Anlagendatei; Verhältnis	15 :	65 :	13 :	7
Kalkulatorische Zinsen	Betriebsnotwendiges Kapital; Verhältnis	1 :	6 :	2 :	1

Betriebsabrechnungsbogen (BAB) der WFW AG (Monat: Oktober)					
Gemeinkostenart	Betrag	Kostenstellen			
		Material	Fertigung	Verwaltung	Vertrieb
Summe Gemeinkosten					

HINWEIS   Die Ergebnisse des BAB werden als Ausgangswerte für die nächste Lernsituation benötigt. Achten Sie bitte darauf, dass Ihre Ergebnisse korrekt sind.

Betriebsabrechnungsbogen (BAB) der WFW AG (Monat: September)					
Gemeinkostenart	Betrag	Kostenstellen			
		Material	Fertigung	Verwaltung	Vertrieb
Summe Gemeinkosten	1 196 400,00 €	135 700,00 €	582 200,00 €	308 500,00 €	174 000,00 €

4 Begründen Sie am Beispiel des BAB der WFW AG, bei welchen Gemeinkostenarten es sich um Kostenstelleneinzelkosten und bei welchen Gemeinkostenarten es sich um Kostenstellengemeinkosten handelt. Erläutern Sie, wer die Entwicklung der Gemeinkosten zu verantworten hat.

5 Vergleichen Sie die Kostenentwicklung in den einzelnen Kostenstellen für die Monate Oktober und September und überprüfen Sie die Behauptung von Herrn Flender, dass Franz Schmid ganz wesentlich für die Kostenentwicklung verantwortlich sei.

Info 1: Kostenstellen und ihre Einteilungskriterien

Um die **Gemeinkosten** beeinflussen zu können, muss der Unternehmer wissen, **wo sie entstanden sind und wer sie zu verantworten hat**. Dazu ist es notwendig, den Gesamtbetrieb nach Aufgabenbereichen zu unterteilen und Verantwortlichkeiten zuzuordnen. Diese Bereiche der Kostenverursachung werden als Kostenstellen bezeichnet. Die Aufteilung des Betriebes in Kostenstellen wird in der Praxis häufig nach betrieblichen Funktionen vorgenommen. In Anlehnung an seine Hauptfunktionen kann jeder Industriebetrieb in folgende Kostenbereiche gegliedert werden:

Materialbereich → Produktionsbereich → Verwaltungsbereich → Vertriebsbereich

Jeder Kostenstelle steht ein Kostenstellenverantwortlicher, z. B. ein Abteilungsleiter, vor.

Beispiel: Die Produktionskosten sind bei der WFW AG vom zuständigen Abteilungsleiter Produktion, Herrn Schmid, zu verantworten.

Damit werden in den einzelnen Kostenstellenbereichen u. a. die folgenden Gemeinkosten erfasst:

Materialgemeinkosten (MGK):	Löhne und Gehälter für Mitarbeiter, Abschreibungen auf die Lagereinrichtung und Lagerbediengeräte usw.
Fertigungsgemeinkosten (FGK):	Hilfslöhne, Gehälter für Meister, Verbrauch von Strom, Wasser und Gas; Hilfs- und Betriebsstoffe der Fertigung; Abschreibungen auf Maschinen usw.
Verwaltungsgemeinkosten (VwGK):	Gehälter der Geschäftsleitung und Verwaltungsabteilungen, Büromaterial, Abschreibungen auf BGA usw.
Vertriebsgemeinkosten (VtGK):	Gehälter für Mitarbeiter, Kosten für Werbung, Verpackung, Versand Abschreibung auf BGA und Gebäude usw.

Info 2: Verteilung der Gemeinkosten auf die Kostenstellen

Ziel der Gemeinkostenverteilung ist es, diese Kosten möglichst verursachungsgerecht auf die Kostenstellen zu verteilen. Jeder Kostenstellenverantwortliche kann nur für die Kosten verantwortlich gemacht werden, die er auch verursacht hat. Das Kernproblem ist es daher, geeignete Verteilungsgrundlagen zu finden, welche die Kostenverursachung korrekt widerspiegeln.

Info 3: Kostenstelleneinzelkosten

(Kostenträger-)Gemeinkosten, die den einzeln **Kostenstellen verursachungsgerecht** mithilfe von Belegen oder auch Mess- und Zählvorrichtungen zugeordnet werden können, bezeichnet man als Kostenstelleneinzelkosten.

Beispiele:

Kostenart	Verteilungsgrundlage
Gehälter	Gehaltslisten
Fremdinstandhaltung	Eingangsrechnungen
Büromaterial	Materialentnahmescheine

Info 4: Kostenstellengemeinkosten

(Kostenträger-)Gemeinkosten, die den einzeln **Kostenstellen nicht verursachungsgerecht** zugeordnet werden können, bezeichnet man als Kostenstellengemeinkosten. Sie werden mithilfe eines Verteilungsschlüssels auf die Kostenstellen verteilt.

Beispiele:

Kostenart	Verteilungsgrundlage
Kfz-Kosten (Versicherung, Steuer, Kraftstoff)	gefahrene Kilometer (Fahrtenbücher)
Unfallversicherung	Zahl der Beschäftigten in den Funktionsbereichen
Feuerversicherung	Wert des versicherten Vermögens in den Funktionsbereichen
kalk. Miete, Heizung	Größe (m^2 oder m^3) der einzelnen Funktionsbereiche
Abschreibungen	Wert des Anlagevermögens in den Funktionsbereichen lt. Anlagendatei
kalkulatorische Zinsen	Wert des betriebsnotwendigen Vermögens einzelner Funktionsbereiche lt. Anlagendatei

Info 5: Der Betriebsabrechnungsbogen (BAB)

Die Verteilung der Gemeinkosten wird in statistisch-tabellarischer Form im **Betriebsabrechnungsbogen (BAB)** durchgeführt. Aus der Abgrenzungsrechnung der Kostenartenrechnung werden die Gemeinkosten übernommen und dann mithilfe von Belegen, Zähl- und Messeinrichtungen oder mithilfe von Schlüsseln auf die Kostenstellen verteilt.

Beispiel:

Einstufiger Betriebsabrechnungsbogen (BAB)

	Konto	Kostenarten	€	Verteilungs-grundlage	Verteilungs-schlüssel	Kostenstellen			
						I. Material	II. Fertigung	III. Verwaltung	IV. Vertrieb
01	6020	Aufw. für Hilfsstoffe	3 955 844,00	MES		395 200,00	2 410 000,00	836 644,00	314 000,00
02	6050	Aufw. für Energie	1 195 115,00	Zähler		38 307,00	857 000,00	220 573,00	79 235,00
03	6160	Fremdinstandhaltung	404 500,00	ER		17 100,00	320 000,00	48 900,00	18 500,00
04	6300	Gehälter	6 981 900,00	Gehaltslisten		225 000,00	4 465 350,00	1 675 000,00	616 550,00
05	6700	Aufw. für Rechte und Dienste	1 410 000,00		1:2:2:1	235 000,00	470 000,00	470 000,00	235 000,00
06	6800	Aufwendungen für Kommunikation	2 035 400,00	Belege		204 000,00	147 400,00	828 000,00	856 000,00
07	6900	Versicherungsbeiträge	74 200,00	Verträge		17 200,00	16 000,00	15 400,00	25 600,00
08	7000	Betriebliche Steuern	1 218 500,00		1:1:7:1	121 850,00	121 850,00	852 950,00	121 850,00

	Konto	Kostenarten	€	Verteilungs-grundlage	Verteilungs-schlüssel	Kostenstellen			
						I. Material	II. Fertigung	III. Verwaltung	IV. Vertrieb
09		Kalk. Abschreibungen	500 000,00	Anlagendatei		60 000,00	290 000,00	80 000,00	70 000,00
10		Kalk. Zinsen	616 000,00	betr. notw. Vermögen		40 000,00	340 000,00	152 000,00	84 000,00
11		Kalk. Wagnisse	400 000,00	betr. notw. Vermögen		100 000,00	200 000,00	80 000,00	20 000,00
12		Kalk. Miete	172 800,00	m²	3 : 8 : 4 : 3	28 800,00	76 800,00	38 400,00	28 800,00
Summe der Gemeinkosten			18 946 259,00			1 482 457,00	9 714 400,00	5 297 867,00	2 469 535,00

Vertiefende Übungen

1 Die TSM AG ist ein Hersteller von Möbelsystemen. Begründen Sie, ob es sich bei den folgenden Kosten um Einzel- oder Gemeinkosten handelt.

a) Stromverbrauch laut Monatsabrechnung

b) Abschreibungen auf Maschinen

c) Lackverbrauch

d) Benzinverbrauch für Firmenfahrzeuge

e) Miete für Vertriebsbüro

f) Verbrauch an Spanplatten

g) Gewerbesteuer

h) Gehalt für den Werkstattmeister

i) Löhne für die Produktionsmitarbeiter

j) Verbrauch an Büromaterial

2 Bei der Sommerfeld Bürosysteme GmbH ist die Jahresendabrechnung der Essener Elektrizitätswerke eingegangen.

a) Ermitteln Sie die auf die Kostenstelle Verwaltung im vergangenen Jahr entfallenden Kosten des Strombezugs, wenn dort laut Zähler 5 738 kWh verbraucht wurden.

b) Ermitteln Sie den auf die Kostenstelle Verwaltung im vergangenen Jahr entfallenden Anteil an den Zählerkosten, wenn dort einer von insgesamt fünf Stromzählern angebracht war.

c) Berechnen Sie die von der Kostenstelle Verwaltung insgesamt zu tragenden Energiekosten.

3 Ermitteln Sie anhand des nachfolgend abgebildeten Auszugs aus der Anlagendatei den für März 2019 auf die Kostenstelle I „Material" und die Kostenstelle II „Fertigung" entfallenden kalkulatorischen Abschreibungsbetrag für einen Gabelstapler, Inventar-Nr. 501. Der Gabelstapler wird in beiden Kostenstellen

EEW

Essener Elektrizitätswerke AG · Postfach 1760 · 45157 Essen

EEW AG – Postfach 1760 – 45157 Essen

Sommerfeld Bürosysteme GmbH
Gladbecker Straße 85-91
45141 Essen

EEW AG
Postfach 1760
45157 Essen
info@eew-essen.de
www.eew-essen.de

Jahresrechnung
Kundennummer 24-6946844
bei Zahlung und Rückfragen bitte angeben

Sofortlieferung nach Tarif A2   Essen, den 14.12.20..

	Zeitraum	Preis	Betrag/€
Zähler-Nr. 92164352 Zählerstand 13.11. **544 611** Zählerstand 12.11. **650 341** Unterschied **105 730**	364 Tage		
Strombezug: 105 730		16,48 CT/kWh	17 424,30
Miete Zähler			94,70 €
Entgelt			**17 519,00**
Zusammenfassung: Entgelt für Strom			17 519,00
Rechnungsbetrag abzüglich der bis zum 15.11.20.. bei uns eingegangenen Zahlungen*			17 519,00 16 037,00
Wird von Ihrem Konto bei der Deutschen Bank, Essen BLZ 360 700 50, Kto.-Nr. 25 203 488 abgebucht			1 482,00

Künftiger monatlicher Abschlag
1 460,00 €

Bankverbindung Postbank Dortmund BLZ 400 100 46 Kto.-Nr. 534 122 05 IBAN DE84440100460053412205 BIC PNBKDEFF440	Steuernummer 110/311/4220 USt-ID-Nr. DE137492007

verwendet. Die Kosten sollen im Verhältnis 8 : 2 auf die beiden Kostenstellen „Material" und „Fertigung" verteilt werden.

Inventar-Nr.: 501		Bezeichnung: Gabelstapler		Kostenstellen: Material und Fertigung	
Anlagenkonto:	0720	Abschreibungskonto:	6520	Abschreibungsbeginn:	01.05.2017
Nutzungsdauer laut AfA-Tabelle:	10 Jahre	Abschreibungsmethode:	Linear	Anschaffungskosten:	28 500,00 €
Betriebsindividuelle Nutzungsdauer:	12 Jahre	Abschreibungsmethode:	Linear	Wiederbeschaffungswert:	31 500,00 €

4   Ein Industriebetrieb stellt folgende Kostenarten fest:

Fertigungsmaterial (Rohstoffaufwand)	65 000,00 €
Löhne: Fertigungslöhne	24 500,00 €
Gemeinkostenmaterial	12 000,00 €
Energie, Wasser	2 870,00 €
Gehälter	56 000,00 €
Sozialabgaben	10 900,00 €
Fremdinstandsetzung	4 600,00 €
Versicherungen	1 700,00 €
Verschiedene Aufwendungen	16 700,00 €
Kalk. Abschreibungen	9 000,00 €

Stellen Sie den Betriebsabrechnungsbogen auf.

Grundlage für die Verteilung der Gemeinkosten

Kostenarten	I. Material	II. Fertigung	III. Verwaltung	IV. Vertrieb
Gemeinkostenmaterial	500,00	10 600,00	–	900,00
Gehälter	15 000,00	3 600,00	30 000,00	7 400,00
Sozialabgaben	4 400,00	900,00	4 100,00	1 500,00
Fremdinstandsetzung	300,00	3 100,00	700,00	500,00
Versicherungen	200,00	1 000,00	400,00	100,00
Verschiedene Aufwendungen	800,00	3 400,00	10 500,00	2 000,00
Kalk. Abschreibungen Energie, Wasser	im Verhältnis 3 : 2 auf die Kostenstellen II und III aufgrund von Einzelzählern (1 kWh = 0,05 €; 1 m³ Wasser = 0,40 €):			
Strom in kWh	5 200	32 000	7 300	8 500
Wasser in m³	50	420	–	80

5   Bei der TSM AG, einem Hersteller von Möbelsystemen, sind die folgenden Gemeinkosten angefallen. Begründen Sie, welcher Kostenstelle die Gemeinkosten zuzuordnen sind.

a) Abschreibung auf Maschinen lt. Anlagendatei
b) Abschreibung auf das Versandlager
c) Verbrauch von Schrauben und Nägeln
d) Abschreibung auf das Wareneingangslager
e) Gehalt des Geschäftsführers
f) Gehalt eines Einkaufssachbearbeiters
g) Hilfslöhne für die Fertigung
h) Büroeinrichtung der Personalabteilung
i) Kopierer für die Verkaufsabteilung
j) Energieverbrauch der Produktion lt. Zähler

6 Prüfen Sie, ob die folgenden Aussagen richtig sind, und korrigieren Sie die falschen Aussagen.

a) Gemeinkosten lassen sich den einzelnen Kostenträgern direkt zuordnen.

b) Typische Einzelkosten sind Rohstoff- und Lohnkosten.

c) Im Rahmen der Kostenstellenrechnung werden die Einzelkosten verursachungsgerecht auf die Kostenstellen verteilt.

d) Die Kostenstellen eines Betriebs werden nach Funktions- und Verantwortungsbereichen gebildet.

e) Die Abkürzung „BAB" steht für „Betriebsabrechnungsbogen".

f) Ein Ziel des BAB ist die Wirtschaftlichkeitskontrolle einzelner Betriebsbereiche.

ZUSAMMENFASSUNG

Ziel der Kostenstellenrechnung
Verursachungsgerechte _____ der _____ auf die _____ .

(Kostenträger-)Einzelkosten	(Kostenträger-)Gemeinkosten
Kosten, die sich einzelnen _____ (Produkten) _____ zuordnen lassen.	Kosten, die durch _____ oder _____ Produkte eines Unternehmens verursacht werden.
Beispiele: _____ _____ _____ _____	Beispiele: _____ _____ _____ _____

Kostenstellen im einfachen Betriebsabrechnungsbogen (BAB)			
I. _____	II. _____	III. _____	IV. _____

Kostenstelleneinzelkosten	Kostenstellengemeinkosten
(Kostenträger-)Gemeinkosten, die den einzelnen Kostenstellen _____ mithilfe von _____ oder auch _____ zugeordnet werden können.	(Kostenträger-)Gemeinkosten, die den einzelnen Kostenstellen _____ zugeordnet werden können.
Beispiele: _____ _____ _____	Beispiele: _____ _____ _____

SELBSTEINSCHÄTZUNG	Ja 🙂	Mit Hilfe 😐	Nein ☹
Ich kann Einzelkosten von Gemeinkosten unterscheiden.			
Ich kann Beispiele für Einzelkosten nennen.			
Ich kann Beispiele für Gemeinkosten nennen.			
Ich kann geeignete Verteilungsschlüssel für Gemeinkostenarten nennen.			
Ich kann die vier Kostenstellen im einfachen BAB nennen.			
Ich kann die Verteilung der Gemeinkosten im einfachen BAB durchführen.			
Ich kann die Notwendigkeit der Kostenstellenrechnung begründen.			

Außerdem habe ich gelernt:

_____

_____

_____

HINWEIS Zur Wiederholung und Vertiefung:
Seiten 121–122, Trainingsmodul 1 und Seiten 198–199, Aufgabe 4

LERNSITUATION 5: Gemeinkostenzuschlagssätze im BAB ermitteln und eine Kostenträgerzeitrechnung durchführen

Ausgangssituation I: Die Gemeinkostenzuschlagssätze im BAB ermitteln

Nachdem Leonie Gremme und Maik Balster sich mit der Kostenstellenrechnung befasst haben, finden sie sich erneut im Büro von Martin Götz zu einer Besprechung ein, um ihre Analysen fortzusetzen.

Leonie Gremme:	„Da hat Herr Schmid wohl doch Recht gehabt. Die Kostenentwicklung in der Kostenstelle Produktion ist auf jeden Fall besser als in den anderen Bereichen des Betriebes."
Maik Balster:	„Stimmt, aber was ist eigentlich mit der Behauptung von Herrn Flender, die Umstrukturierungen im Bereich der Rennräder hätten nichts gebracht und die Produktgruppe arbeite immer noch mit Verlusten? Letztlich wollen wir doch auch herausfinden, welche Produktgruppen für das negative Betriebsergebnis im Oktober verantwortlich sind."
Leonie Gremme:	„Aber wie? Das Problem ist doch, dass wir nur die Einzelkosten, also die Fertigungslöhne und die Rohstoffaufwendungen, den Kostenträgern direkt zurechnen können. Die Gemeinkosten können wir ja nicht direkt den einzelnen Produktgruppen zuordnen."
Martin Götz:	„Richtig, Sie haben das Problem erkannt. Deshalb verteilen wir die Gemeinkosten der Kostenstellen mithilfe von Zuschlagssätzen auf die Produkte. Wie ein Zuschlagssatz ermittelt wird und was er aussagt, darum werden wir uns jetzt kümmern."

Arbeitsaufträge

1 Vervollständigen Sie den vorliegenden Betriebsabrechnungsbogen (siehe auch LS 4.II auf Seite 57), indem Sie
   - die Zuschlagsgrundlagen übertragen (siehe Ergebnistabelle der LS 3.II auf Seite 32) bzw. berechnen (siehe nachfolgendes Schema zur Berechnung der Herstellkosten des Umsatzes)
   - und die Zuschlagssätze für die einzelnen Kostenstellen ermitteln.

Betriebsabrechnungsbogen (BAB) der WFW AG (Monat: Oktober)					
Gemeinkostenart	**Betrag**	**Kostenstellen**			
		Material	Fertigung	Verwaltung	Vertrieb
6020 Hilfsstoffaufwand	185 000,00 €	27 000,00 €	156 000,00 €	800,00 €	1 200,00 €
6030 Betriebsstoffaufwand	155 000,00 €	26 000,00 €	126 000,00 €	1 000,00 €	2 000,00 €
6050 Energieaufwand	56 000,00 €	5 000,00 €	40 250,00 €	5 500,00 €	5 250,00 €
6160 Fremdinstandsetzung	83 000,00 €	21 000,00 €	34 000,00 €	6 500,00 €	21 500,00 €
6300 Gehälter	522 000,00 €	39 000,00 €	98 000,00 €	254 000,00 €	131 000,00 €
6800 Büromaterial	22 000,00 €	2 000,00 €	1 000,00 €	12 000,00 €	7 000,00 €
Kalkulatorische AfA	141 000,00 €	21 150,00 €	91 650,00 €	18 330,00 €	9 870,00 €
Kalkulatorische Zinsen	55 550,00 €	5 555,00 €	33 330,00 €	11 110,00 €	5 555,00 €
Summe Gemeinkosten	**1 219 550,00 €**	**146 705,00 €**	**580 230,00 €**	**309 240,00 €**	**183 375,00 €**
Zuschlagsgrundlage					
Zuschlagssatz					

HINWEIS   Die Zuschlagssätze werden für die nächste Ausgangssituation benötigt. Achten Sie bitte darauf, dass Ihre Ergebnisse korrekt sind.

Schema zur Berechnung der Herstellkosten des Umsatzes

	€
Materialeinzelkosten (MEK)	
+ Materialgemeinkosten (MGK)	
= Materialkosten (MK)	
Fertigungseinzelkosten (FEK)	
+ Fertigungsgemeinkosten (FGK)	
= Fertigungskosten (FK)	
MK + FK = Herstellkosten der Rechnungsperiode (HK$_{RP}$)	
– Bestandsmehrungen (vgl. Ergebnistabelle für Oktober, LS 3)	
= Herstellkosten des Umsatzes (HK$_{Ums}$)	

2 Begründen Sie,

   a) warum die Herstellkosten des Umsatzes für die Berechnung der Verwaltungs- und Vertriebsgemein-kostenzuschlagssätze zugrunde gelegt werden und

   b) wie die Bestandsveränderungen an fertigen und unfertigen Erzeugnissen bei der Berechnung der Herstellkosten des Umsatzes zu berücksichtigen sind.

3 Erläutern Sie, was die von ihnen ermittelten Gemeinkostenzuschlagssätze aussagen.

Info 1: Ermittlung von Zuschlagssätzen

Sämtliche Kostenstellen (Material, Produktion, Verwaltung, Vertrieb) eines Betriebes sind unmittelbar oder mittelbar damit beschäftigt, die vom Kunden gewünschten Produkte bereitzustellen.

Beispiel: Für die Herstellung eines Mountainbikes werden im Materialbereich verschiedene Werkstoffe eingekauft und eingelagert, aus denen das Mountainbike in der Produktion hergestellt wird. Anschließend wird das Mountainbike an unterschiedliche Zweiradfachgeschäfte vertrieben. Dabei werden im Laufe des Prozesses verschiedene Verwaltungsdienstleistungen in Anspruch genommen.

Die in diesen Kostenstellen entstandenen Kosten werden damit letztlich durch alle Produkte (= Kostenträger) verursacht und müssen nun mithilfe von **Zuschlagssätzen** auf die Kostenträger verteilt werden.

Zur Berechnung der Zuschlagssätze muss für jede Kostenstelle eine **Zuschlagsgrundlage** gefunden werden, die die Beanspruchung der Gemeinkosten durch die Kostenträger in dieser Kostenstelle widerspiegelt.

Gemeinkosten der Kostenstelle	Zuschlagsgrundlage	Quelle
Material	Materialeinzelkosten	Rohstoffkosten lt. Ergebnistabelle
Fertigung	Fertigungseinzelkosten	Löhne lt. Ergebnistabelle
Verwaltung	Herstellkosten des Umsatzes	Berechnung gemäß Rechenschema
Vertrieb	Herstellkosten des Umsatzes	Berechnung gemäß Rechenschema

Zwischen den Zuschlagsgrundlagen und den darauf bezogenen Gemeinkosten wird eine unmittelbare Abhängigkeit unterstellt, d.h., man unterstellt, dass

- eine Erhöhung der **Materialeinzelkosten** eine Erhöhung der **Materialgemeinkosten,**
- eine Erhöhung der **Fertigungseinzelkosten** eine Erhöhung der **Fertigungsgemeinkosten**
- und eine **Erhöhung der Herstellkosten des Umsatzes** eine Erhöhung der **Verwaltungs- sowie Vertriebs-gemeinkosten**

nach sich zieht.

Beispiel: Erhöhen sich die Rohstoffkosten (z. B. Aluminium) bei der WFW AG, dann wird ebenfalls eine Steigerung der Materialgemeinkosten angenommen (z. B. Kosten für den Einkauf und die Einlagerung des Materials).

Berechnung der Gemeinkostenzuschlagssätze im BAB

Ein Zuschlagsatz gibt allgemein das Verhältnis der in einer Kostenstelle ermittelten Gemeinkosten zur Zuschlagsgrundlage an, es gilt:

$$\text{Zuschlagsatz} = \frac{\text{Gemeinkosten der Kostenstelle}}{\text{Zuschlagsgrundlage}} \cdot 100$$

Das folgende Beispiel erklärt, wie die Zuschlagssätze für die einzelnen Kostenstellen zu berechnen und zu interpretieren sind:

Betriebsabrechnungsbogen (BAB) der TSM AG (Monat: November)					
Gemeinkostenart	Betrag	Kostenstellen			
		Material	Fertigung	Verwaltung	Vertrieb
...	...	...	...	...	...
Summe Gemeinkosten		2 500,00 €	98 000,00 €	16 100,00 €	9 200,00 €
Zuschlagsgrundlage		50 000,00 €	70 000,00 €	230 000,00 €	230 000,00 €
Zuschlagssatz		5,00 %	140,00 %	7,00 %	4,00 %

Materialgemeinkostenzuschlagssatz (MGKZ): $\dfrac{\text{Materialgemeinkosten}}{\text{Materialeinzelkosten}} \cdot 100$

Beispiel: $\dfrac{2\,500,00\ \text{€}}{50\,000,00\ \text{€}} \cdot 100 = 5,00\ \%$ Die Materialgemeinkosten, also z. B. die Kosten für den Einkauf und die Einlagerung des Materials, machen 5 % der Materialeinzelkosten, also der Rohstoffaufwendungen, aus.

Fertigungsgemeinkostenzuschlagssatz (MGKZ): $\dfrac{\text{Fertigungsgemeinkosten}}{\text{Fertigungseinzelkosten}} \cdot 100$

Beispiel: $\dfrac{98\,000,00\ \text{€}}{70\,000,00\ \text{€}} \cdot 100 = 140,00\ \%$ Die Fertigungsgemeinkosten, also z. B. die Maschinenkosten sowie die Verbräuche an Hilfs- und Betriebsstoffen, machen 140 % der Fertigungseinzelkosten, also der Fertigungslöhne, aus.

Verwaltungsgemeinkostenzuschlagssatz (VwGKZ): $\dfrac{\text{Verwaltungsgemeinkosten}}{\text{Herstellkosten des Umsatzes}} \cdot 100$

Beispiel: $\dfrac{16\,100,00\ \text{€}}{230\,000,00\ \text{€}} \cdot 100 = 7,00\ \%$ Die Verwaltungsgemeinkosten, also z. B. die Kosten der Personalabteilung und der Geschäftsführung, machen 7 % der Herstellungskosten des Umsatzes, also des Herstellwertes der abgesetzten Menge aus.

Vertriebsgemeinkostenzuschlagssatz (VtGKZ): $\dfrac{\text{Vertriebsgemeinkosten}}{\text{Herstellkosten des Umsatzes}} \cdot 100$

Beispiel: $\dfrac{9\,200,00\ \text{€}}{230\,000,00\ \text{€}} \cdot 100 = 4,00\ \%$ Die Vertriebsgemeinkosten, also z. B. die Kosten der Vertriebsabteilung und des Versandes, machen 4 % der Herstellkosten des Umsatzes, also des Herstellwertes der abgesetzten Menge aus.

INFOBOX

Rechenschema zur Berechnung der Herstellkosten des Umsatzes

	€
Materialeinzelkosten (MEK)	50 000,00 €
+ Materialgemeinkosten (MGK)	2 500,00 €
= Materialkosten (MK)	52 500,00 €
Fertigungseinzelkosten (FEK)	70 000,00 €
+ Fertigungsgemeinkosten (FGK)	98 000,00 €
= Fertigungskosten (FK)	168 000,00 €
MK + FK = Herstellkosten der Rechnungsperiode (HK$_{RP}$)	220 500,00 €
– Bestandsmehrungen unfertige Erzeugnisse + Bestandsminderungen unfertige Erzeugnisse	12 000,00 €
= Herstellkosten der Produktion (HK$_{dP}$)	232 500,00 €
– Bestandsmehrungen fertige Erzeugnisse + Bestandsminderungen fertige Erzeugnisse	–2 500,00 €
= Herstellkosten des Umsatzes (HK$_{Ums}$)	230 000,00 €

Herstellkosten der Rechnungsperiode:

Die Summe der Material- und Fertigungskosten einer Rechnungsperiode ergibt die Herstellkosten der Rechnungsperiode.

Herstellkosten der Produktion:

Sind zusätzlich zu den Herstellkosten der Rechnungsperiode noch unfertige Erzeugnisse vom Lager entnommen und in der Produktion fertiggestellt worden, muss diese Bestandsminderung addiert werden, um die Herstellkosten der Produktion (= Herstellkosten der produzierten Menge) zu erhalten. Liegt hingegen bei den unfertigen Erzeugnissen eine Bestandmehrung vor, haben nicht alle Material- und Fertigungskosten der Rechnungsperiode zu fertigen Erzeugnissen geführt. Ein Teil der Produkte ist unfertig geblieben. Deshalb ist eine Bestandmehrung an unfertigen Erzeugnissen von den Herstellkosten der Rechnungsperiode abzuziehen, um die Herstellkosten der Produktion zu ermitteln.

Beispiel: Die TSM AG hat Möbel im Wert von 220 500,00 € produziert und zusätzlich noch unfertige Möbel im Wert von 12 000,00 € vom Lager entnommen (Bestandsminderung) und endgültig fertiggestellt. Die Kosten für diese unfertigen Erzeugnisse müssen deshalb noch zu den Material- und Fertigungskosten der neu produzierten Möbel addiert werden. Die Herstellkosten der Produktion geben damit die Kosten für die produzierten und fertiggestellten Möbel an.

Herstellkosten des Umsatzes:

Sind zusätzlich zu den schon produzierten fertigen Erzeugnissen noch weitere fertige Erzeugnisse vom Lager entnommen und verkauft worden, muss diese Lagerentnahme noch zu den Herstellkosten der Produktion addiert werden, um die Herstellkosten des Umsatzes (= Herstellkosten der abgesetzten Menge) zu erhalten. Liegt hingegen eine Bestandsminderung bei den fertigen Erzeugnissen vor, sind nicht alle produzierten Erzeugnisse auch verkauft worden. Ein Teil ist am Lager verblieben. Da aber bisher alle Kosten für die Herstellung der produzierten Menge erfasst wurden, ist der Wert dieser nicht verkauften Menge deshalb von den Herstellkosten der Produktion abzuziehen, um die Herstellkosten des Umsatzes zu erhalten.

Beispiel: Die TSM AG hat nicht alle fertiggestellten Möbel verkauft. Die abgesetzte Menge ist somit kleiner als die produzierte Menge, da Möbel im Wert von 2 500,00 € als Bestandsmehrung am Lager verblieben sind. Die Kosten für diese Möbel müssen deshalb von den Herstellkosten der Produktion subtrahiert werden, um die Herstellkosten des Umsatzes zu erhalten. Die Herstellkosten des Umsatzes geben damit die Kosten für die verkauften Möbel an.

Grundsätzlich lässt sich demnach festhalten, dass **Bestandsmehrungen von den HK$_{dP}$ zu subtrahieren** und **Bestandsminderungen zu den HK$_{dP}$ zu addieren** sind, um die HK$_{Ums}$ zu erhalten.

Ausgangssituation II: Die Selbstkosten in der Kostenträgerzeitrechnung ermitteln

Leonie Gremme: „Wir haben ja jetzt die Zuschlagssätze für die einzelnen Kostenstellen errechnet, Herr Götz, aber auf die Frage, ob die Umstrukturierungen bei den Rennrädern erfolgreich waren, haben wir immer noch keine Antwort."

Martin Götz: „Richtig, aber jetzt ist es nur noch ein kleiner Schritt, um darauf eine Antwort zu geben. Bedenken Sie, was ein Zuschlagsatz angibt."

Maik Balster: „Er gibt das prozentuale Verhältnis von Gemeinkosten zu Einzel- bzw. Herstellkosten an."

Martin Götz: „Und genau das machen wir uns jetzt zunutze. Wir übernehmen die Zuschlagssätze für unsere Produktgruppen."

Arbeitsauftrag

1 Vervollständigen Sie das Kostenträgerzeitblatt für den Monat Oktober und ermitteln Sie
  a) die Selbstkosten des Umsatzes,
  b) das Betriebsergebnis und
  c) die Wirtschaftlichkeit des Gesamtbetriebes sowie der einzelnen Produktgruppen.

Bezeichnung	Gesamtbetrieb	GKZS	Mountainbikes	E-Bikes	Touringräder	Rennräder
MEK	2 957 000,00 €		652 000,00 €	865 000,00 €	990 000,00 €	450 000,00 €
+ MGK	146 667,20 €	4,96 %				
= MK	3 103 667,20 €					
FEK	520 000,00 €		110 000,00 €	130 000,00 €	195 000,00 €	85 000,00 €
+ FGK	580 216,00 €	111,58 %				
= FK	1 100 216,00 €					
MK + FK = HK$_{RP}$	4 203 883,20 €					
– BVÄ	–545 000,00 €		–30 000,00 €	–45 000,00 €	–449 000,00 €	–21 000,00 €
HK$_U$	3 658 883,20 €					
+ VwGK	309 175,63 €	8,45 %				
+ VtGK	183 310,05 €	5,01 %				
SK$_U$	4 151 368,88 €					
Umsatzerlöse	3 875 000,00 €		1 055 000,00 €	1 315 000,00 €	765 000,00 €	740 000,00 €
Betriebsergebnis	–276 368,88 €					
Wirtschaftlichkeit	0,93					

2 Diskutieren Sie die von Ihnen ermittelten Ergebnisse und prüfen Sie, ob die Umstrukturierungen im Bereich der Rennräder erfolgreich waren.

Info 2: Hauptaufgabe der Kostenträgerzeitrechnung

Im 3. Schritt der Vollkostenrechnung hat die **Kostenträgerzeitrechnung** die Aufgabe, den in einer Abrechnungsperiode (hier: Monat Oktober) erzielten Gesamterfolg des Betriebes sowie einzelner Produktgruppen zu ermitteln. Das erreicht sie, indem sie den jeweiligen Umsatzerlösen die Selbstkosten der verkauften Produkte gegenüberstellt. Diese Gegenüberstellung bereitet keine Schwierigkeiten bei der Erfolgsermittlung des Gesamtbetriebes. Will man jedoch die Wirtschaftlichkeit einzelner Produktgruppen (= Kostenträger) berechnen, müssen die angefallenen Kosten den jeweiligen Kostenträgern zugerechnet werden. Während Einzelkosten jedem Kostenträger direkt zugeordnet werden können, ist es erforderlich, die Gemeinkosten mithilfe von **Gemeinkostenzuschlagssätzen**, die das Verhältnis von Gemeinkosten zur Zuschlagsgrundlage ausdrücken, den einzelnen Kostenträgern zuzuordnen.

Das Kostenträgerzeitblatt

Nachdem man im BAB die Gemeinkosten verursachungsgerecht auf die Kostenstellen verteilt hat, kann man mithilfe des Kostenträgerzeitblatts die Herstellkosten, die Selbstkosten, das Betriebsergebnis und die Wirtschaftlichkeit des Gesamtbetriebes ermitteln.

Die Gemeinkostenzuschlagssätze unterstellen eine Proportionalität zwischen Einzel- und Gemeinkosten im Gesamtbetrieb; diese kann nun auf die einzelnen Produktgruppen „übertragen" werden. So können diesen nicht nur die Einzelkosten direkt zugeordnet werden, sondern mithilfe der GKZS auch die Gemeinkosten, sodass der Beitrag jeder Produktgruppe zum Gesamtergebnis ermittelbar ist.

Beispiel: Kostenträgerzeitblatt der Trend-Systemmöbel AG für den Monat November

Bezeichnung	Gesamtbetrieb	GKZS	Produktgruppe A	Produktgruppe B	Produktgruppe C
MEK	50 000,00 €		12 000,00 €	28 000,00 €	10 000,00 €
+ MGK	2 500,00 €	5,00 % ➡	600,00 €	1 400,00 €	500,00 €
= MK	52 500,00 €		12 600,00 €	29 400,00 €	10 500,00 €
FEK	70 000,00 €		15 000,00 €	32 000,00 €	23 000,00 €
+ FGK	98 000,00 €	140,00 % ➡	21 000,00 €	44 800,00 €	32 200,00 €
= FK	168 000,00 €		36 000,00 €	76 800,00 €	55 200,00 €
HK_{RP}	220 500,00 €		48 600,00 €	106 200,00 €	65 700,00 €
+/- BVÄ UFE	12 000,00 €		8 000,00 €	−1 000,00 €	5 000,00 €
$HK_{Prod.}$	232 500,00 €		56 600,00 €	105 200,00 €	70 700,00 €
+/- BVÄ FE	−2 500,00 €		500,00 €	−2 000,00 €	−1 000,00 €
HK_{U}	230 000,00 €		57 100,00 €	103 200,00 €	69 700,00 €
+ VwGK	16 100,00 €	7,00 % ➡	3 997,00 €	7 224,00 €	4 879,00 €
+ VtGK	9 200,00 €	4,00 % ➡	2 284,00 €	4 128,00 €	2 788,00 €
SK_{U}	255 300,00 €		63 381,00 €	114 552,00 €	77 367,00 €
Umsatzerlöse	320 000,00 €		95 000,00 €	153 000,00 €	72 000,00 €
Betriebsergebnis	64 700,00 €		31 619,00 €	38 448,00 €	−5 367,00 €
Wirtschaftlichkeit	1,25		1,50	1,34	0,93

Im Kostenträgerzeitblatt erkennt man, dass der Gesamtbetrieb wirtschaftlich arbeitet: Das Betriebsergebnis ist positiv, die Wirtschaftlichkeit (= Leistungen/Kosten) beträgt 1,25. Allerdings ist der Beitrag der Produktgruppe C zum Gesamtergebnis negativ. Hier muss beobachtet werden, ob es sich um einen einmaligen Ausreißer handelt oder ob die Produktgruppe C über einen längeren Zeitraum defizitär ist. Gegebenenfalls ist die Produktgruppe C zu eliminieren.

Vertiefende Übungen

1 Vervollständigen Sie den BAB und erstellen Sie auf Basis der nachfolgenden Angaben das Kostenträgerzeitblatt für den Gesamtbetrieb.

Betriebsabrechnungsbogen (BAB) für den Monat August					
		Kostenstellen			
Gemeinkostenart	Betrag	Material	Fertigung	Verwaltung	Vertrieb
6160 FIS	298 400,00 €	23 000,00 €	245 000,00 €	18 000,00 €	12 400,00 €
6300 Gehälter	422 000,00 €	22 000,00 €	54 000,00 €	157 000,00 €	189 000,00 €
6700 Miete	42 000,00 €	14 000,00 €	15 000,00 €	7 000,00 €	6 000,00 €
6800 Büromaterial	14 800,00 €	2 100,00 €	1 100,00 €	5 400,00 €	6 200,00 €
6900 Versicherungen	136 000,00 €	35 000,00 €	46 000,00 €	34 000,00 €	21 000,00 €
kalk. AfA	322 000,00 €	24 000,00 €	175 000,00 €	34 000,00 €	89 000,00 €
kalk. Zinsen	114 500,00 €	9 500,00 €	62 000,00 €	14 000,00 €	29 000,00 €
Summe	1 349 700,00 €	129 600,00 €	598 100,00 €	269 400,00 €	352 600,00 €
Rohstoffkosten		1 000 000,00 €			
Lohnkosten			487 000,00 €		
HK_{Ums}					
Zuschlagssatz					

S		2100 UFE		H
AB	14 000,00	SB		12 000,00

S		2200 FE		H
AB	3 100,00	SB		4 500,00

2 Ergänzen Sie das abgebildete Kostenträgerzeitblatt der Kampmann Metallwerke OHG für den Monat April.

Bezeichnung	Gesamtbetrieb	GKZS	Produktgruppe A	Produktgruppe B	Produktgruppe C
MEK	250 000,00 €		65 000,00 €	145 000,00 €	40 000,00 €
+ MGK	16 250,00 €				
= MK	266 250,00 €				
FEK	310 000,00 €		80 000,00 €	147 000,00 €	83 000,00 €
+ FGK	418 500,00 €				
= FK	728 500,00 €				
HK_{RP}	994 750,00 €				
+/– BVÄ UFE	21 000,00 €		5 000,00 €	9 000,00 €	7 000,00 €
$HK_{Prod.}$	1 015 750,00 €				
+/– BVÄ FE	−2 500,00 €		−2 000,00 €	1 000,00 €	−1 500,00 €
HK_U	1 013 250,00 €				
+ VwGK	86 126,25 €				
+ VtGK	53 702,25 €				
SK_U	1 153 078,50 €				
Umsatzerlöse	1 500 000,00 €		471 000,00 €	645 000,00 €	384 000,00 €
Betriebsergebnis					
Wirtschaftlichkeit					

3 Die Schreinerei Fahrmeier e. K. ist ein kleines mittelständisches Unternehmen der Möbelindustrie, welches sich auf die Herstellung von Tischen und Stühlen spezialisiert hat. Es ermittelte in der KLR folgende Werte für das zurückliegende Quartal:

	Gesamtbetrieb	Produktgruppe	
		Stühle (A)	Tische (B)
Einzelkosten			
Fertigungsmaterial	297 000,00	231 000,00	66 000,00
Fertigungslöhne	731 500,00	577 500,00	154 000,00
Gemeinkosten	1 209 521,50	?	?
Materialgemeinkosten	74 250,00	?	?
Fertigungsgemeinkosten	877 800,00	?	?
Verwaltungsgemeinkosten	158 444,00	?	?
Vertriebsgemeinkosten	99 027,50	?	?
Umsatzerlöse	2 649 933,00	2 114 343,00	535 590,00
Produktions- = Absatzmenge (Keine Bestandsveränderungen)		11 550 Stück	2 200 Stück

Führen Sie die Kostenträgerzeitrechnung durch und ermitteln Sie

a) das Betriebsergebnis für den Gesamtbetrieb,

b) die Gemeinkostenzuschlagssätze,

c) die Anteile der Erzeugnisse am Gesamtergebnis,

d) die Herstellkosten, Selbstkosten und Umsatzerlöse je Stück für beide Produktgruppen,

e) die Wirtschaftlichkeit des Gesamtbetriebes und der beiden Produktgruppen.

4 Die Almaron AG produziert Taschenrechner und kleine Tablets, die als Sonderartikel über Discounter vertrieben werden. Die Abteilung Controlling ermittelte folgende Werte (in €) für den Monat November:

	Gesamtbetrieb	Produktgruppen	
		Taschenrechner (A)	Tablets (B)
Einzelkosten			
Fertigungsmaterial	80 000,00	50 000,00	30 000,00
Fertigungslöhne	105 000,00	25 000,00	80 000,00
Gemeinkosten			
MGK	14 400,00	?	?
FGK	168 000,00	?	?
VwGK	33 066,00	?	?
VtGK	22 044,00	?	?
Umsatzerlöse	429 040,00	164 000,00	265 040,00
Produktions- = Absatzmenge (Keine Bestandsveränderungen)		5 000 Stück	2 000 Stück

Führen Sie die Kostenträgerzeitrechnung durch und ermitteln Sie

a) das Betriebsergebnis für den Gesamtbetrieb,

b) die Gemeinkostenzuschlagssätze,

c) die Anteile der Erzeugnisse am Gesamtergebnis,

d) die Herstellkosten, Selbstkosten und Umsatzerlöse je Stück für beide Produktgruppen,

e) die Wirtschaftlichkeit des Gesamtbetriebs und der beiden Produktgruppen.

5 Die Vieten OHG führt in regelmäßigen Abständen zu Vergleichszwecken die Kostenträgerzeitrechnung durch. Für die beiden letzten Rechnungsperioden ermittelte die Betriebsbuchhaltung folgende Werte (in €):

	Abrechnungsjahr	Vorjahr
Einzelkosten		
Fertigungsmaterial	330 000,00	300 000,00
Fertigungslöhne	220 000,00	200 000,00
Gemeinkosten		
MGK	41 250,00	36 000,00
FGK	217 140,00	186 800,00
VwGK	149 552,15	136 609,20
VtGK	44 461,45	36 140,00
Umsatzerlöse	1 221 550,00	1 110 500,00
Produktions- und Absatzmenge (Keine Bestandsveränderungen)	5 500 Stück	5 000 Stück

a) Führen Sie die Kostenträgerzeitrechnung für beide Jahre durch, indem Sie folgende Ergebnisse ermitteln:

   aa) das Betriebsergebnis,

   ab) die Gemeinkostenzuschlagssätze,

   ac) die Herstellkosten, Selbstkosten und die Umsatzerlöse je Stück,

   ad) die Wirtschaftlichkeit für beide Jahre.

b) Vergleichen Sie die beiden Erzeugnisse und erläutern Sie die Entwicklung.

6 In der KLR der Schmitz Farbenwerke GmbH werden u. a. folgende Daten ermittelt:

Fertigungsmaterial   101 600,00 €

Fertigungslöhne   188 100,00 €

Die gesamten Gemeinkosten betragen 427 085,00 €. Davon entfallen laut BAB auf

Materialgemeinkosten   6 350,00 €,

Verwaltungsgemeinkosten   106 235,00 €,

Fertigungsgemeinkosten   235 125,00 €,

Vertriebsgemeinkosten   79 375,00 €,

Anfangsbestände   unfertige Erzeugnisse 27 550,00 €,   fertige Erzeugnisse 38 810,00 €

Endbestände   unfertige Erzeugnisse 26 080,00 €,   fertige Erzeugnisse 42 690,00 €

Umsatzerlöse   821 531,25 €

Erstellen Sie das Kostenträgerzeitblatt für den Gesamtbetrieb auf und ermitteln Sie

a) das Betriebsergebnis,

b) die Gemeinkostenzuschlagssätze,

c) die Wirtschaftlichkeit des Gesamtbetriebes.

7 Die Baumkötter GmbH fertigt die Produkte A, B und C, für welche folgende Angaben vorliegen:

	Kostenträgergruppen			Gesamt
	A	B	C	
Herstellkosten der Abrechnungsperiode	150 000,00 €		80 000,00 €	450 000,00 €
Herstellkosten des Umsatzes	145 000,00 €	226 000,00 €	75 000,00 €	
Verwaltungs- & Vertriebsgemeinkosten	7 250,00 €	11 300,00 €	3 750,00 €	22 300,00 €

	Kostenträgergruppen			Gesamt
	A	B	C	
Selbstkosten des Umsatzes		237 300,00 €		
Netto-Verkaufserlöse	168 000,00 €	253 000,00 €		524 000,00 €
Betriebsergebnis				

Ermitteln Sie

a) die Bestandsveränderung insgesamt,

b) die Selbstkosten des Umsatzes insgesamt,

c) das Betriebsergebnis insgesamt,

d) den Verwaltungs- und Vertriebsgemeinkostenzuschlagssatz.

ZUSAMMENFASSUNG

Ermittlung der Gemeinkostenzuschlagssätze

Materialgemeinkostenzuschlagssatz (MGKZ): ————————————— · 100

Fertigungsgemeinkostenzuschlagssatz (FGKZ): ————————————— · 100

Verwaltungsgemeinkostenzuschlagssatz (VwGKZ): ————————————— · 100

Vertriebsgemeinkostenzuschlagssatz (VtGKZ): ————————————— · 100

Kalkulationsschema der Kostenträgerzeitrechnung

Materialeinzelkosten

——————————————

= Materialkosten

   Fertigungseinzelkosten

+ Fertigungsgemeinkosten

——————————————

—————————————— + Fertigungskosten = ——————————————

+/- BVÄ UFE

——————————————

——————————————

= Herstellkosten$_{Ums}$

——————————————

+ Vertriebsgemeinkosten

——————————————

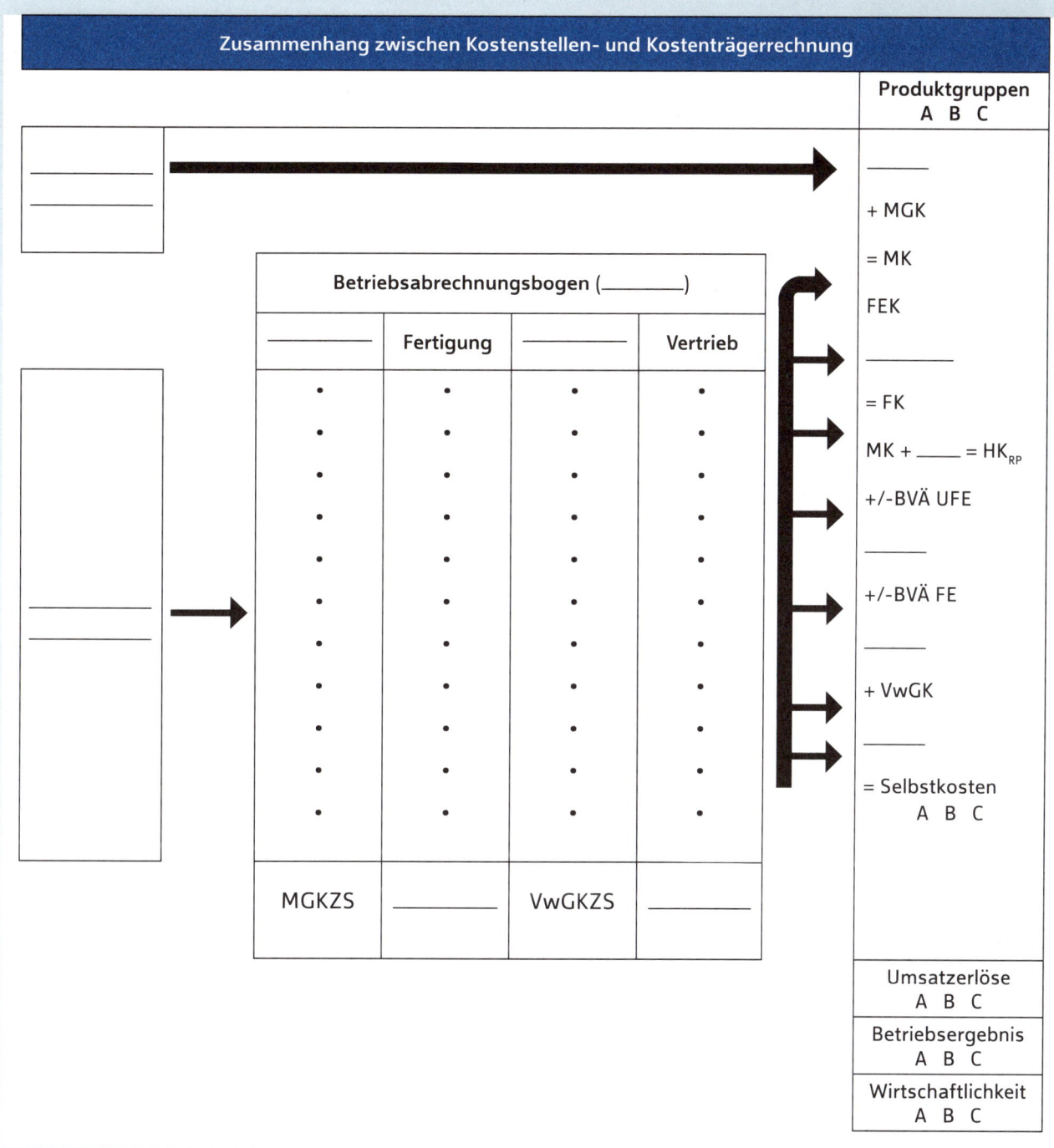

SELBSTEINSCHÄTZUNG	Ja 🙂	Mit Hilfe 😐	Nein 🙁
Ich kann			
• den Materialgemeinkostenzuschlagssatz,			
• den Fertigungsgemeinkostenzuschlagssatz,			
• den Verwaltungsgemeinkostenzuschlagssatz,			
• den Vertriebsgemeinkostenzuschlagssatz berechnen.			
Ich kann die Herstellkosten des Umsatzes von den Herstellkos- **ten der Rechnungsperiode unterscheiden.**			

SELBSTEINSCHÄTZUNG

SELBSTEINSCHÄTZUNG	Ja 🙂	Mit Hilfe 😐	Nein ☹
Ich kann die Selbstkosten des Umsatzes berechnen.			
Ich kann das Ergebnis für den Gesamtbetrieb und für einzelne Produktgruppen berechnen.			
Ich kann die Wirtschaftlichkeit für den Gesamtbetrieb und für einzelne Produktgruppen berechnen.			
Ich kann das Kostenträgerzeitblatt erstellen.			
Ich kann die Notwendigkeit der Kostenträgerzeitrechnung begründen.			
Ich kann den Zusammenhang zwischen Kostenstellenrechnung und Kostenträgerrechnung erläutern.			

Außerdem habe ich gelernt:

_____

_____

_____

HINWEIS Zur Wiederholung und Vertiefung der Inhalte der Lernsituation:
Seiten 121–122, Trainingsmodul 1 und Seite 199, Aufgabe 5

LERNSITUATION 6: Die Kostenträgerzeitrechnung mit Ist- und Normalkosten durchführen

Ausgangssituation: Haben wir falsch kalkuliert?

Leonie Gremme: „Irgendwie muss ich immer noch daran denken, wie besorgt Herr Flender war, als er sich das Betriebsergebnis angeschaut hat. Können Sie mir das erklären, Herr Götz?"

Martin Götz: „Na ja, fast 300 000,00 € Verlust sind natürlich kein Pappenstiel."

Maik Balster: „Aber er hatte doch bestimmt schon eine Ahnung, dass es nicht läuft?"

Martin Götz:	„Natürlich, Herr Flender kennt normalerweise die geschäftliche Entwicklung. Wir machen ja im Vorfeld eine Kalkulation."
Leonie Gremme:	„Und die ist nicht aufgegangen?"
Martin Götz:	„So wird es wohl sein. Als er dann die tatsächlichen Kosten des Monats Oktober gesehen hat, sind diese offenbar höher ausgefallen. Damit hat er nicht gerechnet, das hatte er nicht kalkuliert."

Arbeitsaufträge

1 Geben Sie kurz die Problematik der Ausgangssituation in eigenen Worten wieder.

2 Erläutern Sie, zu welchen Zwecken die WFW AG Normalkosten ermittelt.

3 Ermitteln Sie die Normalzuschlagssätze für die Kostenstellen Fertigung, Verwaltung und Vertrieb auf Basis der angegebenen Ist-Zuschlagssätze. Wegen der beschlossenen Maßnahmen zur Kostensenkung soll zur Festlegung des Normalzuschlagssatzes der berechnete Durchschnittswert jeweils auf die nächstfolgende Nachkommastelle abgerundet werden (vgl. Beispiel in der Infobox auf Seite 71).

	Material	Fertigung	Verwaltung	Vertrieb
April	4,88%	104,25%	8,74%	5,12%
Mai	4,55%	112,24%	8,65%	4,74%
Juni	5,05%	108,75%	8,32%	4,62%
Juli	4,72%	103,65%	8,48%	4,80%
August	4,45%	107,88%	8,58%	4,82%
September	4,66%	114,08%	8,95%	5,07%
Durchschnitt	4,72%			

4 Nachfolgend abgebildet ist der BAB auf Ist-Kostenbasis für den Monat Oktober (vgl. Lernsituation 5.I). Die Werte für die Materialkostenstelle sind bereits eingepflegt.
   a) Ergänzen Sie den abgebildeten BAB um die von Ihnen ermittelten Normalzuschlagssätze.
   b) Berechnen Sie die Normal-Fertigungsgemeinkosten.
   c) Ermitteln Sie die Herstellkosten des Umsatzes auf Normalkostenbasis.
   d) Berechnen Sie die Normalgemeinkosten für die Kostenstellen Verwaltung und Vertrieb sowie für den Gesamtbetrieb.
   e) Berechnen Sie die Kostenabweichungen für die Kostenstellen Fertigung, Verwaltung und Vertrieb sowie den Gesamtbetrieb. Unterscheiden Sie dabei zwischen Kostenüber- und Kostenunterdeckungen

Gemeinkostenart	Betrag	Kostenstellen			
		Material	Fertigung	Verwaltung	Vertrieb
6020 Hilfsstoffaufwand	185 000,00 €	27 000,00 €	156 000,00 €	800,00 €	1 200,00 €
6030 Betriebsstoffaufwand	155 000,00 €	26 000,00 €	126 000,00 €	1 000,00 €	2 000,00 €
6050 Energieaufwand	56 000,00 €	5 000,00 €	40 250,00 €	5 500,00 €	5 250,00 €
6160 Fremdinstandsetzung	83 000,00 €	21 000,00 €	34 000,00 €	6 500,00 €	21 500,00 €
6300 Gehälter	522 000,00 €	39 000,00 €	98 000,00 €	254 000,00 €	131 000,00 €
6800 Büromaterial	22 000,00 €	2 000,00 €	1 000,00 €	12 000,00 €	7 000,00 €

Gemeinkostenart	Betrag	Kostenstellen			
		Material	Fertigung	Verwaltung	Vertrieb
Kalkulatorische Abschreibungen	141 000,00 €	21 150,00 €	91 650,00 €	18 330,00 €	9 870,00 €
Kalkulatorische Zinsen	55 550,00 €	5 555,00 €	33 330,00 €	11 110,00 €	5 555,00 €
Summe Ist-Gemeinkosten	1 219 550,00 €	146 705,00 €	580 230,00 €	309 240,00 €	183 375,00 €
Zuschlagsgrundlagen („Ist")	–	2 957 000,00 €	520 000,00 €	3 658 935,00 €	3 658 935,00 €
Ist-Zuschlagssätze	–	4,96 %	111,58 %	8,45 %	5,01 %
Normal-Zuschlagssätze	–	4,72 %			
Zuschlagsgrundlagen („Normal")[1]	–	2 957 000,00 €	520 000,00 €		
Normal-Gemeinkosten		139 570,40 €			
Kostenüberdeckung	–				
Kostenunterdeckung	–	–7 134,60 €			
Kostenabweichung insgesamt		–			

5 Erläutern Sie die von Ihnen ermittelten Ergebnisse.

6 Alternativ bzw. ergänzend können die Ist- und Normalkosten auch im Kostenträgerzeitblatt gegenübergestellt werden, um Kostenüber- und -unterdeckungen zu identifizieren.

   a) Ergänzen Sie das nachfolgende Kostenträgerzeitblatt (vgl. Ergebnis der Lernsituation 5.II.1) um die Normalkostenzuschlagssätze.

   b) Berechnen Sie die Normalkosten für den Gesamtbetrieb.

   c) Ermitteln Sie die Kostenabweichungen der Material-, Fertigungs-, Verwaltungs- und Vertriebsgemeinkosten.

   d) Berechnen Sie das Umsatzergebnis.

Bezeichnung	Kostenträgerzeitblatt auf Ist-Kostenbasis		Kostenträgerzeitblatt auf Normal-Kostenbasis		Kostenabweichungen
	Ist-Kosten	Ist-GKZS	Normal-GKZS	Normalkosten	
MEK	2 957 000,00 €	–	–	2 957 000,00 €	–
+ MGK	146 705,00 €	4,96 %			
= MK	3 103 705,00 €	–	–	3 096 570,40 €	–
FEK	520 000,00 €	–	–		–
+ FGK	580 230,00 €	111,58 %			
= FK	1 100 230,00 €	–	–		–
HK$_{RP}$	4 203 935,00 €	–	–		–
– BVÄ	–545 000,00 €	–	–	–545 000,00 €	–
HK$_U$	3 658 935,00 €	–	–		–
+ VwGK	309 240,00 €	8,45 %			

[1] Die Zuschlagsgrundlagen für die Kostenstellen Material und Fertigung bleiben unverändert. Als Zuschlagsgrundlage für die Kostenstellen Verwaltung und Vertrieb müssen nunmehr aber die Herstellkosten des Umsatzes (unter Berücksichtigung der Bestandsmehrung von 545 000,00 €) auf Normalkostenbasis herangezogen werden.

Bezeichnung	Kostenträgerzeitblatt auf Ist-Kostenbasis		Kostenträgerzeitblatt auf Normal-Kostenbasis		Kosten- abweichungen
	Ist-Kosten	Ist-GKZS	Normal-GKZS	Normalkosten	
+ VtGK	183 375,00 €	5,01 %			
SKu	4 151 550,00 €	–	–		–

Umsatzerlöse	3 875 000,00 €		Umsatzerlöse	3 875 000,00 €	
Betriebsergebnis	-276 550,00 €		Umsatzergebnis		

7 Reflektieren Sie die von Ihnen ermittelten Ergebnisse unter Berücksichtigung des Arbeitsauftrages 4.

8 Erläutern Sie mögliche Gründe für die entstandenen Kostenabweichungen.

Info 1: Normalkosten

Bisher wurden sämtliche Berechnungen auf Basis tatsächlich angefallener Kosten (**Ist-Kosten**) durchgeführt. Da Ist-Kosten erst am Ende des Abrechnungszeitraumes feststehen, sind sie **vergangenheitsbezogen** und für eine zukunftsorientierte **Kalkulation** ungeeignet. Auch ist eine Kostenkontrolle allein auf Basis der Ist-Kosten nicht möglich, da ein geeigneter Vergleichsmaßstab fehlt, der den Ist-Kosten gegenübergestellt werden kann.

Um diese Probleme zu lösen, werden deshalb auf Basis von **Normalkostenzuschlagssätzen** sogenannte **Normalkosten** ermittelt.

Ermittlung der Normalzuschlagssätze

Aus den **Ist-Zuschlagssätzen der Vergangenheit** werden, evtl. unter Berücksichtigung von vorhersehbaren Kostenentwicklungen, **Durchschnittswerte** für eine zukunftsorientierte Kalkulation gebildet. Diese Durchschnittswerte bezeichnet man als **Normalzuschlagssätze**. Mithilfe der Normalzuschlagssätze werden dann die **Kostenvorgaben** für die folgende Rechnungsperiode festgelegt.

Beispiel: Der **Normalgemeinkostenzuschlagssatz** für die Kostenstelle Material (siehe Ausgangssituation I) errechnet sich für den Monat Oktober wie folgt:

$$\frac{4,88\% + 4,55\% + 5,05\% + 4,72\% + 4,45\% + 4,66\%}{6} = \frac{28,31\%}{6} = 4,72\%$$

Da Normalgemeinkostenzuschlagssätze auf Durchschnittswerten basieren, sind sie weniger anfällig für zufällige Schwankungen und ermöglichen eine konstante Kalkulation.

Ermittlung der Normalgemeinkosten

Um die **Normalgemeinkosten**, und damit die Kostenvorgaben für die Kostenstellen, zu berechnen, multipliziert man die Zuschlagsgrundlagen mit dem Normalgemeinkostenzuschlagssatz.

Beispiel: Für die Kostenstelle Material betragen der Normal-Materialgemeinkostenzuschlagssatz 4,72 % und die Rohstoffkosten (MEK) 2 957 000,00 €. Damit errechnen sich die Normal-Materialgemeinkosten wie folgt: 4,72 % · 2 957 000,00 € = 139 570,40 €

Um Schwankungen zu vermeiden, werden die **Rohstoffkosten** (MEK) und die **Löhne** (FEK) zur Berechnung der entsprechenden Normalgemeinkosten mit festen **Verrechnungspreisen** angesetzt. Sie sind damit in der Ist- und der Normalkostenrechnung wertgleich. Die Normal-Herstellkosten des Umsatzes sind auf

INFOBOX

Normalkostenbasis nach bekanntem Schema (vgl. Lernsituation 5.I) zu berechnen. Damit werden die Normalgemeinkosten wie folgt berechnet:

Normalgemeinkosten	Normalzuschlagssatz auf ...
Material	Rohstoffkosten
Fertigung	Löhne
Verwaltung	Normal-Herstellkosten des Umsatzes
Vertrieb	Normal-Herstellkosten des Umsatzes

Info 2: Ermittlung der Kostenabweichungen

Durch die Ermittlung von Kostenabweichungen wird kontrolliert, ob die tatsächlich im Vorfeld verrechneten bzw. kalkulierten Kosten (Normalkosten), den tatsächlichen Kosten (Ist-Kosten) entsprochen haben. Für jede Kostenstelle wird die Kostenabweichung wie folgt ermittelt:

Normalkosten – Ist-Kosten = Kostenabweichung

Sind die Normalgemeinkosten kleiner als die Ist-Gemeinkosten, handelt es sich um eine **Kostenunterdeckung**. Die verrechneten bzw. kalkulierten Gemeinkosten sind also geringer als die tatsächlich entstanden Kosten. Das Unternehmen hat damit unterdeckend kalkuliert. In einer solchen Situation sollten die Ursachen für die erhöhten Ist-Kosten mit geeigneten Instrumenten genauer erforscht und/oder eine Anhebung der Normalgemeinkostenzuschlagssätze geprüft werden. Schließlich hat das Unternehmen unwirtschaftlicher gearbeitet als kalkuliert oder anders formuliert, es hat unwirtschaftlicher gearbeitet als im Durchschnitt der Vergangenheit.

Beispiel: In der Kostenstelle Material sind die im Monat Oktober ermittelten Normalkosten kleiner als die tatsächlich angefallenen Ist-Kosten. Es liegt somit eine Kostenunterdeckung in Höhe von 139 570,40 € – 146 705,00 € = –7 134,60 € vor.

Sind die Normalgemeinkosten größer als die Ist-Gemeinkosten, liegt eine **Kostenüberdeckung** vor. Die verrechneten bzw. kalkulierten Gemeinkosten sind also höher als die tatsächlich entstandenen Kosten. Das Unternehmen hat damit überdeckend kalkuliert. In einer solchen Situation sollten die Ursachen für die geringeren Ist-Kosten erforscht und/oder eine Senkung der Normalgemeinkostenzuschlagssätze geprüft werden. Schließlich hat das Unternehmen wirtschaftlicher gearbeitet als kalkuliert oder anders formuliert, es hat wirtschaftlicher gearbeitet als im Durchschnitt der Vergangenheit.

Ermittlung des Umsatzergebnisses
Das Umsatzergebnis ist das Ergebnis der Normalkostenrechnung und wird wie folgt ermittelt:

Umsatzerlöse – Normal-Selbstkosten = Umsatzergebnis

Ist das Umsatzergebnis kleiner als das Betriebsergebnis, liegt für den Betrieb insgesamt eine Kostenüberdeckung vor, im umgekehrten Fall handelt es sich um eine Kostenunterdeckung.

Es gilt:

Betriebsergebnis = Umsatzergebnis + Kostenüberdeckung
Betriebsergebnis = Umsatzergebnis – Kostenunterdeckung

Ursachen von Kostenunter- und -überdeckungen
Hat man die Ist-Kosten mit den Normalkosten verglichen und Kostenabweichungen festgestellt, so müssen diese auf ihre Ursachen hin untersucht werden.

INFOBOX

1. **Preisabweichungen:** Preiserhöhungen bei Hilfs- und Betriebsstoffen (nicht: Rohstoffe → Einzelkosten) oder Gehaltserhöhungen (nicht: Lohnerhöhungen → Einzelkosten) führen zu steigenden Gemeinkosten in den Kostenstellen und somit zu höheren Gemeinkostenzuschlagssätzen. Preissenkungen oder Gehaltseinsparungen führen zu geringeren Gemeinkostenzuschlagssätzen.
2. **Beschäftigungsabweichungen:** Liegt der tatsächliche Beschäftigungsgrad über der kalkulierten Normalbeschäftigung, so kann dies zu höheren Gemeinkostenzuschlagssätzen führen, da der Reparaturaufwand steigt und etwaige Gehaltszuschläge gezahlt werden müssen.
3. **Verbrauchsabweichungen:** Werden Fertigungszeiten oder Materialvorgaben über- oder unterschritten, ändern sich die Gemeinkosten und damit auch die Zuschlagssätze. Insbesondere für Verbrauchsabweichungen (z. B. durch längere Durchlaufzeiten oder einen höheren Materialverschnitt) trägt der Kostenstellenleiter Verantwortung, während er auf Preis- und Beschäftigungsabweichungen kaum Einfluss hat.

Kritik an der Normalkostenrechnung

Normalkostensätze können sowohl Grundlage einer zukunftsgerichteten Kalkulation als auch Maßstab einer anschließenden Kostenkontrolle sein. Die Schwächen der Normalkostenrechnung liegen allerdings darin, dass die Normalkostenzuschlagssätze auf Basis von **Durchschnittswerten der Vergangenheit** ermittelt werden. Damit wird die Vergangenheit in die Zukunft fortgeschrieben bzw. zum Maßstab einer Kostenkontrolle gemacht. Da in der Vergangenheit wohl kaum ein Unternehmen in allen Bereichen unter idealen Bedingungen gearbeitet hat, werden somit indirekt **Fehlentwicklungen der Vergangenheit** nicht nur akzeptiert, sondern sogar in die **Zukunft** fortgeschrieben.

Eine vernünftige betriebswirtschaftliche Kalkulation und Kostenkontrolle sollte daher eher auf echten Planwerten beruhen, die unter Beachtung der betriebswirtschaftlichen Zielsetzungen ermittelt werden. Dies kann nur eine echte **Plankostenrechnung** leisten (vgl. Lernsituation 18 auf S. 174 ff.)

Vertiefende Übungen

1 Vervollständigen Sie den abgebildeten BAB, indem Sie folgende Werte berechnen:
   a) die Ist-Zuschlagsgrundlagen für die Kostenstellen Verwaltung und Vertrieb (Hinweis: es liegen keine Bestandsveränderungen vor),
   b) die Ist-Zuschlagssätze,
   c) die Normal-Gemeinkosten und
   d) die Kostenabweichungen.

Gemeinkostenart	Betrag	Kostenstellen			
		Material	Fertigung	Verwaltung	Vertrieb
6020 Hilfsstoffaufwand	92 420,00 €	13 800,00 €	77 400,00 €	500,00 €	720,00 €
6030 Betriebsstoffaufwand	90 750,00 €	24 500,00 €	64 500,00 €	650,00 €	1 100,00 €
6050 Energieaufwand	30 700,00 €	3 000,00 €	22 000,00 €	2 800,00 €	2 900,00 €
6160 Fremdinstandsetzung	44 500,00 €	12 000,00 €	18 000,00 €	3 500,00 €	11 000,00 €
6300 Gehälter	261 500,00 €	20 000,00 €	51 000,00 €	125 000,00 €	65 500,00 €
6800 Büromaterial	12 700,00 €	1 100,00 €	600,00 €	7 000,00 €	4 000,00 €
Kalkulatorische Abschreibungen	75 000,00 €	12 000,00 €	47 000,00 €	11 000,00 €	5 000,00 €
Kalkulatorische Zinsen	54 400,00 €	28 000,00 €	18 000,00 €	5 600,00 €	2 800,00 €
Summe Ist-Gemeinkosten	661 970,00 €	114 400,00 €	298 500,00 €	156 050,00 €	93 020,00 €
Zuschlagsgrundlagen („Ist")	–	1 400 000,00 €	235 000,00 €		

Gemeinkostenart	Betrag	Kostenstellen			
		Material	Fertigung	Verwaltung	Vertrieb
Ist-Zuschlagssätze	–				
Normal-Zuschlagssätze	–	8,00 %	125,00 %	8,00 %	5,00 %
Zuschlagsgrundlagen („Normal")	–	1 400 000,00 €	235 000,00 €	2 040 750,00 €	2 040 750,00 €
Normal-Gemeinkosten					
Kostenüberdeckung	–				
Kostenunterdeckung	–				
Kostenabweichung insgesamt		–			

2 Vervollständigen Sie das abgebildete Kostenträgerzeitblatt, indem Sie folgende Werte berechnen:
a) die Ist-Gemeinkostenzuschlagssätze,
b) das Betriebsergebnis,
c) die Wirtschaftlichkeit,
d) die Normalkosten,
e) die Kostenabweichungen und
f) das Umsatzergebnis.

Bezeichnung	Kostenträgerzeitblatt auf Ist-Kostenbasis		Kostenträgerzeitblatt auf Normal-Kostenbasis		Kosten- abweichungen
	Ist-Kosten	Ist-GKZS	Normal-GKZS	Normalkosten	
MEK	1 200 000,00 €			1 200 000,00 €	
+ MGK	37 800,00 €		4,00 %		
= MK	1 237 800,00 €				
FEK	895 000,00 €			895 000,00 €	
+ FGK	1 452 000,00 €		165,00 %		
= FK	2 347 000,00 €				
HKrp	3 584 800,00 €				
– BVÄ	65 000,00 €			65 000,00 €	
HKu	3 649 800,00 €				
+ VwGK	212 400,00 €		5,50 %		
+ VtGK	187 450,00 €		5,00 %		
SKu	4 049 650,00 €				

Umsatzerlöse	4 562 140,00 €		Umsatzerlöse	4 562 140,00 €
Betriebsergebnis			Umsatzergebnis	
Wirtschaftlichkeit				

3 Die Buchhaltung der Eichhammer GmbH Nürnberg weist u. a. folgende Zahlen aus:

Fertigungsmaterial   124 800,00 €
Fertigungslöhne   157 600,00 €
Umsatzerlöse   1 158 220,00 €

Gemeinkosten laut BAB:

Materialgemeinkosten	17472,00 €,
Fertigungsgemeinkosten	264768,00 €,
Verwaltungsgemeinkosten	165813,00 €,
Vertriebsgemeinkosten	119269,00 €.

Die Konten der unfertigen und fertigen Erzeugnisse zeigen folgenden Stand:

	Unfertige Erzeugnisse	Fertige Erzeugnisse
Anfangsbestände	32785,00 €	48650,00 €
Endbestände	25667,00 €	38608,00 €

a) Berechnen Sie die Ist-Zuschlagssätze.

b) Führen Sie die Kostenträgerrechnung mit folgenden Normalkostenzuschlägen durch:
MGK 12,5 %, FGK 170 %, VwGK 30 %, VtGK 20 % (BVÄ zu Ist-Kosten).

c) Berechnen Sie die Kostenüberdeckung bzw. -unterdeckungen.

d) Berechnen Sie die das Betriebs- und das Umsatzergebnis.

4 Die Kosten- und Leistungsrechnung der Rollmann KG Heidelberg weist folgende Zahlen aus:

	Insgesamt	verteilt auf die Erzeugnisse	
		A	B
Fertigungsmaterial	136 000,00	86 000,00	50 000,00
Fertigungslöhne	92 000,00	64 000,00	28 000,00
Gemeinkosten	327 321,00		
Anfangsbestände			
Unfertige Erzeugnisse	15 000,00	9 000,00	6 000,00
Fertige Erzeugnisse	35 000,00	24 000,00	11 000,00
Umsatzerlöse	634 900,00	433 300,00	201 600,00

Endbestände lt. Inventur:

Unfertige Erzeugnisse A	12000,00 €	Fertige Erzeugnisse A	26000,00 €
Unfertige Erzeugnisse B	8000,00 €	Fertige Erzeugnisse B	12000,00 €

Laut BAB entfallen von den Ist-Gemeinkosten auf die Kostenstellen:

Material	12920,00 €	Verwaltung	101827,00 €
Fertigung	191360,00 €	Vertrieb	21214,00 €

Im vergangenen Rechnungsabschnitt wurde mit folgenden Normalkostensätzen kalkuliert:
MGK 10 %, FGK 210 %, VwGK 25 %, VtGK 6 %.

a) Errechnen Sie die Ist-Zuschläge.

b) Stellen Sie das Kostenträgerblatt auf.

c) Errechnen Sie die Kostenüber- und unterdeckungen.

d) Stellen Sie fest, in welcher Höhe die Kostenträger A und B am Umsatzergebnis beteiligt sind.

e) Errechnen Sie die Wirtschaftlichkeitsfaktoren der Kostenträger A und B.

ZUSAMMENFASSUNG

Ist-Kosten	Normalkosten
= _____ angefallene Kosten	= auf Basis von _____ kalkulierte (verrechnete) Kosten

Kostenabweichungen	
Kostenunterdeckung = Normalkosten ___ Ist-Kosten	Kostenüberdeckung = Normalkosten ___ Ist-Kosten

Ergebnisermittlung	
Umsatzerlöse – Ist-Kosten = _____	Umsatzerlöse – Normalkosten = _____
Betriebsergebnis = Umsatzergebnis + _____	
Betriebsergebnis = Umsatzergebnis – _____	

Ursachen von Kostenunter- und -überdeckungen	
_____	Preisänderungen bei Hilfs- und Betriebsstoffen oder Gehältern
_____	Höhere Kapazitätsauslastung als prognostiziert
_____	Unter- oder Überschreitung von Zeit- oder Materialvorgaben

Kritik an der Normalkostenrechnung
Normalkosten beruhen auf _____ der Vergangenheit. Die Normalkostenrechnung schreibt damit _____ der Vergangenheit in die _____ fort.

SELBSTEINSCHÄTZUNG	Ja 🙂	Mit Hilfe 😐	Nein ☹️
Ich kann Normalzuschlagssätze ermitteln.			
Ich kann Normalgemeinkosten berechnen.			

SELBSTEINSCHÄTZUNG	Ja 😊	Mit Hilfe 😐	Nein 😟
Ich kann eine Normalkostenrechnung im BAB durchführen.			
Ich kann eine Normalkostenrechnung im Kostenträgerzeitblatt durchführen.			
Ich kann Kostenabweichungen im BAB berechnen.			
Ich kann Kostenabweichungen im Kostenträgerzeitblatt berechnen.			
Ich kann Ursachen für Kostenabweichungen benennen.			
Ich kann das Umsatzergebnis ermitteln.			
Ich kann Umsatzergebnis und Betriebsergebnis voneinander unterscheiden.			

Außerdem habe ich gelernt:

_____

_____

_____

HINWEIS   Zur Wiederholung und Vertiefung:
Seiten 122, 123 Trainingsmodul 1 und Seite 200, Aufgabe 6

LERNSITUATION 7: Die Kostenträgerstückrechnung als Zuschlags-kalkulation durchführen

Ausgangssituation I: Ein Angebot kalkulieren

Martin Götz hat Harald Peters, den Vertriebssachbearbeiter „West", gebeten, eine Kundenanfrage an ihn weiterzuleiten. Maik Balster und Leonie Gremme sollen lernen, wie Angebote bei der WFW AG kalkuliert werden.

ZWEIRAD MOBI KG
WALDSTR. 456, 51147 KÖLN

An die
Westfälischen Fahrradwerke AG
Kanalstr. 48–52
48159 Münster

Ansprechpartner: Herr Bingöl
Unser Zeichen: pb-mobi
Telefon: 0221 – 4 64 66 60
E-Mail: bingoel@mobi.de

Datum: 03.11.20..

Anfrage Mountainbikes

Sehr geehrter Herr Peters,

bitte senden Sie uns schnellstmöglich ein aussagekräftiges Angebot über 20 Mountain-bikes (Modell MB-100) zu. Der gewünschte Liefertermin ist der 15. Dezember.

Freundliche Grüße

Peter Bingöl

Einkaufsleiter MOBI KG

Martin Götz: „Denken Sie daran, dass sämtliche betrieblich bedingten Kosten berücksichtigt werden."

Leonie Gremme: „Kein Problem, eine Kostenträgerzeitrechnung haben wir ja bereits durchgeführt, da sollte uns eine Kostenträgerstückrechnung wohl auch gelingen."

Arbeitsaufträge

1 Unterscheiden Sie zwischen einer Kostenträgerzeitrechnung und einer Kostenträgerstückrechnung.

2 Begründen Sie, welche Kosten Leonie Gremme und Maik Balster berücksichtigen müssen.

3 Berechnen Sie den Angebotspreis (Listenverkaufspreis) unter Berücksichtigung der folgenden Angaben:
   - Kosten für Fertigungsmaterial   85,00 € je Stück
   - Lohnkosten   95,00 € je Stück
   - Gewinnzuschlag   20 %
   - Skontosatz   2 %
   - Kundenrabatt   8 %
   - Lieferbedingung   frei Haus

Für die Vorkalkulation sollen die folgenden Normal-Zuschlagssätze genutzt werden.

	Material	Fertigung	Verwaltung	Vertrieb
Zuschlagssatz	4,72 %	108,48 %	8,62 %	4,86 %

Kalkulationsschema	1 Rad MB-100	20 Räder MB-100
Materialeinzelkosten (MEK)		
Materialgemeinkosten (MGK)		
Materialkosten (MK)		
Fertigungseinzelkosten (FEK)		
Fertigungsgemeinkosten (FGK)		
Fertigungskosten (FK)		
Herstellkosten (MK+FK)		
Verwaltungsgemeinkosten (VwGK)		
Vertriebsgemeinkosten (VtGK)		
Selbstkosten (SK)		
Gewinnzuschlag		
Barverkaufspreis (BVP)		
Skonto		
Zielverkaufspreis (ZVP)		
Rabatt		
Listenverkaufspreis (LVP)		

4 Erläutern Sie die von Ihnen berechneten Werte.

Info 1: Zuschlagskalkulation

Während durch die **Kostenträgerzeitrechnung** ermittelt wird, welche Kosten für alle Kostenträger in einer bestimmten **Abrechnungsperiode** (meist: 1 Monat) anfallen, kalkuliert man mithilfe der **Kostenträgerstückrechnung** die Selbstkosten für ein **bestimmtes Produkt oder einen bestimmten Auftrag**, um den Listenverkaufspreis pro Stück oder den Angebotspreis für einen bestimmten Auftrag festzulegen. Die Kalkulation erfolgt auf Basis von **Normalkostensätzen** (vgl. Lernsituation 6 auf S. 68 ff.).

Das Kalkulationsschema der Kostenträgerstückrechnung ist mit dem Kostenträgerblatt der Kostenträgerzeitrechnung nahezu identisch. Der einzige Unterschied ist, dass keine Bestandsveränderungen zu berücksichtigen sind.

Beispiel:

Kalkulationsschema (Zuschlagskalkulation) CB 100		
Materialeinzelkosten (MEK)		120,00 €
+ Materialgemeinkosten (MGK)	4,00 %	4,80 €
= **Materialkosten (MK)**		**124,80 €**
Fertigungseinzelkosten (FEK)		130,00 €
+ Fertigungsgemeinkosten (FGK)	125,00 %	162,50 €
= **Fertigungskosten (FK)**		**292,50 €**
Herstellkosten (MK + FK)		**417,30 €**
+ Verwaltungsgemeinkosten (VwGK)	8,00 %	33,38 €
+ Vertriebsgemeinkosten (VtGK)	6,00 %	25,04 €

Bei einer Einzel- oder Serienfertigung wird die sogenannte Zuschlagskalkulation angewendet. Ausgangspunkt der Zuschlagskalkulation sind die Einzelkosten, die den Kostenträgern direkt zugeordnet werden können, während die Gemeinkosten mithilfe von Gemeinkostenzuschlagssätzen auf die Kostenträger verteilt werden. Der Gewinnzuschlag sorgt dafür, dass über die Umsatzerlöse eine angemessene Prämie für das unternehmerische Risiko zurückfließt. Skonto und Rabatte, die dem Kunden gewährt werden, sind bei der Kalkulation des Angebotspreises zu berücksichtigen.

INFOBOX

Kalkulationsschema (Zuschlagskalkulation) CB 100		
= Selbstkosten (SK)		475,72 €
+ Gewinnzuschlag	25,00 %	118,93 €
= Barverkaufspreis (BVP)		594,65 €
+ Skonto	3,00 %	18,39 €
= Zielverkaufspreis (ZVP)		613,04 €
+ Rabatt	5,00 %	32,27 €
= Listenverkaufspreis (LVP)		645,31 €

Sie müssen „im Hundert" vom Zielverkaufspreis (Skonto) bzw. vom Angebotspreis (Rabatt) berechnet werden, da diese Werte die Bezugsgrößen für die Berechnung durch den Kunden sind.

Ausgangssituation II: Sondereinzelkosten berücksichtigen

In einer kurzfristig anberaumten Besprechung thematisieren Harald Peters und Martin Götz das Angebot an die MOBI KG.

Harald Peters: „Herr Bingöl von der MOBI KG war sehr zufrieden mit unserem Angebot, er möchte sogar fünf weitere Mountainbikes bestellen, hat hierfür aber kleinere Änderungswünsche. Die örtliche Sparkasse kauft sie und möchte sie im Rahmen eines Sommerfestes verlosen. Daher sollen die Räder eine Sonderlackierung und eine werbewirksame Umverpackung mit dem Logo der Sparkasse erhalten."

Martin Götz: „Kein Problem, ich spreche mit Herrn Volland aus der Produktion und lasse das Frau Gremme und Herrn Balster durchkalkulieren."

Arbeitsaufträge

1 Herr Volland gibt an, dass durch die Sonderwünsche Sondereinzelkosten der Fertigung in Höhe von 28,00 € je Stück und Sondereinzelkosten des Vertriebs in Höhe von 9,00 € je Stück anfallen. Führen Sie die Kostenträgerstückrechnung nach dem Verfahren der Zuschlagskalkulation durch und ermitteln Sie den Angebotspreis.

Kalkulationsschema		1 Rad MB-100	5 Räder MB-100
Materialeinzelkosten (MEK)			
Materialgemeinkosten (MGK)			

Kalkulationsschema		1 Rad MB-100	5 Räder MB-100
Materialkosten (MK)			
Fertigungseinzelkosten (FEK)			
Fertigungsgemeinkosten (FGK			
Sondereinzelkosten der Fertigung (SEKF)			
Fertigungskosten (FK)			
Herstellkosten (MK + FK)			
Verwaltungsgemeinkosten (VwGK)			
Vertriebsgemeinkosten (VtGK)			
Sondereinzelkosten des Vertriebs (SEKV)			
Selbstkosten (SK)			
Gewinnzuschlag			
Barverkaufspreis (BVP)			
Skonto			
Zielverkaufspreis (ZVP)			
Rabatt			
Listenverkaufspreis (LVP)			

2 Erläutern Sie die Auswirkungen der Sondereinzelkosten auf den Angebotspreis und den Stückgewinn.

Info 2: Sondereinzelkosten

Sondereinzelkosten sind Einzelkosten, die aufgrund besonderer Produktionsbedingungen (**Sondereinzelkosten der Fertigung**) oder besonderer Lieferbedingungen oder Verpackungsgestaltungen (**Sondereinzelkosten des Vertriebs**) für ein bestimmtes Produkt oder einen bestimmten Auftrag anfallen.

Beispiele für Sondereinzelkosten der Fertigung:
- für einen bestimmten Auftrag erforderliche Spezialwerkzeuge
- Einbau von Sonderteilen
- Anfertigung von Modellen
- Lizenzentgelte für die Übernahme eines Designs

Beispiele für Sondereinzelkosten des Vertriebs:
- Spezialverpackungen
- außerordentliche Vertriebsprovisionen

Das Kalkulationsschema der Zuschlagskalkulation wird um diese beiden Positionen ergänzt:

Beispiel:

erweitertes Kalkulationsschema (Zuschlagskalkulation)			
	Materialeinzelkosten (MEK)		120,00 €
+	Materialgemeinkosten (MGK)	4,00 %	4,80 €
=	**Materialkosten (MK)**		**124,80 €**
	Fertigungseinzelkosten (FEK)		130,00 €
+	Fertigungsgemeinkosten (FGK)	125,00 %	162,50 €
+	Sondereinzelkosten der Fertigung (SEKF)		20,00 €

INFOBOX

erweitertes Kalkulationsschema (Zuschlagskalkulation)		
= Fertigungskosten (FK)		312,50 €
Herstellkosten (MK + FK)		437,30 €
+ Verwaltungsgemeinkosten (VwGK)	8,00 %	34,98 €
+ Vertriebsgemeinkosten (VtGK)	6,00 %	26,24 €
+ Sondereinzelkosten des Vertriebs (SEKV)		15,00 €
= Selbstkosten (SK)		513,52 €
+ Gewinnzuschlag	25,00 %	128,38 €
= Barverkaufspreis (BVP)		641,90 €
+ Skonto	3,00 %	19,85 €
= Zielverkaufspreis (ZVP)		661,75 €
+ Rabatt	5,00 %	34,83 €
= Listenverkaufspreis (LVP)		696,58 €

Ausgangssituation III: Eine Nachkalkulation durchführen

Herr Götz berichtet Leonie Gremme und Maik Balster, dass der Auftrag der MOBI KG auf Basis ihrer Kalkulation mittlerweile abgewickelt worden ist (vgl. Ausgangssituation I auf S. 77).

Maik Balster: „Super, Leonie, unsere erste Kalkulation hat gleich zu einem Auftrag geführt."

Leonie Gremme: „Aber ich würde natürlich gerne wissen, ob wir mit unserer Kalkulation auch richtig lagen. Haben wir den kalkulierten Gewinn realisiert?"

Martin Götz: „Das können sie ganz leicht feststellen, mit Normal- und Ist-Kosten kennen Sie sich ja bereits aus. Ich habe Ihnen die Auftragsdaten schon zusammengestellt, damit Sie eine Nachkalkulation durchführen können."

Arbeitsaufträge

1 Führen Sie auf Basis der folgenden Daten eine Nachkalkulation durch und berechnen Sie den tatsächlich realisierten Gewinn.

Materialeinzelkosten/Fertigungsmaterial (Ist)	1 680,00 €
Fertigungseinzelkosten/Lohnkosten (Ist)	1 910,00 €

Für die Nachkalkulation wurden die folgenden Ist-Zuschlagssätze ermittelt.

	Material	Fertigung	Verwaltung	Vertrieb
Ist-Zuschlagssatz	4,96 %	111,58 %	8,45 %	5,01 %

Kalkulation Auftrag MOBI KG (20 Mountainbikes MB 100)				
		Vorkalkulation	Nachkalkulation	
Materialeinzelkosten (MEK)		1 700,00 €		
Materialgemeinkosten (MGK)	4,72 %	80,24 €		
Materialkosten (MK)		1 780,24 €		
Fertigungseinzelkosten (FEK)		1 900,00 €		
Fertigungsgemeinkosten (FGK)	108,48 %	2 061,12 €		
Fertigungskosten (FK)		3 961,12 €		
Herstellkosten (MK + FK)		5 741,36 €		
Verwaltungsgemeinkosten (VwGK)	8,62 %	494,91 €		
Vertriebsgemeinkosten (VtGK)	4,86 %	279,03 €		
Selbstkosten (SK)		6 515,30 €		
Gewinnzuschlag	20,00 %	1 303,06 €		
Barverkaufspreis (BVP)		7 818,35 €	⟶	7 818,35 €
Skonto	2,00 %	159,56 €		
Zielverkaufspreis (ZVP)		7 977,91 €		
Rabatt	8,00 %	693,73 €		
Listenverkaufspreis (LVP)		8 671,64 €		

2 Interpretieren Sie Ihr Ergebnis.

Info 3: Nachkalkulation

Mithilfe der **Nachkalkulation** lässt sich feststellen, ob die zuvor auf Normalkostenbasis **kalkulierten Kosten** tatsächlich auch bei der Fertigstellung des Auftrages **realisiert wurden**. Da der Barverkaufspreis bereits mit der Angebotserstellung bei der Vorkalkulation für den Kunden festgelegt wurde, gehen Kostensteigerungen letztlich zulasten des Gewinns. Umgekehrt führen realisierte Kostensenkungen dazu, dass sich der kalkulierte Gewinn erhöht.

Beispiel:

Kalkulationsschema (Zuschlagskalkulation) CB 100				
		Vorkalkulation (Normalkosten)		Nachkalkulation (Ist-Kosten)
Materialeinzelkosten (MEK)		120,00 €		120,00 €
Materialgemeinkosten (MGK)	4,00 %	4,80 €	5,00 %	6,00 €
Materialkosten (MK)		124,80 €		126,00 €
Fertigungseinzelkosten (FEK)		130,00 €		140,00 €
Fertigungsgemeinkosten (FGK)	125,00 %	162,50 €	120,00 %	168,00 €
Fertigungskosten (FK)		292,50 €		308,00 €
Herstellkosten (MK + FK)		417,30 €		434,00 €
Verwaltungsgemeinkosten (VwGK)	8,00 %	33,38 €	9,00 %	39,06 €
Vertriebsgemeinkosten (VtGK)	6,00 %	25,04 €	5,00 %	21,70 €

INFOBOX

Kalkulationsschema (Zuschlagskalkulation) CB 100				
	Vorkalkulation (Normalkosten)		Nachkalkulation (Ist-Kosten)	
Selbstkosten (SK)		475,72 €		494,76 €
Gewinnzuschlag	25,00 %	118,93 €	20,19 %	99,89 €
Barverkaufspreis (BVP)		594,65 €	⟶	594,65 €
Skonto	3,00 %	18,39 €		
Zielverkaufspreis (ZVP)		613,04 €		
Rabatt	5,00 %	32,27 €		
Listenverkaufspreis (LVP)		645,31 €		

Im obigen Beispiel sind die tatsächlichen Kosten höher als die zuvor kalkulierten Kosten. Dies liegt vor allem an den erhöhten Einzelkosten in der Fertigung sowie auch den höheren Gemeinkostenzuschlagssätzen im Material- und Verwaltungsbereich (Kostenunterdeckungen). Insgesamt fällt damit der kalkulierte Gewinn um 19,04 € geringer aus. Der realisierte Gewinnzuschlag ermäßigt sich damit auf 20,19 %

Vertiefende Übungen

1 Die TV-Manufaktur Dresden GmbH produziert Fernsehgeräte für den europäischen Markt. Vervollständigen Sie das abgebildete Kalkulationsschema zur Ermittlung des Katalogpreises für das neue Modell RX-50.

Materialeinzelkosten (MEK)		159,00 €
Materialgemeinkosten (MGK)	6,35 %	
Materialkosten (MK)		
Fertigungseinzelkosten (FEK)		87,00 €
Fertigungsgemeinkosten (FGK)	130,00 %	
Fertigungskosten (FK)		
Herstellkosten (MK + FK)		
Verwaltungsgemeinkosten (VwGK)	4,50 %	
Vertriebsgemeinkosten (VtGK)	6,20 %	
Selbstkosten (SK)		
Gewinnzuschlag	30,00 %	
Barverkaufspreis (BVP)		
Skonto	2,00 %	
Zielverkaufspreis (ZVP)		
Rabatt	5,00 %	
Listenverkaufspreis (LVP)		

2 Die Münsteraner Zweiradwerke GmbH hat ein neues E-Bike auf den Markt gebracht. Kalkulieren Sie den Listenverkaufspreis, wenn die folgenden Angaben gelten.

Fertigungsmaterial lt. Stückliste:

Stahlrohr für Rahmen	30,00 € je Fahrrad
Felgen	20,00 € je Fahrrad
Elektroantrieb inkl. Akku	250,00 € je Fahrrad
Sonstige Fremdbauteile	50,00 € je Fahrrad

Fertigungslöhne lt. Zeitvorgabe:

Fertigungsstufe I (Rahmen- und Felgenbau)	90 Minuten je Fahrrad
Fertigungsstufe II (Lackiererei und Montage)	140 Minuten je Fahrrad

Die Arbeitsstunde wird in der Fertigungsstufe I mit 50,00 € und in der Fertigungsstufe II mit 36,00 € verrechnet.

Die **Normalzuschlagssätze** betragen:
Material 10 %, Fertigung I 70 %, Fertigung II 90 %, Verwaltung 6 %, Vertrieb 5 %.

Folgende **Verkaufszuschläge** sind zu berücksichtigen:
Gewinn 15 %, Skonto 2 %, Rabatt 10 %.

3 Ein mittelständischer Küchenhersteller erstellt ein Angebot für eine Einbauküche. Vervollständigen Sie das abgebildete Kalkulationsschema.

Materialeinzelkosten (MEK)		1 500,00 €
Materialgemeinkosten (MGK)	5,15 %	
Materialkosten (MK)		
Fertigungseinzelkosten (FEK)		950,00 €
Fertigungsgemeinkosten (FGK)	167,85 %	
Sondereinzelkosten der Fertigung (SEKF)		12,00 €
Fertigungskosten (FK)		
Herstellkosten (MK + FK)		
Verwaltungsgemeinkosten (VwGK)	3,95 %	
Vertriebsgemeinkosten (VtGK)	6,25 %	
Sondereinzelkosten des Vertriebs (SEKV)		14,00 €
Selbstkosten (SK)		
Gewinnzuschlag	35,00 %	
Barverkaufspreis (BVP)		
Skonto	3,00 %	
Zielverkaufspreis (ZVP)		
Rabatt	4,00 %	
Listenverkaufspreis (LVP)		

4. Der Lackieranlagen-Maschinenbau AG liegen zur Ermittlung eines Angebotspreises die folgenden Daten vor:

Fertigungsmaterial	140 000,00 €
Fertigungslöhne	80 000,00 €
Sondereinzelkosten der Fertigung	13 000,00 €
Sondereinzelkosten des Vertriebs	14 200,00 €
Materialgemeinkosten	10 %
Fertigungsgemeinkosten	240 %
Verwaltungsgemeinkosten	12 %
Vertriebsgemeinkosten	8 %
Gewinn	6 %
Skonto	2 %

Berechnen Sie
a) die Materialkosten,
b) die Fertigungskosten,
c) die Selbstkosten,
d) den Angebotspreis.

5 Die Landmaschinenfabrik Hollingen KG stellt verschiedene Maschinen in Serienfertigung her. Für jede Serie werden die Einzelkosten getrennt erfasst. Im vergangenen Jahr wurden 500 Pflüge gebaut, die 160 000,00 € Materialeinzelkosten und 120 000,00 € Fertigungslöhne verursachten. Die Landmaschinenfabrik Hollingen KG kalkuliert mit 30 % MGK, 35 % FGK, 40 % VwGK und 20 % VtGK.
a) Ermitteln Sie
aa) die Herstellkosten je Pflug,
ab) die Selbstkosten je Pflug.
b) Berechnen Sie, mit wie viel Prozent Gewinn die Landmaschinenfabrik Hollingen KG bei einem Verkaufspreis (netto) von 1 480,00 € je Pflug kalkuliert.

6 Der TSM AG liegt eine Anfrage des Möbelhauses Müller über 20 Schreibtische vor.
a) Nehmen Sie eine Vorkalkulation auf Basis der folgenden Daten vor.

Fertigungsmaterial (Normal)	6 000,00 €
Lohnkosten (Normal)	3 000,00 €
Gewinnzuschlag	15 %
Skontosatz	2 %
Kundenrabatt	10 %

	Material	Fertigung	Verwaltung	Vertrieb
Normal-Zuschlagssatz	6 %	100 %	7 %	4 %

b) Führen Sie nach Abschluss des Auftrages die Nachkalkulation durch.

Fertigungsmaterial (Ist)	5 900,00 €
Lohnkosten (Ist)	3 050,00 €

	Material	Fertigung	Verwaltung	Vertrieb
Ist-Zuschlagssatz	7 %	98 %	8 %	5 %

c) Erklären Sie Abweichungen zwischen der Vor- und Nachkalkulation.

7 Führen Sie für die Aufgabe 1 auf S. 84 eine Nachkalkulation durch und interpretieren Sie Ihr Ergebnis. Es sind folgende Ist-Kosten angefallen:

Materialeinzelkosten/Fertigungsmaterial (Ist)   155,00 €
Fertigungseinzelkosten/Lohnkosten (Ist)   85,00 €

	Material	Fertigung	Verwaltung	Vertrieb
Ist-Zuschlagssatz	6 %	125 %	4 %	5 %

Ergänzende Übungen

1 Die Küchengeräte GmbH stellt hochwertige Elektroherde her. Für die Herstellung eines Elektroherdes kalkuliert das Unternehmen mit folgenden Einzelkosten:
Materialkosten   320,00 €
Fertigungslöhne   180,00 €

a) Ermitteln Sie die Materialeinzelkosten bei einem Materialgemeinkostenzuschlagssatz von 60 %.
b) Ermitteln Sie die Fertigungsgemeinkosten, wenn die Herstellkosten 620,00 € betragen.
c) Ermitteln Sie den Fertigungsgemeinkostenzuschlagssatz, wenn die Herstellkosten 620,00 € betragen.

2 a) Die WFW AG kalkuliert einen Großauftrag auf Basis folgender Daten:

Fertigungsmaterial   120 000,00 €
Fertigungslöhne   40 000,00 €
Sondereinzelkosten der Fertigung   15 000,00 €
Sondereinzelkosten des Vertriebs   14 340,00 €

Zuschlagssätze
– Materialgemeinkosten   10 %
– Fertigungsgemeinkosten   250 %
– Verwaltungsgemeinkosten   10 %
– Vertriebsgemeinkosten   8 %
– Gewinn   5 %

Ermitteln Sie den Angebotspreis.
b) Der Kunde ist bereit, einen Preis von 315 000,00 € zu akzeptieren. Deshalb soll folgende Alternative geprüft werden: Aufgrund besonderer Maßnahmen gelingt es, die Kosten für das Fertigungsmaterial auf 110 000,00 € und die Sondereinzelkosten des Vertriebs auf 12 000,00 € zu senken.
Ermitteln Sie unter Berücksichtigung dieser neuen Daten
ba) die Materialkosten (bei identischen Zuschlagssätzen) in Euro,
bb) die Selbstkosten, wenn der Gewinnzuschlag von 5 % beibehalten werden soll,
bc) die Herstellkosten (bei identischen Zuschlagssätzen) und
bd) die Fertigungskosten, die dann insgesamt anfallen dürfen.

ZUSAMMENFASSUNG

Sondereinzelkosten der Fertigung	Sondereinzelkosten des Vertriebs
Einzelkosten, die aufgrund _____ _____ anfallen.	Einzelkosten, die aufgrund _____ _____ anfallen.
Beispiele: _____ _____ _____	Beispiele: _____ _____ _____

	Das erweiterte Kalkulationsschema der Zuschlagskalkulation	
	Materialeinzelkosten (_____)	
+	_____ (MGK)	
—	Materialkosten (MK)	
	_____ (FEK)	
—	Fertigungsgemeinkosten (_____)	
—	Sondereinzelkosten der Fertigung (SEKF)	
=	_____ (FK)	
	_____ (MK + FK)	
+	_____ (VwGK)	
+	Vertriebsgemeinkosten (VtGK)	
—	_____ (SEKV)	
=	Selbstkosten (_____)	
—	_____	
=	Barverkaufspreis (_____)	
—	_____	
=	Zielverkaufspreis (_____)	
—	_____	
=	Listenverkaufspreis (_____)	

Vorkalkulation	Nachkalkulation
Die Vorkalkulation wird auf Basis von _____ _____ vorgenommen.	Die Nachkalkulation wird auf Basis von _____ _____ vorgenommen.
Sind die tatsächlich angefallenen Kosten (_____) größer als die kalkulierten Kosten (_____), _____ sich der Gewinn, andernfalls _____ er sich.	

SELBSTEINSCHÄTZUNG

	Ja 😊	Mit Hilfe 😐	Nein 🙁
Ich kann die Selbstkosten für einzelne Produkte oder Aufträge mithilfe der Zuschlagskalkulation berechnen.			
Ich kann Skonto und Rabatte bei der Angebotskalkulation berücksichtigen.			
Ich kann den Angebotspreis für einzelne Produkte oder Aufträge mithilfe der Zuschlagskalkulation berechnen.			
Ich kann Beispiele für Sondereinzelkosten der Fertigung nennen.			
Ich kann Beispiele für Sondereinzelkosten des Vertriebs nennen.			
Ich kann einen Angebotspreis unter Berücksichtigung von Sondereinzelkosten mithilfe der Zuschlagskalkulation berechnen.			
Ich kann eine Nachkalkulation durchführen.			
Ich kann Abweichungen zwischen der Vor- und Nachkalkulation ermitteln und erklären.			

Außerdem habe ich gelernt:

_____

_____

_____

HINWEIS Zur Wiederholung und Vertiefung:
Seiten 121–122, Trainingsmodul 1 und Seite 201, Aufgabe 7

LERNSITUATION 8: Den Angebotspreis für Handelswaren kalkulieren

Ausgangssituation I: Was müssen wir für unsere Handelswaren verlangen? Die Vorwärtskalkulation

Auf Wunsch eines Großkunden plant die WFW AG, das Fahrradpflegemittel „CleanPro" als Handelsware neu in das Sortiment aufzunehmen. Die WFW AG hat mit der Pellenz Pflegeprodukte OHG aus Mainz einen unterschriftsreifen Rahmenliefervertrag, der einen Einstandspreis von 2,80 € netto je Dose vorsieht, ausgehandelt. Leonie Gremme soll Martin Götz bei der Kalkulation des Listenverkaufspreises unter Berücksichtigung der Handlungskosten unterstützen.

Arbeitsaufträge

1 Erläutern Sie den Unterschied zwischen eigenen Erzeugnissen und Handelswaren und beschreiben Sie, welche Konsequenzen dieser aus Sicht der Kostenrechnung hat.

2 Erklären Sie den Begriff der Handlungskosten und nennen Sie Beispiele.

3 Kalkulieren Sie den Listenverkaufspreis für „CleanPro" unter Berücksichtigung folgender Angaben:

Handlungskostenzuschlagssatz	25 %
Gewinnzuschlagssatz	10 %
Skonto	3 %
Kundenrabatt	5 %

4 Da Kunden der WFW AG immer häufiger den Wunsch äußern, zu den erworbenen Fahrrädern die passenden Pflegeprodukte zu erwerben, hat die WFW AG ihr Handelswaren-Sortiment „Pflegeprodukte" deutlich erweitert und möchte nun den Verkaufspreis für sämtliche Pflegprodukte mithilfe eines einheitlichen Kalkulationszuschlagssatzes ermitteln.

a) Berechnen Sie den Kalkulationszuschlagssatz für die Pflegeprodukte, wenn diese zu denselben Bedingungen kalkuliert werden sollen wie „CleanPro".

b) Berechnen Sie den Kalkulationsfaktor für Pflegeprodukte.

5 Berechnen Sie den Listenverkaufspreis für folgende Pflegeprodukte:
a) „Rahmenglanz", Einstandspreis 4,55 €
b) „Felgenschutz", Einstandspreis 2,75 €
c) „Bikers finest", Einstandspreis 3,40 €

6 Erläutern Sie Vor- und Nachteile der Handelswarenkalkulation mit einheitlichen Kalkulationszuschlagssätzen.

7 Im Zuge der Sortimentserweiterung sollen weitere Handelswaren der WFW AG miteinander verglichen werden, um zu überprüfen, bei welchen Produkten die Listenverkaufspreise ggf. angepasst werden müssen. Berechnen Sie den jeweiligen Kalkulationsfaktor für folgende Handelswaren:

Handelsware	Einstandspreis	Listenverkaufspreis	Kalkulationsfaktor
Fahrradhandschuhe „Pro"	14,50 €	28,50 €	
Fahrradhandschuhe „Standard"	6,70 €	9,50 €	
Radlerhose „Didi Thurau"	22,75 €	24,90 €	
Radlerhose „Erik Zabel"	28,50 €	29,90 €	
Fahrrad-Regencape „Stay Dry"	31,50 €	39,90 €	

8 Diskutieren Sie, wodurch die unterschiedlichen Kalkulationsfaktoren zustande gekommen sein können, und erläutern Sie, bei welchen Handelswaren die Kalkulation überarbeitet werden sollte.

Info 1: Handelswaren

Im Unterschied zu den eigenen Erzeugnissen werden Handelswaren von Unternehmen nicht selbst hergestellt, sondern eingekauft und ohne Veränderung wieder verkauft. Die Kalkulation für Handelswaren baut daher auf dem Einstandspreis für den entsprechenden Artikel auf.

Handlungskostenzuschlagssatz

Die in einem Prozentsatz zusammengefassten Aufwendungen für Lagerung, Verwaltung und Verkauf der Handelswaren werden als Handlungskostenzuschlagssatz bezeichnet. Damit sollen alle im Unternehmen anfallenden Kosten (z.B. Personalkosten, Werbung, Büromaterialien) pauschal berücksichtigt werden.

Das Kalkulationsschema

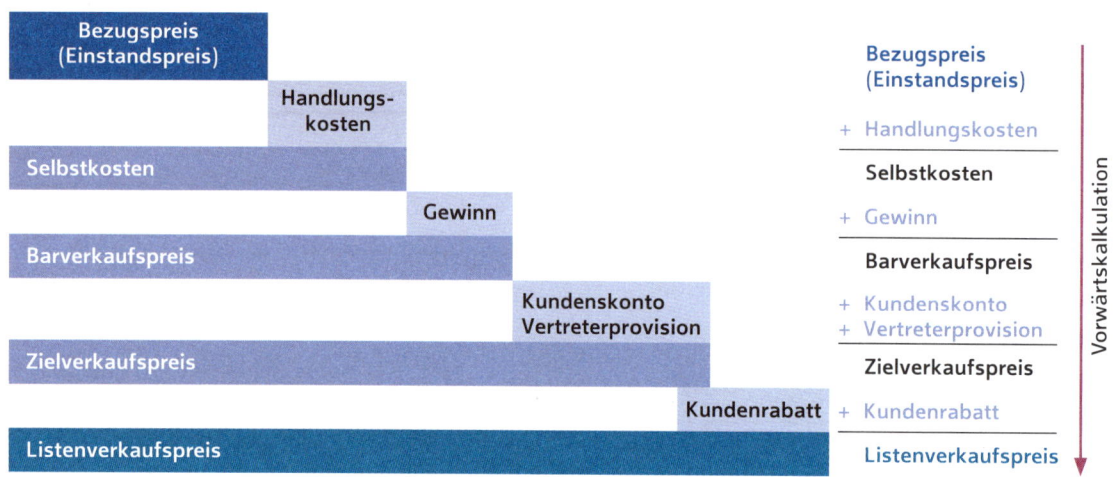

Kalkulationszuschlagssatz

Möchte das Unternehmen mehrere Handelswaren pauschal mit denselben Zuschlagssätzen kalkulieren, kann es die Berechnung mithilfe des Kalkulationszuschlagssatzes vereinfachen. Ausgangspunkt für den Kalkulationszuschlagssatz ist der Einstandspreis, der immer 100 % entspricht. Als Kalkulationszuschlagssatz bezeichnet man die Differenz zwischen Einstandspreis und Listenverkaufspreis, ausgedrückt in Prozent vom Einstandspreis.

Beispiel:

Berechnung des Kalkulationszuschlages in Euro

	Listenverkaufspreis	200,00 €
–	Bezugs-/Einstandspreis	122,50 €
	Kalkulationszuschlag	77,50 €

Berechnung des Kalkulationszuschlagssatzes in %

$$122,50 € = 100 \%$$
$$77,50 € = x \% \qquad x = \frac{100 \cdot 77,50}{122,50} = \underline{63,27 \%}$$

Der Kalkulationszuschlagssatz beträgt in diesem Beispiel 63,27 % und kann nun bei allen Handelswaren angewendet werden. Die Formel zur Ermittlung des Kalkulationszuschlagssatzes lautet:

$$\text{Kalkulationszuschlagssatz} = \frac{(\text{Listenverkaufspreis} - \text{Bezugs-/Einstandspreis}) \cdot 100}{\text{Bezugs-/Einstandspreis}}$$

Kalkulationsfaktor

Alternativ zum Kalkulationszuschlagssatz kann auch der Kalkulationsfaktor ermittelt und verwendet werden. Dieser drückt den Verkaufspreis pro 1,00 € Bezugspreis aus.

$$\text{Kalkulationsfaktor} = \frac{\text{Listenverkaufspreis}}{\text{Bezugs-/Einstandspreis}}$$

Beispiel: $\dfrac{200}{122,50} = 1,6327$

Der Kalkulationsfaktor kann auch aus dem gegebenen Kalkulationszuschlagssatz abgeleitet werden, indem der relative Verkaufspreis (100 + Kalkulationszuschlag) durch den relativen Bezugs-/Einstandspreis (100) dividiert wird.

$$\text{Kalkulationsfaktor} = \frac{100 + \text{Kalkulationszuschlagssatz}}{100}$$

Beispiel: $\dfrac{100 + 63,27}{100} = 1,6327$

Listenverkaufspreis = Bezugs-/Einstandspreis · Kalkulationsfaktor

Beispiel: 122,50 € · 1,6327 = 200,00 €

Ausgangssituation II: Der Markt gibt den Preis vor! Die Rückwärtskalkulation

Die WFW AG bezieht den Fahrradhelm „ProtectPlus" zu einem Preis von 65,00 € von der Schutzhelme GmbH aus Gütersloh. Sie verkauft den Helm zum mithilfe der Vorwärtskalkulation ermittelten Preis und legt dabei die folgenden Zuschlagssätze zugrunde:

Handlungskosten	20 %
Gewinn	25 %
Skonto	2 %
Kundenrabatt	5 %

Nachdem der Absatz des Fahrradhelms in den letzten Monaten stark rückläufig war, hat die WFW AG im Zuge einer Marktanalyse herausgefunden, dass die Konkurrenz ein vergleichbares Produkt zu einem Listenverkaufspreis von 89,00 € zu sonst gleichen Bedingungen verkauft.

Arbeitsaufträge

1 Ermitteln Sie im Rahmen der Vorwärtskalkulation die Selbstkosten, den Stückgewinn und den Zielverkaufspreis.

2 Berechnen Sie die Handelsspanne.

3 Ermitteln Sie im Rahmen einer Rückwärtskalkulation den Einstandspreis, den die WFW AG höchstens akzeptieren darf, wenn sie den Fahrradhelm bei unveränderten Zuschlagssätzen ebenfalls wie die Konkurrenz für 89,00 € anbieten möchte.

4 Berechnen Sie den Stückgewinn in Euro und in Prozent bei einem Verkaufspreis von 89,00 €, wenn sich ein günstigerer Einstandspreis für den Fahrradhelm nicht durchsetzen lässt und die WFW AG die Helme nach wie vor zu einem Einstandspreis von 65,00 € einkauft.

5 Berechnen Sie die Handelsspanne, welche die WFW AG unter den Bedingungen der Aufgabe 4 dann noch realisieren kann.

Info 2: Feste Marktpreise

Bietet die Konkurrenz vergleichbare Produkte zu einem niedrigeren Preis an, müssen Unternehmen diesen Preis häufig als festen **Marktpreis** akzeptieren und können ihre ursprüngliche Kalkulation nicht aufrechterhalten. Bei selbst erstellten Erzeugnissen wird daraufhin geprüft, ob die Herstellkosten reduzierbar sind, um den ursprünglich angestrebten Stückgewinn erzielen zu können, oder ob eine Reduktion des Stückgewinns (niedrigerer Gewinnzuschlag) akzeptiert werden muss. Bei Handelswaren verhält es sich analog und es bleiben zwei grundsätzliche Möglichkeiten:

1. Ermittlung des maximalen Bezugs-/Einstandspreises, um den angestrebten Gewinn zu erzielen und die entstandenen Kosten zu decken (**Rückwärtskalkulation**) oder
2. Ermittlung des verbleibenden Gewinns bei gegebenem Bezugs-/Einstandspreis und gegebenem Listenverkaufspreis (**Differenzkalkulation**).

Rückwärtskalkulation

Die Rückwärtskalkulation ermittelt ausgehend vom Listenverkaufspreis den maximal zulässigen Bezugs-/Einstandspreis für die Ware.

Beispiel: Die TSM AG möchte Beistelltische als Handelswaren in ihr Absatzprogramm aufnehmen, die von Mitbewerbern für 220,00 € angeboten werden. Welchen Einstandspreis darf die TSM AG maximal akzeptieren, wenn mit 5 % Kundenrabatt, 2 % Kundenskonto, 25 % Gewinn und 26 % Handlungskosten kalkuliert wird?

Lösung mithilfe von Einzelzuschlägen

	Bezugs-/Einstandspreis	130,05	100 %					
+ 26 %	Handlungskosten	33,81	26 %	a. H.				
	Selbstkosten	163,86	126 %	100 %				
+ 25 %	Gewinn	40,96		25 %	a. H.			
	Barverkaufspreis	204,82		125 %	98 %			
+ 2 %	Kundenskonto	4,18			2 %	v. H.		
	Zielverkaufspreis	209,00			100 %	95 %		
+ 5 %	Kundenrabatt	11,00				5 %	v. H.	
	Listenverkaufspreis	220,00				100 %		

Der Bezugs-/Einstandspreis darf höchstens 130,05 € betragen.

Rechenweg:

1. Stellen Sie das Kalkulationsschema auf.
2. Rechnen Sie vom Listenverkaufspreis auf den Barverkaufspreis zurück. Dabei ist der Kundenrabatt vom Listenverkaufspreis und der Kundenskonto vom Zielverkaufspreis zu berechnen (**Vom-Hundert-Rechnung**).
3. Rechnen Sie vom Barverkaufspreis unter Berücksichtigung von Gewinn und Handlungskosten auf den Bezugspreis (Einstandspreis) zurück. Achten Sie darauf, dass hier in beiden Fällen eine **Auf-Hundert-Rechnung** vorliegt, weil die Handlungskosten auf den Bezugspreis (Einstandspreis) und der Gewinn auf den Selbstkostenpreis aufgerechnet werden.

Kalkulation des Bezugs-/Einstandspreises mit der Handelsspanne

Die Differenz zwischen dem Listenverkaufspreis und dem Bezugs-/Einstandspreis kann ebenfalls als Gesamtprozentsatz durch die **Handelsspanne** ausgedrückt werden. Die Handelsspanne berücksichtigt pauschal sämtliche Einzelzuschlagssätze, wobei die Bezugsgröße in diesem Fall der Listenverkaufspreis (100 %) ist, weil vom Listenpreis auf den Bezugs-/Einstandspreis geschlossen wird. Sind sowohl der Listenverkaufspreis als auch der Bezugs-/Einstandspreis bekannt, dann lässt sich die Handelsspanne mithilfe des Dreisatzes berechnen, da der Listenverkaufspreis und der Bezugs-/Einstandspreis die gesuchten Größen darstellen.

Beispiel: Die TSM AG bietet ein Möbelpflegeset zu einem Listenverkaufspreis von 20,00 € an. Der Bezugs-/Einstands-preis für diesen Artikel beträgt 12,18 €.

Lösung

	Listenverkaufspreis	20,00 €
−	Bezugspreis (Einstandspreis)	12,18 €
	Differenz =	7,82 €

20,00 € = 100 %

7,82 € = x

$$x = \frac{7,82 \cdot 100}{20} = 39,1\,\%$$

Die Handelsspanne beträgt 39,1 %.

Daraus lässt sich folgende Formel für die Berechnung der Handelsspanne ableiten:

$$\text{Handelsspanne} = \frac{(\text{Listenverkaufspreis} - \text{Bezugs-/Einstandspreis}) \cdot 100}{\text{Listenverkaufspreis}}$$

Differenzkalkulation

Wenn sowohl der Listenverkaufspreis als auch der Bezugs-/Einstandspreis vorgegeben sind, prüft das Unternehmen, ob ihm noch ein angemessener Gewinn bleibt. Dies geschieht mithilfe der Differenzkalku-lation, einer Kombination aus Vorwärts- und Rückwärtskalkulation.

Beispiel: Die TSM AG plant, eine Magnettafel als Handelsware in ihr Sortiment aufzunehmen und erhält folgendes Angebot: Listeneinkaufspreis 200,00 €, 25 % Liefererrabatt, Bezugskosten 10,00 €, empfohlener Listenverkaufspreis 230,00 €. Der Artikel wird mit 25 % Handlungskosten und 5 % Kundenrabatt kalkuliert. Welchen Gewinn kann die TSM AG mit der Magnettafel erzielen?

①	Listeneinkaufspreis	200,00 €	100 %		
	− Liefererrabatt	50,00 €	25 %		
	Zieleinkaufspreis	150,00 €	75 %		
Vorwärtskalkulation	+ Bezugskosten	10,00 €			
	Bezugspreis (Einstandspreis)	160,00 €	100 %		
	+ Handlungskosten	40,00 €	25 %		
	Selbstkosten	② 200,00 €	125 %	100 %	
	+ Gewinn ④	18,50 €		9,25 %	
	Barverkaufspreis	③ 218,50 €	95 %	109,25 %	
Rückwärtskalkulation	+ Kundenrabatt	11,50 €	5 %		
	Listenverkaufspreis	230,00 €	100 %		

⑤

200,00 € (Selbstkosten)   = 100 %

18,50 € (Gewinn)   = x

$$x = \frac{100 \cdot 18,5}{200} \qquad x = \underline{9,25\,\%}$$

Rechenweg:

1. Stellen Sie das Kalkulationsschema auf.
2. Ermitteln Sie ausgehend vom Listeneinkaufspreis die Selbstkosten (Vorwärtskalkulation).
3. Ermitteln Sie ausgehend vom Listenverkaufspreis den Barverkaufspreis (Rückwärtskalkulation).
4. Ermitteln Sie den Gewinn in Euro als Differenz zwischen dem Barverkaufspreis und dem Selbstkos-tenpreis.
5. Ermitteln Sie den Gewinn in Prozent, wobei die Selbstkosten 100 % entsprechen.

Vertiefende Übungen

1 Die WFW AG überlegt, in Zukunft auch E-Bikes herzustellen. Die dafür als Fremdbauteile benötigten Akkus würde sie ebenfalls als Handelswaren in ihr Absatzprogramm aufnehmen. Der Listeneinkaufspreis beträgt 480,00 €/Stück. Der Hersteller der Akkus gewährt der WFW AG 25 % Rabatt und 2 % Skonto. Die Bezugskosten betragen 22,20 €/Stück. Die WFW AG kalkuliert mit einem Handlungskostenzuschlagssatz von 20 % und gewährt ihren Kunden 10 % Rabatt sowie 2 % Skonto. Der Listenverkaufspreis für einen Akku beträgt 540,00 €. Berechnen Sie den Gewinn in Euro und in Prozent.

2 Ein Großhändler bietet einen qualitativ minderwertigeren Akku zum Preis von 428,00 € an. Seiner Kalkulation liegen folgende Sätze zugrunde: 17,0 % Kundenrabatt, 12,5 % Gewinn, 3,0 % Kundenskonto, 20,0 % Handlungskosten. Die Bezugskosten belaufen sich auf 30,00 €.
Berechnen Sie
a) den Bareinkaufspreis,
b) den Kalkulationszuschlagssatz,
c) den Kalkulationsfaktor,
d) die Handelsspanne.

3 Ein Kunde der WFW AG hat vor einem Jahr rund 150 City-Roller für 160,00 €/Stück bezogen. Nun stellt er der WFW AG eine Abnahmemenge von 200 Stück in Aussicht, wenn ihm 12,5 % Rabatt auf die komplette Menge gewährt werden. Der Einstandspreis für die als Handelswaren vertriebenen City-Roller beträgt 104,00 €. Die Handlungskosten werden mit 15 % kalkuliert.
a) Berechnen Sie die Handlungskosten.
b) Berechnen Sie den Gewinn in Prozent.
c) Berechnen Sie, wie viel Euro Nachlass der Kunde erwartet.
d) Berechnen Sie den Gewinn in Prozent, wenn dem Kundenwunsch entsprochen würde.

4 Die WFW AG bezieht diverse Handelswaren zu den angegebenen Einstandspreisen. Stellen Sie jeweils das Kalkulationsschema auf und ermitteln Sie den Stückgewinn in Euro und in Prozent.

	Bezugs-/ Einstandspreis in €	Handlungskosten-zuschlagssatz in %	Kundenskonto in %	Kundenrabatt in %	Listenverkaufs-preis in €
a)	48,00	25	2,5	10	80,00
b)	108,00	20	2	12,5	156,00
c)	18,20	15	1,5	8	35,00
d)	1 280,00	30	1	5	1 880,00

5 Der Einstandspreis für eine Handelsware beträgt 29,90 €, der Zielverkaufspreis 49,00 €.
Berechnen Sie
a) den Kalkulationszuschlagssatz,
b) die Handelsspanne,
c) den Kalkulationsfaktor.

6 Der Einstandspreis einer Handelsware beträgt 275,00 €. Ermitteln Sie den Zielverkaufspreis und die Handelspanne, wenn der Kalkulationsfaktor 1,3 beträgt.

7 Der Einstandspreis für eine Handelsware beträgt 55,00 €, sein Barverkaufspreis ist mit 89,00 € angegeben. Die Handlungskosten sind mit 18 % zu berücksichtigen. Berechnen Sie die Selbstkosten sowie den Gewinn in Euro und in Prozent.

ZUSAMMENFASSUNG

Handelswaren	Eigene Erzeugnisse
Handelswaren werden _____ und _____ weiterverkauft.	Eigene Erzeugnisse werden _____ _____ .

Handelskalkulation

Vorwärtskalkulation	Rückwärtskalkulation
_____	_____
+ Handlungskosten	– Rabatt
_____	_____
= _____	= _____
+ Gewinn	– Skonto
_____	_____
= _____	= _____
+ Skonto („im Hundert")	– Gewinn („auf Hundert")
_____	_____
= _____	= _____
+ Kundenrabatt („im Hundert")	– Handlungskosten („auf Hundert")
_____	_____
= _____	= _____

Handlungskostenzuschlagssatz

Der Handlungskostenzuschlagssatz ist der in einem Prozentsatz zusammengefasste Aufwand für

_____ .

Kalkulationszuschlagssatz

Der Kalkulationszuschlagssatz ist die in Prozent vom _____ ausgedrückte Differenz zwischen Einstandspreis und Listenverkaufspreis.	_____ . 100

Kalkulationsfaktor

Der Kalkulationsfaktor drückt den Verkaufspreis pro 1,00 € _____ aus und dient als _____ bei mehreren Handelswaren.	_____

Handelsspanne

Die Handelsspanne ist die in Prozent vom _____ ausgedrückte Differenz zwischen Listenverkaufspreis und Einstandspreis.	_____ · 100

SELBSTEINSCHÄTZUNG

	Ja 😊	Mit Hilfe 😐	Nein 🙁
Ich kann den Unterschied zwischen Handelswaren und eigenen Erzeugnissen erläutern.			
Ich kann Beispiele für Handlungskosten nennen.			
Ich kann den Listenverkaufsverkaufspreis für Handelswaren kalkulieren.			
Ich kann den Kalkulationszuschlagsatz berechnen.			
Ich kann den Kalkulationsfaktor berechnen.			
Ich kann die Rückwärtskalkulation bei Handelswaren durchführen.			
Ich kann die Handelsspannen berechnen.			
Ich kann die Differenzkalkulation bei Handelswaren durchführen.			

Außerdem habe ich gelernt:

_____

_____

_____

HINWEIS   Zur Wiederholung und Vertiefung: Seite 202, Aufgabe 8

Ausgangssituation I: Die Kostenstellen präziser gliedern und einen mehrstufigen BAB verwenden

Mit ihrem Hauptzulieferer für Kunststoffteile, der VEKUMA AG aus Emsdetten, arbeitet die WFW AG seit vielen Jahren vertrauensvoll zusammen. Daher hat man eine Vereinbarung zur Durchführung eines Benchmarkings[1] im Unternehmensbereich Controlling getroffen. In einem kurzen Vortrag erläutert der Leiter des Rechnungswesens der VEKUMA AG, Herr Laumann, Frau Kamp und Herrn Götz den grundsätzlichen Aufbau des erweiterten, mehrstufigen Betriebsabrechnungsbogens.

Herr Laumann: „Wir waren mit der Aussagefähigkeit des einstufigen BAB in seiner einfachen Form nicht mehr zufrieden. Das Hauptproblem war, dass der BAB nur einen Kostenbereich ‚Fertigung' ausgewiesen hat und der Gemeinkostenverbrauch einzelner Fertigungsabteilungen nicht erkennbar und eine gezielte Kostenkontrolle nur schwer möglich waren. Darüber hinaus gibt es bei uns im Unternehmen Abteilungen, wie z.B. die Arbeitsvorbereitung, aber auch den Fuhrpark oder den Facility-Service, die innerbetriebliche Leistungen für andere Kostenstellen erbringen. Wenn man die dort anfallenden Gemeinkosten kontrollieren will, muss man auch für diese Abteilungen Kostenstellen einrichten."

Arbeitsaufträge

1 Erläutern Sie, warum die VEKUMA AG zusätzliche Kostenstellen eingerichtet hat und nach welchen Maßgaben diese gebildet wurden.

2 Erläutern Sie den Unterschied zwischen Vor- bzw. Hilfskostenstellen auf der einen Seite und Haupt- bzw. Endkostenstellen auf der anderen Seite.

3 Nennen Sie Beispiel für mögliche Vor- und Hilfskostenstellen.

4 Die VEKUMA AG stellt Ihnen den abgebildeten, noch unvollständigen BAB zur Verfügung. Die primären Gemeinkosten sind bereits auf die Kostenstellen verteilt worden.
   a) Verteilen Sie die Gemeinkosten der Vorkostenstelle Facility-Service nach folgendem Verteilungsschlüssel anteilsmäßig auf die anderen Kostenstellen. Die Anteile sind:
   Fuhrpark: 2, Material: 3, AV: 4, Fertigung I: 3, Fertigung II: 4, Verwaltung: 5, Vertrieb: 4

---

[1] Als Benchmarking bezeichnet man den Vergleich von Produkten, Dienstleistungen oder Prozessen bzw. Methoden mit anderen Unternehmen, um festzustellen, welche Unterschiede bestehen, warum diese Unterschiede bestehen und welche Verbesserungsmöglichkeiten es gibt.

b) Verteilen Sie die Gemeinkosten der Vorkostenstelle Fuhrpark auf Basis der gefahrenen Kilometer auf die anderen Kostenstellen:
   Material: 12 400 km, AV: 1 200 km, Fertigung I: 2 200 km, Fertigung II: 1 900 km, Verwaltung: 3 600 km, Vertrieb: 107 380 km

c) Verteilen Sie die Gemeinkosten der Hilfskostenstelle Arbeitsvorbereitung im Verhältnis 3 : 5 auf die beiden Fertigungsstellen.

d) Ermitteln Sie die Gemeinkostenzuschlagssätze für die Endkostenstellen. Hinweis: Es liegen keine Bestandsveränderungen vor.

GK-Art	Betrag	Facility-Service	Fuhrpark	Material	Arbeitsvor-bereitung	Fertigung I	Fertigung II	Verwaltung	Vertrieb
Hilfsstoffe	72 700,00 €	1 200,00 €	1 500,00 €	2 000,00 €	14 000,00 €	16 000,00 €	22 000,00 €	1 000,00 €	15 000,00 €
FIS	46 500,00 €	1 500,00 €	12 000,00 €	4 500,00 €	3 700,00 €	9 800,00 €	12 000,00 €	1 400,00 €	1 600,00 €
Gehälter	85 500,00 €	4 000,00 €	4 200,00 €	7 800,00 €	11 800,00 €	8 700,00 €	12 000,00 €	22 000,00 €	15 000,00 €
kalk. AfA	108 700,00 €	700,00 €	25 000,00 €	7 000,00 €	4 000,00 €	29 000,00 €	34 000,00 €	5 000,00 €	4 000,00 €
kalk. Zinsen	86 600,00 €	600,00 €	21 000,00 €	4 500,00 €	3 500,00 €	24 000,00 €	26 000,00 €	4 000,00 €	3 000,00 €
Summe	400 000,00 €	8 000,00 €	63 700,00 €	25 800,00 €	37 000,00 €	87 500,00 €	106 000,00 €	33 400,00 €	38 600,00 €
	-								
Summe	-	-							
	-	-							
Summe	-	-	-						
	-	-	-	-				-	-
Summe	400 000,00 €	-	-		-				
Zuschlags-grundlage	-	-	-	750 000,00 €	-	95 000,00 €	110 000,00 €		
GKZS	-	-	-		-				

5 Erläutern Sie Ihr Vorgehen und die von Ihnen ermittelten Ergebnisse.

Info 1: Der erweiterte BAB

Im erweiterten BAB können die vier bekannten Kostenstellen Material, Fertigung, Verwaltung und Vertrieb (vgl. LS 4) genauer unterteilt werden. Im Regelfall wird die Kostenstelle Fertigung in mehrere unterschiedliche Hauptkostenstellen nach Maßgabe der einzelnen Fertigungsabteilungen untergliedert.

Beispiel:

Material	Fertigung I	Fertigung II	Verwaltung	Vertrieb
$\sum$ Gemeinkosten	$\sum$ Gemeinkosten	$\sum$ Gemeinkosten	$\sum$ Gemeinkosten	$\sum$ Gemeinkosten
% MGKZS	% FGKZS I	% FGKZS II	% VwGKZS	% VtGKZS

Auch dieser BAB ist einstufig, die Verteilung der Gemeinkosten erfolgt wie zuvor, die Anzahl der Kostenstellen kann beliebig den betrieblichen Erfordernissen angepasst werden. Für jede Kostenstelle wird ein eigener Gemeinkostenzuschlagssatz auf Basis der Zuschlagsgrundlagen (vgl. LS 5) ermittelt.

INFOBOX

Info 2: Der mehrstufige BAB

In vielen Unternehmen gibt es Abteilungen, die ausschließlich innerbetriebliche Leistungen erbringen. Richtet man für diese Abteilungen Vor- oder Hilfskostenstellen ein, kann eine genaue Kontrolle der dort anfallenden Gemeinkosten erfolgen. Da die Vor- und Hilfskostenstellen Leistungen für andere Abteilungen bzw. Kostenstellen erbringen, müssen die dort angefallenen Kosten verursachungsgerecht auf die Hauptkostenstellen verteilt werden.

Vorkostenstellen	Hilfskostenstellen
• sind allen Haupt- und Hilfskostenstellen vorgeordnet • erfassen Gemeinkosten, die das Unternehmen insgesamt betreffen • leisten Dienste für mehrere nachgeordnete Kostenstellen • die Leistungen müssen innerbetrieblich auf alle nachgeschalteten Kostenstellen verrechnet werden	• sind den entsprechenden Hauptkostenstellen vorgeordnet • in der Praxis häufig vorkommende Form: Fertigungshilfsstellen (z. B. Arbeitsvorbereitung, Konstruktion), die nur mittelbar an der Produktion mitwirken und ihre Leistungen für verschiedene Fertigungshauptstellen erbringen • die Leistungen müssen innerbetrieblich auf die nachgeschalteten Hauptkostenstellen verrechnet werden

Innerbetriebliche Leistungsverrechnung mithilfe des Stufenleiterverfahrens

Das Stufenleiterverfahren unterstellt, dass die Leistungsbeziehungen zwischen den Kostenstellen einseitig darstellbar sind. Dies bedeutet, dass sich die Reihenfolge der Vor-, Haupt-, und Hilfskostenstellen so darstellen lässt, dass die einzelnen Kostenstellen nur Leistungen an jeweils nachgelagerte Kostenstellen abgeben.

Beispiel: Nach Umlage der Gemeinkosten auf die einzelnen Kostenstellen stehen die ursprünglichen Kosten der Kostenstelle fest. Sie werden auch als **Primärkosten** der Kostenstelle bezeichnet. Es ergeben sich folgende Werte.

Fuhrpark	Material	Arbeits-vorbereitung	Fertigung I	Fertigung II	Verwaltung	Vertrieb
Σ Gemeinkosten 10 000,00 €	Σ Gemeinkosten 50 000,00 €	Σ Gemeinkosten 25 000,00 €	Σ Gemeinkosten 100 000,00 €	Σ Gemeinkosten 150 000,00 €	Σ Gemeinkosten 40 000,00 €	Σ Gemeinkosten 60 000,00 €
⌐→	2 000,00 €	1 000,00 €	500,00 €	500,00 €	1 000,00 €	5 000,00 €
Zwischen-summe	52 000,00 €	26 000,00 €	100 500,00 €	150 500,00 €	41 000,00 €	65 000,00 €
		⌐→	16 000,00 €	10 000,00 €		
Gesamt-summe	52 000,00 €		116 500,00 €	160 500,00 €	41 000,00 €	65 000,00 €
	% MGKZS		% FGKZS I	% FGKZS II	% VwGKZS	% VtGKZS

Zunächst werden die Gemeinkosten der Vorkostenstellen (hier: nur Fuhrpark) auf die nachgelagerten Kostenstellen im Verhältnis 2 : 1 : 0,5 : 0,5 : 1 : 5 umgelegt. Da es nur eine Vorkostenstelle gibt und damit die Verrechnung der Vorkostenstellen abgeschlossen ist, erfolgt nun die Umlage der Hilfskostenstellen (hier nur Arbeitsvorbereitung). Neben den primären Kosten der Kostenstelle in Höhe von 25 000,00 € hat die Arbeitsvorbereitung auch Leistungen im Wert von 1 000,00 € von einer anderen Kostenstelle (Fuhrpark) bezogen (= **Sekundärkosten**). Damit sind der Arbeitsvorbereitung nun insgesamt 26 000,00 € an Kosten zugeordnet, die im Verhältnis von 16 : 10 auf die beiden Fertigungshauptstellen verteilt werden.

Die Umlage der Gemeinkosten aus den Vor- und Hilfskostenstellen auf die Hauptkostenstellen ist nun abgeschlossen. Da die dort angefallenen Gemeinkosten nicht weiter umgelegt werden, nennt man diese Hauptkostenstellen auch Endkostenstellen. Für diese Kostenstellen wird nun ein Gemeinkostenzuschlagssatz ermittelt.

Da das Umlageverfahren einem stufenförmigen Aufbau folgt, nennt man es auch Stufenleiterverfahren.

INFOBOX

Ausgangssituation II: Einen Verkaufspreis auf Basis des erweiterten BAB kalkulieren

Nach einer kurzen Pause setzt Herr Laumann seinen Vortrag fort.

Herr Laumann: „Wenn der mehrstufige BAB erstellt ist, die Gemeinkosten verteilt und die Zu-schlagssätze ermittelt sind, kann man – wie beim einfachen BAB auch – die Kostenträgerzeit- und die Kostenträgerstückrechnung problemlos durchführen. Der einzige Unterschied liegt lediglich darin, dass wir zwei Fertigungshauptstellen haben und die Kalkulation etwas präziser ist als beim einfachen BAB. Wir können die Selbstkosten für einen Kettenschutz gerne einmal kalkulieren. Sie müssen allerdings verstehen, dass die Werte nicht der Realität entsprechen, schließlich stehen ja bald wieder Preisverhandlungen mit Ihrem Einkauf an und da wollen wir uns nur ungern in die Karten schauen lassen."

Kalkulation Kettenschutz		
Bezeichnung	Zuschlagssatz	Betrag
Materialeinzelkosten (MEK)		2,19 €
Materialgemeinkosten (MGK)	4,39 %	
Materialkosten (MK)		
Fertigungseinzelkosten I (FEK I)		0,80 €
Fertigungsgemeinkosten I (FGK I)	109,62 %	
Fertigungskosten I (FK I)		
Fertigungseinzelkosten II (FEK II)		0,70 €
Fertigungsgemeinkosten II (FGK II)	120,48 %	
Fertigungskosten II (FK II)		
Herstellkosten (HK)		
Verwaltungsgemeinkosten (VwGK)	3,00 %	
Vertriebsgemeinkosten (VtGK)	7,64 %	
Selbstkosten		

Arbeitsaufträge

1 Vervollständigen Sie das abgebildete Kalkulationsschema und ermitteln Sie die Selbstkosten für einen Kettenschutz.

2 Erläutern Sie die Unterschiede zur Kostenträgerrechnung auf Basis eines einfachen BAB. Greifen Sie hierfür auf Ihr Wissen aus den Lernsituationen 4 und 5 zurück.

3 Diskutieren Sie die weiteren Auswirkungen des mehrstufigen BAB auf die Kostenträgerzeit- und die Kostenträgerstückrechnung.

Vertiefende Übungen:

1 Die Meier KG ist ein mittelständischer Hersteller von Türzargen und Fensterahmen mit Sitz in Leipzig. Ihnen liegt der abgebildete Ausschnitt des mehrstufigen BAB für den Monat Mai vor.

Kantine	Material	Arbeits-vorbereitung	Fertigung I	Fertigung II	Verwaltung	Vertrieb
50 000,00 €	220 000,00 €	125 000,00 €	400 000,00 €	275 000,00 €	150 000,00 €	200 000,00 €
↳						
Zwischen-summe						
		↳				
Gesamt-summe						
Zuschlags-grundlage						
GKZS						

a) Die Meier KG beschäftigt 200 Mitarbeiter. Verteilen Sie die Gemeinkosten der Vorkostenstelle Kantine auf die nachfolgenden Kostenstellen, wenn in der Kostenstelle Material 20 Mitarbeiter, in der Arbeitsvorbereitung 32 Mitarbeiter, in der Fertigung I 55 Mitarbeiter, in der Fertigung II 44 Mitarbeiter, in der Verwaltung 33 Mitarbeiter und im Vertrieb 16 Mitarbeiter beschäftigt sind.

b) Verteilen Sie Gemeinkosten der Hilfskostenstelle Arbeitsvorbereitung im Verhältnis 3 : 2 auf die beiden Fertigungshauptstellen.

c) Berechnen Sie die Gemeinkostenzuschlagssätze für die Endkostenstellen. Hinweis: Es liegen keine Bestandsveränderungen vor.

2 Kalkulieren Sie mithilfe der Kostenträgerstückrechnung die Ist-Kosten für einen Fensterrahmen mit denen von Ihnen in Aufgabe 1 ermittelten Gemeinkostenzuschlagssätzen.

Kalkulationsschema	Zuschlagssatz	Betrag
Materialeinzelkosten (MEK)		31,00 €
Materialgemeinkosten (MGK)		
Materialkosten (MK)		
Fertigungseinzelkosten I (FEK I)		7,20 €
Fertigungsgemeinkosten I (FGK I)		

Kalkulationsschema	Zuschlagssatz	Betrag
Fertigungskosten I (FK I)		
Fertigungseinzelkosten II (FEK II)		8,50 €
Fertigungsgemeinkosten II (FGK II)		
Fertigungskosten II (FK II)		
Herstellkosten (HK)		
Verwaltungsgemeinkosten (VwGK)		
Vertriebsgemeinkosten (VtGK)		
Selbstkosten		
Gewinn	40,00 %	
Barverkaufspreis (BVP)		
Skonto	2,00 %	
Zielverkaufspreis (ZVP)		
Rabatt	12,00 %	
Listenverkaufspreis (LVP)		

3 Ihnen liegt der ausschnittsweise abgebildete BAB der Schreinerei Fahrmeier KG vor.

a) Die Energiekosten beliefen sich im Juni auf 4 200,00 €. Verteilen Sie diese auf die angegebenen Kostenstellen.

Fuhrpark	Material	Fertigung I	Fertigung II	Verwaltung	Vertrieb
650 kWh	900 kWh	6 800 kWh	7 500 kWh	530 kWh	420 kWh

b) Nennen Sie einen geeigneten Verteilungsschlüssel für die Verteilung der in der Kostenstelle Fuhrpark angefallenen Gemeinkosten auf die Hauptkostenstellen.

ZUSAMMENFASSUNG

Der _____ BAB besteht aus _____ Hauptkostenstellen:			
Material	Fertigung	Verwaltung	Vertrieb

Der _____ BAB besteht aus mehr als vier Hauptkostenstellen, z. B.:				
Material	Fertigung I	Fertigung II	Verwaltung	Vertrieb

Der _____ BAB enthält neben den Hauptkostenstellen auch noch

_____ , z. B.:

_____ kostenstelle	Material	_____ kostenstelle	Fertigung I	Fertigung II	Verwaltung	Vertrieb

Die _____ erbringen Leistungen für die anderen Kostenstellen.

Die dort angefallenen _____ werden auf die anderen Kostenstellen verteilt.

Nur für die _____ können Gemeinkostenzuschlagssätze berechnet werden.

SELBSTEINSCHÄTZUNG

	Ja 🙂	Mit Hilfe 😐	Nein ☹️
Ich kann Vor- und Hilfskostenstellen von Hauptkostenstellen unterscheiden.			
Ich kann einen erweiterten, mehrstufigen BAB erstellen.			
Ich kann die Verteilung der Gemeinkosten im mehrstufigen BAB durchführen.			
Ich kann Gemeinkostenzuschlagssätze im mehrstufigen BAB ermitteln.			
Ich kann Gründe für die Durchführung der Kostenstellenrechnung im mehrstufigen BAB erläutern.			

Außerdem habe ich gelernt:

_____

_____

_____

HINWEIS Zur Wiederholung und Vertiefung: Seite 203, Aufgabe 9

Ausgangssituation: Der Maschinenstundensatz – die bessere Verteilungsgrundlage?

Die ProBike GmbH ist eine der Hauptkonkurrenten der WFW AG und bietet ihre Fahrräder neuerdings in fast jeder gewünschten Farbkombination an. Um dies gewährleisten zu können, hat die ProBike GmbH in  einen neuen vollautomatischen Lackierautomaten investiert. Lackierungen in Standardfarben erfolgen nun vollautomatisch durch den neuen Lackierautomaten, während Lackierungen in Sonderfarben weitgehend manuell in einer Lackierkabine vorgenommen werden.

Die hohen Investitionen in den Lackierautomaten sowie Versetzungen von Lackierern in andere Abteilungen haben dazu geführt, dass der Fertigungsgemeinkostensatz in der Lackiererei deutlich gestiegen ist.

Die Kunden der ProBike GmbH reagieren allerdings verhalten auf die angebotene Farbenvielfalt. Fast 90% der bestellten Räder werden in Standardfarben ausgeliefert, lediglich 10% der Räder erhalten eine Sonderlackierung. Begründet wird dies von den Kunden damit, dass die Aufschläge für Sonderlackierungen deutlich zu hoch, dagegen die Räder mit einer Standardlackierung unschlagbar günstig seien. Die nachfolgenden Daten aus der Lackiererei belegen das Problem.

Kostenarten	Gemeinkosten der Kostenstelle Lackiererei
Hilfsstoffaufwand	11 000,00 €
Betriebsstoffe	2 500,00 €
Hilfslöhne	3 000,00 €
Gehälter	7 500,00 €
Soziale Abgaben	5 000,00 €
Fremdinstandhaltung	6 000,00 €
Büromaterial	1 000,00 €
Betriebssteuern	6 000,00 €
Mieten	10 000,00 €
Kalk. Zinsen	6 000,00 €
Kalk. Abschreibung	35 000,00 €
Summe Gemeinkosten	93 000,00 €
Fertigungslöhne	36 000,00 €
Zuschlagssatz	258,33 %

Ein Lackiervorgang mit dem Vollautomaten dauert lediglich 10 Minuten pro Fahrrad, dagegen werden für einen Lackiervorgang in einer Lackierkabine 80 Minuten pro Fahrrad angesetzt. Sowohl die Bedienung und Überwachung des Lackierautomaten als auch das Lackieren in der Lackierkabine werden von einem Mitarbeiter vorgenommen. Der Lohnkosten werden mit 30,00 € je Stunde veranschlagt. Damit setzt die ProBike GmbH folgende Lackierkosten pro Fahrrad an:

	Standardlackierung (Lackierautomat)	Sonderlackierung (Lackierkabine)
Fertigungslöhne	5,00 €	40,00 €
Fertigungsgemeinkosten	12,92 €	103,33 €
Fertigungskosten	17,92 €	143,33 €

Als Herr Mengert, der Geschäftsführer der ProBike GmbH, die Zahlen prüft, zweifelt er.

Herr Mengert: „Wenn wir bei einer Sonderlackierung über 100,00 € und bei einer Standardlackierung lediglich etwas über 10,00 € an Gemeinkosten verrechnen, geben wir die Produktionsverhältnisse in unserer Kalkulation nicht richtig wieder. Schließlich werden die Gemeinkosten doch hauptsächlich durch den neuen Lackierautomaten und weniger durch die Lackierkabine verursacht. Da muss es doch alternative Verrechnungsmöglichkeiten für die Gemeinkosten geben."

Arbeitsaufträge

1 Geben Sie die Problematik der Ausgangssituation in eigenen Worten wieder.

2 Entwickeln Sie einen Lösungsvorschlag, um eine verursachungsgerechtere Verteilung der Fertigungsgemeinkosten zu erreichen.

3 Die ProBike GmbH entscheidet sich, den Lackierautomaten als Maschinenplatz in der Kostenstellenrechnung zu führen. Sie hat die Kosten der Lackiererei aufgeteilt in variable und fixe maschinenabhängige Fertigungsgemeinkosten sowie Restgemeinkosten.

Kostenarten	Zahlen der KLR	Fertigungshauptstellen		
		Maschinenplatz „Lackiererei"		
		masch.-abhängige FGK		Rest-gemeinkosten
		variabel	fix	
Hilfsstoffaufwand	11 000,00		–	1 000,00
Brenn-/Betriebsst.	2 500,00	1 000,00		1 000,00
Hilfslöhne	3 000,00	–	–	
Gehälter	7 500,00	–		2 500,00
Soziale Abgaben	5 000,00	–	2 000,00	
Fremdinstandhaltg.	6 000,00		3 000,00	2 000,00
Büromaterial	1 000,00	–	–	1 000,00
Betriebssteuern	6 000,00	–		1 000,00
Mieten/Pachten	10 000,00	–	5 000,00	
Kalk. Zinsen	6 000,00	–		1 000,00
Kalk. Abschreibung	35 000,00	–	30 000,00	
Summe Gemeinkosten:	93 000,00			
	Summe masch.-abhängige FGK:			
	Zuschlags-grundlage:	315	Maschinen-stunden	Fertigungs-löhne:	36 000,00 €
	Maschinen-stundensatz:		€/Stunde	RGK-Zuschlagssatz:	

Verteilen Sie die restlichen Kosten und berechnen Sie den Maschinenstundensatz für den Lackierauto-maten sowie den Restgemeinkostenzuschlagssatz.

4 Kalkulieren Sie die Kosten für einen Lackierauftrag bei einem Fertigungsstundenlohn von 30,00 €. Es ist von folgenden Zeitbedarfen auszugehen.

	Standardlackierung (Lackierautomat)		Sonderlackierung (Lackierkabine)	
Maschinenkosten	für 10 Minuten	€	für 0 Minuten	€
Fertigungslohn	für 10 Minuten	€	für 80 Minuten	€
Restgemeinkosten	%	€	%	€
Gesamtkosten	–	€	–	€

5 Beurteilen Sie die Kalkulation der Lackieraufträge mithilfe der Maschinenstundensatzrechnung im Vergleich zur lohnabhängigen Zuschlagskalkulation.

6 Berechnen Sie den Maschinenstundensatz, wenn bei gleicher Kostenstruktur die Beschäftigung des Maschinenplatzes auf
a) 300 Maschinenstunden sinkt,
b) 350 Maschinenstunden steigt.

Maschinenstunden	maschinenabhängige FGK			Maschinenstundensatz
	variabel	fix	Gesamt	
300				
350				

Begründen Sie jeweils die Entwicklung des Maschinenstundensatzes.

Info 1: Maschinenstundensatzrechnung

Notwendigkeit der Maschinenstundensatzrechnung

Moderne Industrieunternehmen zeichnen sich in Zeiten von Industrie 4.0 dadurch aus, dass sie über sehr flexible Produktionsanlagen verfügen, die durch Logistiksysteme miteinander verbunden sind. Der Produktionsprozess steuert sich dabei über entsprechende Informationssysteme weitestgehend selbst. Der Mensch greift bei solchen Produktionssystemen allenfalls korrigierend ein und ist kaum noch mit der direkten Produktion des Produktes beschäftigt. Dies schlägt sich auch in der **Kostenstruktur** der Unternehmen nieder. Vor allem hohe kalkulatorische Abschreibungen und Zinsen führen zu einer Steigerung der Fertigungsgemeinkosten. Gleichzeitig sinken die Fertigungslöhne, da der Produktionsfaktor Arbeit erheblich an Bedeutung verliert. Damit **steigt** der **Fertigungsgemeinkostenzuschlagssatz** deutlich an:

$$\text{Fertigungsgemeinkostenzuschlagssatz (FGKZS)} \uparrow = \frac{\text{Fertigungsgemeinkosten (FGK)} \uparrow}{\text{Fertigungseinzelkosten (FEK)} \downarrow}$$

Zuschlagssätze von mehreren 100 % können die Folge sein und aufgrund dieser Entwicklung stellt sich grundsätzlich die Frage, ob die Fertigungslöhne noch eine geeignete Zuschlagsgrundlage für die Verteilung der Fertigungsgemeinkosten sind. Das folgende Zahlenbeispiel verdeutlicht die Problematik:

Beispiel: Die TSM AG stellt unter anderem Stühle her. Sie arbeitet mit einer weitgehend automatisierten Fertigung und kalkuliert mit einem MGKZS von 20 % und einen FGKZS von 200 %.

Der Stuhl „Manu" wird weitgehend in Handarbeit hergestellt. Er wird in vier Arbeitsstunden unter Einsatz einer Maschinenstunde gefertigt. Der Stuhl „Masch" hingegen wird weitgehend automatisiert hergestellt. Seine Produktion nimmt eine Arbeitsstunde und vier Maschinenstunden in Anspruch. Die Kosten für das Fertigungsmaterial betragen 50,00 €, der Fertigungslohn beträgt 25,00 € je Arbeitsstunde. Damit ergibt sich folgende „traditionelle" Zuschlagskalkulation.

Bezeichnung	GKZS	Stuhl „Manu"	Stuhl „Masch"	Gesamt
MEK		50,00 €	50,00 €	100,00 €
+ MGK	20,00 %	10,00 €	10,00 €	20,00 €
= MK		60,00 €	60,00 €	120,00 €
FEK		4 · 25,00 = 100,00 €	1 · 25,00 = 25,00 €	125,00 €
+ FGK	200,00 %	200,00 €	50,00 €	250,00 €
= FK		300,00 €	75,00 €	375,00 €
MK + FK = HK		360,00 €	135,00 €	495,00 €

Die Herstellkosten des Stuhles „Manu" sind deutlich höher als die des Stuhles „Masch". Dies liegt u. a. daran, dass der weitestgehend lohnintensive Stuhl „Manu" einen Großteil der Fertigungsgemeinkosten trägt, obwohl dessen Fertigung nur eine Maschinenstunde in Anspruch nimmt. Die „traditionelle" Kalkulation führt somit zu einer Fehlkalkulation, da der in der Zuschlagskalkulation unterstellte **Zusammenhang** (Proportionalität) von **Fertigungslöhnen** und **Fertigungsgemeinkosten** (im Wesentlichen Maschinenkosten) **nicht gegeben** ist.

Sinnvoller wäre es dagegen, die Fertigungsgemeinkosten anhand der **Maschinenlaufzeiten** zu verteilen. Sie stellen eine geeignetere Verteilungsgrundlage dar, da der Zusammenhang (Proportionalität) zwischen Fertigungsgemeinkosten und Maschinenlaufzeit stärker ist. Es ergäbe sich folgende Kalkulation[1], wenn pro Maschinenstunde 50,00 € (250,00 € Fertigungsgemeinkosten für fünf Stunden) verrechnet werden.

Bezeichnung	GKZS	Stuhl „Manu"	Stuhl „Masch"	Gesamt
MEK		50,00 €	50,00 €	100,00 €
+ MGK	20,00 %	10,00 €	10,00 €	20,00 €
= MK		60,00 €	60,00 €	120,00 €
FEK		100,00 €	25,00 €	125,00 €
+ FGK	5 Stunden	1 · 50,00 = 50,00 €	4 · 50,00 = 200,00 €	250,00 €
= FK		150,00 €	225,00 €	375,00 €
MK + FK = HK		210,00 €	285,00 €	495,00 €

Die Verteilung der Fertigungsgemeinkosten mit einem **Maschinenstundensatz** bewirkt, dass der Stuhl „Masch" nun der teurere ist, da er mit einem Großteil der Fertigungsgemeinkosten belastet wird. Dies ist gerechtfertigt, da der Stuhl „Masch" vier Maschinenstunden in Anspruch nimmt und dessen Produktion auch einen Großteil der Fertigungsgemeinkosten (Maschinenkosten) verursacht.

Aufteilung der Fertigungsgemeinkosten der Maschinenkostenstelle
Die Einrichtung eines Maschinenplatzes in der Kostenrechnung (Maschinenkostenstelle) erfordert zunächst eine Aufteilung in **maschinenabhängige** und **maschinenunabhängige Kosten**, denn nicht sämtliche Kosten der Maschinenkostenstelle werden (wie im Beispiel zuvor) durch die Maschinen der Kostenstelle verursacht. Die Aufteilung erfolgt nach folgendem Schema:

---

[1] Vereinfachend wird unterstellt, dass sämtliche Gemeinkosten maschinenabhängig sind.

INFOBOX

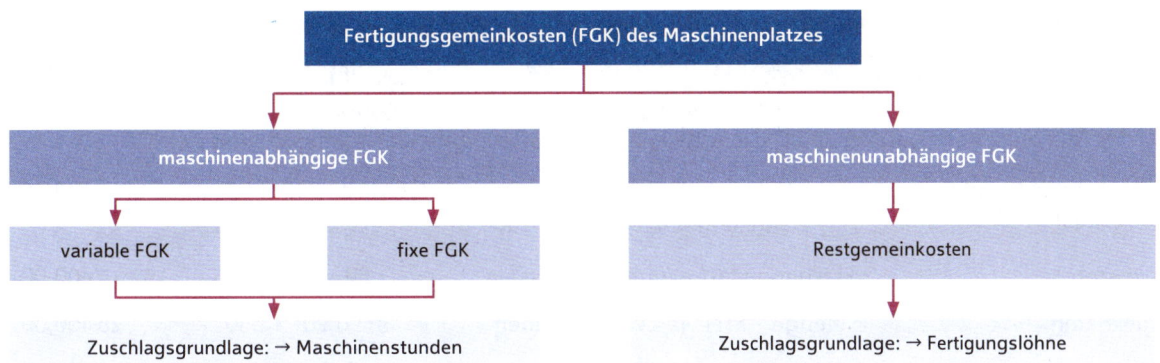

Maschinenabhängige Kosten sind Kosten, die durch den Einsatz von Maschinen verursacht werden, maschinenunabhängige Kosten, auch **Restgemeinkosten** genannt, stehen dementsprechend in keinem Zusammenhang mit dem Einsatz der Maschinen in der Fertigungskostenstelle. Typische maschinenabhängige und maschinenunabhängige Kosten sind:

Maschinenabhängige Fertigungsgemeinkosten	Maschinenunabhängige Fertigungsgemeinkosten
• Verbrauch an Hilfs- und Betriebsstoffen • Kalkulatorische Abschreibung • Kalkulatorische Zinsen • Instandsetzungs- und Wartungskosten • Raumkosten • Energiekosten • Werkzeugkosten	• Gehälter • Hilfslöhne • Heizkosten • Büromaterial • Sonstige Fertigungsgemeinkosten

Die maschinenabhängigen Kosten können weiterhin danach aufgeteilt werden, ob sie sich mit der Maschinenlaufzeit ändern (variable maschinenabhängige Fertigungsgemeinkosten) oder ob sie unabhängig von der Maschinenlaufzeit sind und damit immer in gleicher Höhe anfallen (fixe maschinenabhängige Fertigungsgemeinkosten). Die **Aufteilung in variable und fixe Kosten** ermöglicht es dem Betrieb, Aussagen darüber zu treffen, wie der Maschinenstundensatz auf **Beschäftigungsschwankungen** und damit auf Schwankungen der Maschinenlaufzeit reagiert.

Die **maschinenabhängigen** Gemeinkosten werden später auf Basis der Maschinenlaufzeit über den **Maschinenstundensatz** auf die Kostenträger verrechnet, die maschinenunabhängigen Gemeinkosten (**Restgemeinkosten**) werden wie bisher auf **Basis der Fertigungslöhne** den Kostenträgern zugeschlagen.

Berechnung der maschinenabhängigen Gemeinkosten
An folgendem Beispiel kann die Berechnung der **maschinenabhängigen Gemeinkosten** nachvollzogen werden.

Beispiel: Die TSM AG hat eine neue Fertigungsanlage erworben, die pro Jahr Hilfs- und Betriebsstoffe im Wert von 200 000,00 € verbraucht. Die Anschaffungskosten betrugen 2 000 000,00 €. Zum Ende der zehnjährigen Nutzungsdauer geht die TSM AG von einem Wiederbeschaffungswert von 2 200 000,00 € aus. Die kalkulatorischen Zinsen betragen 5 % und für Instandsetzung und Wartung setzt die TSM AG 2 % der kalkulatorischen Abschreibungen an. Als Raumkosten werden für 50 m² monatlich 8,00 € verrechnet. Während der Maschinenlaufzeit von 1 650 Stunden werden 80 kWh/h zu 0,20 €/kWh verbraucht. Der Wiederbeschaffungswert der Werkzeuge beträgt 2 000,00 €.

Maschinenabhängige Gemeinkostenart	Allgemeine Berechnung	Beispiel	Ergebnis
Verbrauch an Hilfs- und Betriebsstoffen	Verbrauch laut Materialentnahmeschein	202 000,00	202 000,00
Kalkulatorische Abschreibung	$\dfrac{\text{Wiederbeschaffungswert}}{\text{Nutzungsdauer}}$	$\dfrac{2\,200\,000,00}{10}$	220 000,00

Maschinenabhängige Gemeinkostenart	Allgemeine Berechnung	Beispiel	Ergebnis
Kalkulatorische Zinsen	$\dfrac{\text{Anschaffungskosten}}{2} \cdot \dfrac{P}{100}$	$\dfrac{2\,000\,000,00}{2} \cdot \dfrac{5}{100}$	50 000,00
Instandsetzungs- und Wartungskosten	$\dfrac{\text{Wiederbeschaffungswert}}{\text{Nutzungsdauer}} \cdot \dfrac{2}{100}$	$\dfrac{2\,200\,000,00}{10} \cdot \dfrac{2}{100}$	4 400,00
Raumkosten	Flächenbedarf · Verrechnungssatz	50 · 8 · 12	4 800,00
Energiekosten	Menge · Preis je kWh · Stunden	80 · 0,20 · 1 650	26 400,00
Werkzeugkosten	Wiederbeschaffungswert	3 900,00	3 900,00
Maschinenabhängige Fertigungsgemeinkosten			**511 500,00**

Berechnung der Maschinenlaufzeit

Um den Maschinenstundensatz zu berechnen, muss die **Maschinenlaufzeit** ermittelt werden.

Beispiel

Ermittlung der Maschinenlaufzeit für einen Ein-Schicht-Betrieb	
52 Wochen zu je 40 Arbeitsstunden	2 080 Std.
Durchschnittliche krankheitsbedingte Ausfallzeit	52 Std.
11 Feiertage zu je 8 Arbeitsstunden	88 Std.
Durchschnittliche urlaubsbedingte Ausfallzeit	120 Std.
Reinigungs- und Wartungszeit zu je 1 Std. pro Woche	52 Std.
Ausfallzeit durch Störungen (Maschinenschäden, Anlernzeiten usw.)	118 Std.
Maschinenlaufzeit:	**1 650 Std.**

Berechnung des Maschinenstundensatzes und des Restgemeinkostenzuschlagssatzes

Der **Maschinenstundensatz** gibt die Kosten für eine Maschinenstunde an. Er lässt sich wie folgt ermitteln:

$$\text{Maschinenstundensatz} = \frac{\text{maschinenabhängige FGK}}{\text{Maschinenstunden}}$$

Beispiel:

$$\text{Maschinenstundensatz} = \frac{511\,500,00\,\text{€}}{1\,650\,\text{Std.}} = 310,00\,\text{€/Std.}$$

Für jede Maschinenstunde werden damit 310,00 €/Std. angesetzt.

Für die **maschinenunabhängigen Kosten** (**Restgemeinkosten**) wird unterstellt, dass sie weitgehend lohnabhängig sind. Sie werden über den Restfertigungsgemeinkostenzuschlagssatz auf die Kostenträger verrechnet.

$$\text{Restfertigungsgemeinkostenzuschlagssatz} = \frac{\text{Restfertigungsgemeinkosten}}{\text{Fertigungslöhne}} \cdot 100$$

Beispiel: Bei der TSM AG betragen die Restfertigungsgemeinkosten 30 000,00 € und die Fertigungslöhne 150 000,00 €.

$$\text{Restfertigungsgemeinkostenzuschlagssatz} = \frac{30\,000,00\,\text{€}}{150\,000,00\,\text{€}} \cdot 100 = 20\,\%$$

An maschinenunabhängigen Kosten werden 20 % der Fertigungslöhne auf die Kostenträger verrechnet.

Ermittlung der gesamten Fertigungskosten des Maschinenplatzes für die Kalkulation

Die gesamten Fertigungskosten eines Maschinenplatzes setzen sich aus den maschinenabhängigen Fertigungsgemeinkosten, den maschinenunabhängigen Fertigungsgemeinkosten (Restfertigungsgemeinkosten) sowie den Fertigungslöhnen der Fertigungsstelle zusammen:

Maschinenabhängige FGK
+ Fertigungslöhne
+ Restgemeinkosten (%-Satz auf die Fertigungslöhne)
= Fertigungskosten des Maschinenplatzes

Beispiel: Die TSM AG beziffert den Zeitbedarf für einen Auftrag auf eine Maschinenstunde und zwei Arbeitsstunden zu 40,00 €. Es ergibt sich folgende Kalkulation für den Maschinenarbeitsplatz:

Maschinenabhängige FGK	1 Std. · 310,00 €/Std.	= 310,00 €
+ Fertigungslöhne	2 Std. · 40,00 €/Std.	= 80,00 €
+ Restgemeinkosten	20/100 · 80,00 €	= 16,00 €
= Fertigungskosten des Maschinenplatzes		= 406,00 €

Abhängigkeit des Maschinenstundensatzes von der Beschäftigung (Maschinenlaufzeit)

Um festzustellen, wie der Maschinenstundensatz auf **Beschäftigungsänderungen** und damit auf Änderungen der Maschinenlaufzeit reagiert, müssen die maschinenabhängigen Kosten in ihre fixen und variablen Bestandteile aufgespalten werden. Der Maschinenstundensatz wird dann wie folgt ermittelt:

$$\text{Maschinenstundensatz} = \frac{\text{fixe maschinenabhängige FGK} + \text{variable maschinenabhängige FGK}}{\text{Maschinenstunden}}$$

Weicht die im Vorfeld kalkulierte Maschinenlaufzeit von der tatsächlichen im Nachhinein ermittelten Ist-Laufzeit ab, weicht auch der kalkulierte Maschinenstundesatz vom tatsächlich ermittelten Ist-Maschinenstundensatz ab, weil sich die fixen maschinenabhängigen Fertigungsgemeinkosten auf eine unterschiedliche Maschinenlaufzeit verteilen. Es sind zwei Fälle denkbar:

Unterbeschäftigung (kalkulierte Maschinenlaufzeit > tatsächliche Maschinenlaufzeit)

Verringert sich die tatsächliche Maschinenlaufzeit aufgrund einer schlechteren Auftragslage, so **steigt** auch der **Maschinenstundensatz,** da sich die fixen maschinenabhängigen Fertigungsgemeinkosten auf weniger Maschinenstunden verteilen. Die gesamten variablen maschinenabhängigen Fertigungsgemeinkosten nehmen definitionsgemäß mit der Maschinenlaufzeit ab, deshalb bleiben die **variablen maschinenabhängigen Fertigungsgemeinkosten je Maschinenstunde konstant.**

Überbeschäftigung (kalkulierte Maschinenlaufzeit < tatsächliche Maschinenlaufzeit)

Erhöht sich die tatsächliche Maschinenlaufzeit aufgrund einer besseren Auftragslage, so **sinkt** der **Maschinenstundensatz,** da sich die fixen maschinenabhängigen Fertigungsgemeinkosten auf mehr Maschinenstunden (Sonn- u. Feiertagsarbeit, Sonderschichten ...) verteilen. Die gesamten variablen maschinenabhängigen Fertigungsgemeinkosten nehmen definitionsgemäß mit der Maschinenlaufzeit zu, deshalb bleiben die **variablen maschinenabhängigen Fertigungsgemeinkosten je Maschinenstunde konstant.**

Beispiel: Die tatsächliche Beschäftigung des Maschinenplatzes betrug 1 500 Stunden (Unterbeschäftigung) bzw. 1 800 Stunden (Überbeschäftigung). Es wird unterstellt, dass 50 % der maschinenabhängigen Gemeinkosten fix sind.

Laufzeit in Std.	Fixe maschinenabhängige FGK in €	Variable maschinenabhängige FGK in €	Gesamte maschinenabhängige FGK in €	Maschinenstundensatz in €/Std.
1650	255 750,00	255 750,00	511 500,00	310,00
1	255 750,00	155,00	255 905,00	255 905,00
1500	255 750,00	232 500,00	488 250,00	325,50
1800	255 750,00	279 000,00	534 750,00	297,08

Vertiefende Übungen

1 Die Beckwermert + Berger Metallbau GmbH weist die Fräserei als Maschinenplatz in der Kostenstellenrechnung aus. Es liegen folgende Kosten vor:

Kostenarten	Zahlen der KLR	Fertigungshauptstellen		
		Maschinenplatz „Fräserei"		
		masch.-abhängige FGK		Restgemeinkosten
		variabel	fix	
Hilfsstoffaufwand	24 000,00		–	2 000,00
Brenn-/Betriebsstoffe	5 500,00	4 000,00	500,00	
Hilfslöhne	4 000,00	–	–	
Gehälter	16 000,00	–	10 000,00	
Soziale Abgaben	8 000,00	–		4 000,00
Fremdinstandhaltung	11 000,00		6 000,00	1 000,00
Büromaterial	1 000,00	–	–	
Betriebssteuern	6 000,00	–		1 000,00
Miete/Pacht	12 000,00	–	9 000,00	
Kalk. Zinsen	12 000,00	–		2 000,00
Kalk. Abschreibung		–	40 000,00	8 000,00
Summe Gemeinkosten	147 500,00			
	Summe masch.-abhängige FGK:			
	Zuschlagsgrundlage:	160	Maschinenstunden	Fertigungslöhne 60 000,00
	Maschinenstundensatz:		€/Stunde	RGK-Satz

a) Verteilen Sie die restlichen Kosten und berechnen Sie den Maschinenstundensatz für die Fräserei sowie den Restgemeinkostenzuschlagssatz.

b) Kalkulieren Sie die Kosten der Fräserei für einen Auftrag. Es ist von folgenden Vorgaben auszugehen:

Maschinenlaufzeit: 50 Min.

Fertigungslöhne: 100 Min. zu 36,00 €/Std.

Restgemeinkostenzuschlagssatz: siehe a)

c) Berechnen Sie den Maschinenstundensatz, wenn bei gleicher Kostenstruktur die Beschäftigung des Maschinenplatzes auf
   ca) 145 Maschinenstunden sinkt,
   cb) 175 Maschinenstunden steigt.

2 Bei der TSM AG, einem Hersteller von Systemmöbeln, werden zwei Maschinenplätze neu organisiert.

a) Berechnen Sie die jährliche Maschinenlaufzeit, die für beide Plätze identisch ist, mithilfe der folgenden Angaben:
   - Es werden 52 Wochen pro Jahr im Zweischichtbetrieb gearbeitet.
   - Bei einer 5-Tage-Woche (Mo.–Fr.) arbeitet jeder Arbeiter 8 Stunden täglich.
   - Wegen Krankheit fallen durchschnittlich 26 Stunden pro Schicht im Jahr aus.
   - Im Kalenderjahr gibt es 11 Feiertage.
   - Die durchschnittliche jährliche urlaubsbedingte Ausfallzeit beträgt 120 Stunden pro Schicht.
   - Für Reinigung und Wartung werden je Schicht 0,5 Stunden pro Woche angesetzt.
   - In beiden Schichten zusammen fallen jährlich insgesamt 52 Stunden durch Störungen aus.

b) Ermitteln sie anhand der folgenden Angaben die jährlichen maschinenabhängigen Kosten.

	Maschinenplatz I	Maschinenplatz II
Anschaffungskosten in €	750 000,00	720 000,00
Wiederbeschaffungskosten in €	780 000,00	760 000,00
Nutzungsdauer in Jahren	10	10
Kalkulatorischer Zinssatz in %	5	5
Instandsetzung und Wartungskosten pro Jahr in €	2 160,00	2 160,00
Flächenbedarf in m²	80	100
Verrechnungssatz je m² pro Monat in €	20	20
Energiebedarf je Maschinenstunde in kW	12	17
Preis je kWh in €	0,20	0,20
Werkzeugkosten je Monat in €	500,00	1 500,00
Betriebsstoffkosten je Monat in €	60,00	70,00

c) Berechnen Sie den Maschinenstundensatz.

3 Der Markisenhersteller SunProtect aus Leipzig nutzt für die Fertigung der Markisenarme eine Multifunktionsanlage, die in einem Fertigungsschritt die Funktionen „Schweißen", „Bohren" und „Schrauben" übernimmt. Die jährliche Normallaufzeit der Anlage beträgt 3 500 Stunden. Es ergeben sich die folgenden Kosten.

Gemeinkosten	Gesamtkosten in €	Zusammensetzung	
		fix	variabel
Kalkulatorische Abschreibung	98 000,00	100 %	–
Kalkulatorische Zinsen	21 750,00	100 %	–
Instandsetzungs- und Wartungskosten	4 670,00	60 %	40 %

| Gemeinkosten | Gesamtkosten in € | Zusammensetzung | |
		fix	variabel
Raumkosten	19 250,00	100 %	–
Energiekosten	8 200,00	20 %	80 %
Werkzeugkosten	4 150,00	10 %	90 %
Betriebsstoffkosten	830,00	–	100 %

a) Berechnen Sie den Maschinenstundensatz bei Normallaufzeit (3 500 Stunden), bei Überbeschäftigung (3 650 Stunden) und bei Unterbeschäftigung (3 300 Stunden). Berücksichtigen Sie die Kostenspaltung in fixe und variable Kosten

b) Errechnen Sie bei Normal- sowie bei Über- und Unterbeschäftigung die Maschinenkosten für die Armfertigung einer Markise. Eine Markise besteht aus zwei Armen, die Fertigung eines Arms dauert fünf Minuten.

4 Der BAB der Metallbau AG weist für die Fertigungshauptkostenstelle „Dreherei" die folgenden Zahlen aus.

| Maschinenplatz „Dreherei" | | | |
| Summe | masch.-abhängige FGK | | Restgemeinkosten |
	variabel	fix	
122 000,00	36 000,00	74 000,00	12 000,00
Fertigungslöhne (in €):	18 600,00		
Maschinenlaufzeit (in Stunden):	320,00		

a) Berechnen Sie den Maschinenstundensatz und den Restgemeinkostenzuschlagssatz.

b) Kalkulieren Sie die Kosten der Dreherei für einen Auftrag. Es werden folgende Zeitbedarfe veranschlagt:

Maschinenstunden   3 Stunden

Lohnkosten   3 Stunden zu je 32,00 €

c) Nach der Durchführung des Auftrages ergeben sich im Rahmen der Nachkalkulation die folgenden Daten:

• Die Kapazitätsauslastung in der Dreherei ist um 10 % (gegenüber der Normalbeschäftigung) gestiegen.

• Für die Fertigstellung des Auftrages wurden insgesamt je 165 Minuten an Maschinenlaufzeit und Fertigungszeit benötigt.

• Der für die Nachkalkulation zugrunde zu legende Restfertigungsgemeinkostenzuschlagssatz beträgt 62 %.

Berechnen Sie die tatsächlichen Kosten (Ist-Kosten) des Auftrages unter den geänderten Rahmenbedingungen.

5 Bei der Schuppert Metallerzeugnisse OHG sind in der Fertigung drei Maschinenplätze eingerichtet.

| Maschinenplatz | Normalbeschäftigung | masch.-abhängige FGK | |
		Variabel	Fix
I	160	16 000,00	64 000,00
II	312	32 000,00	95 000,00
III	162	24 000,00	107 000,00

Berechnen Sie mithilfe der nachfolgenden Tabelle für jeden Maschinenplatz den
a) variablen Maschinenstundensatz,
b) fixen Maschinenstundensatz,
c) Gesamtmaschinenstundensatz
bei
• Normalbeschäftigung (100 %),
• Überbeschäftigung (120 %),
• Unterbeschäftigung (80 %).

Maschinenplatz I				
Beschäftigung	Prozentsatz	variabler Maschinen-stundensatz (€/Std.)	fixer Maschinen-stundensatz (€/Std.)	Maschinen-stundensatz (€/Std.)
Normalbeschäftigung				
Überbeschäftigung				
Unterbeschäftigung				

Maschinenplatz II				
Beschäftigung	Prozentsatz	variabler Maschinen-stundensatz (€/Std.)	fixer Maschinen-stundensatz (€/Std.)	Maschinen-stundensatz (€/Std.)
Normalbeschäftigung				
Überbeschäftigung				
Unterbeschäftigung				

Maschinenplatz III				
Beschäftigung	Prozentsatz	variabler Maschinen-stundensatz (€/Std.)	fixer Maschinen-stundensatz (€/Std.)	Maschinen-stundensatz (€/Std.)
Normalbeschäftigung				
Überbeschäftigung				
Unterbeschäftigung				

6 Bei der TSM AG betragen die Fertigungskosten eines Maschinenplatzes 5 680,00 € für einen Auftrag. In den Fertigungskosten sind Fertigungslöhne in Höhe von 2 800,00 enthalten. Der Restfertigungsgemeinkostenzuschlagssatz beträgt 60 %. Ermitteln Sie die Maschinenlaufzeit, wenn der Maschinenstundensatz 400,00 € beträgt.

.7 Bei der Sommerfeld Bürosysteme GmbH liegt folgender BAB für den Monat Oktober vor.

Gemeinkos-tenarten	Gemein-kosten	Kostenstellen						
		Material	Fertigung			Verwal-tung	Vertrieb
			F I Spezialmaschine		F II Restferti-gung		
			Masch.-abhängige GK	RGK			
Summe	885 000,00	200 000,00	160 000,00	50 000,00	135 000,00	180 000,00	160 000,00
Zuschlags-sätze	in %		–				
Maschinen-stundensatz	in €/Std.	–		–	–	–	–

Es gelten die folgenden Zuschlagsgrundlagen:
- Fertigungsmaterial   1 000 000,00 €
- Maschinenstunde F I   320 Stunden
- Fertigungslöhne F I   200 000,00 €
- Fertigungslöhne FII   180 000,00 €

a) Ermitteln Sie die Zuschlagssätze in den einzelnen Kostenstellen sowie den Maschinenstundensatz für die Kostenstelle F I. Es liegt ein Minderbestand an fertigen bzw. unfertigen Erzeugnissen in Höhe von 75 000,00 € vor.

b) Kalkulieren Sie auf Ist-Kostenbasis den Listenverkaufspreis für einen Schrank unter Berücksichtigung der folgenden Angaben:

Kosten für Fertigungsmaterial	185,00 € je Stück
Maschinenstunden Spezialmaschine I	0,75 Stunden je Stück
Lohnkosten Spezialmaschine I	95,00 € je Stück
Lohnkosten Restfertigung II	140,00 € je Stück
Gewinnzuschlag	20 %
Skontosatz	2 %
Kundenrabatt	10 %

Fertigungsmaterial		
Materialgemeinkosten		
Materialkosten		
Maschinenkosten I		
Fertigungslöhne I		
Restgemeinkosten I		
Fertigungskosten I		
Fertigungslöhne II		
Fertigungsgemeinkosten II		
Fertigungskosten II		
Herstellkosten		
Verwaltungsgemeinkosten		
Vertriebsgemeinkosten		

Selbstkosten		
Gewinn		
Barverkaufspreis		
Skonto		
Zielverkaufspreis		
Rabatt		
Listenverkaufspreis		

ZUSAMMENFASSUNG

Notwendigkeit der Maschinenstundensatzrechnung
Die zunehmende Automation in der Produktion führt zu steigenden _____ . Fertigungsgemeinkosten _____ von mehreren 100 % sind die Folge. Die „traditionelle" Kalkulation führt somit zu fehlerhaften Ergebnissen, da der in der Zuschlagskalkulation unterstellte _____ von Fertigungslöhnen und _____ nicht gegeben ist. Es ist häufig sinnvoller, die Fertigungsgemeinkosten anhand der _____ _____ zu verteilen.

Aufteilung der Fertigungsgemeinkosten (FGK) des Maschinenplatzes		
_____ FGK		maschinenunabhängige FGK
_____ FGK	fixe FGK	_____
Zuschlagsgrundlage: → _____		Zuschlagsgrundlage: → _____

Berechnung des Maschinenstundensatzes und des Restgemeinkostenzuschlagssatzes
Maschinenstundensatz = _____
Restfertigungsgemeinkostenzuschlagssatz = _____ · 100

Ermittlung der gesamten Fertigungskosten des Maschinenplatzes für die Kalkulation

_____

+ Fertigungslöhne

+ _____ (%-Satz auf die Fertigungslöhne)

= Fertigungskosten des Maschinenplatzes

Abhängigkeit des Maschinenstundensatzes von der Beschäftigung (Maschinenlaufzeit)

Unterbeschäftigung	Überbeschäftigung
• kalkulierte Maschinenlaufzeit _____ tatsächliche Maschinenlaufzeit	• kalkulierte Maschinenlaufzeit _____ tatsächliche Maschinenlaufzeit
• Maschinenstundensatz _____	• Maschinenstundensatz _____

SELBSTEINSCHÄTZUNG

	Ja 😊	Mit Hilfe 😐	Nein ☹
Ich kann die Notwendigkeit einer Maschinenstundensatzrechnung begründen.			
Ich kann Beispiele für maschinenabhängige und maschinenunabhängige Fertigungsgemeinkosten nennen.			
Ich kann die maschinenabhängigen Fertigungsgemeinkosten ermitteln.			
Ich kann die maschinenabhängigen Fertigungsgemeinkosten den Vorgaben entsprechend in fixe und variable Kosten aufteilen.			
Ich kann die Maschinenlaufzeit ermitteln.			
Ich kann den Maschinenstundensatz berechnen.			
Ich kann den Restfertigungsgemeinkostenzuschlagssatz berechnen.			
Ich kann die Fertigungskosten des Maschinenplatzes kalkulieren.			
Ich kann die Auswirkungen von Beschäftigungsänderungen auf den Maschinenstundensatz berechnen und erläutern.			

Außerdem habe ich gelernt:

_____

_____

_____

HINWEIS Zur Wiederholung und Vertiefung:
Seite 123, Trainingsmodul 1 und Seite 205, Aufgabe 8

Aufgabe 1: Gesamtzusammenhang zwischen Kostenarten-, Kostenstellen- und Kostenträgerrechnung

1.1 Kostenartenrechnung

Die Finanzbuchhaltung der Schreinerei Vellguth GmbH hat für das abgelaufene Geschäftsjahr folgende Gewinn- und Verlustrechnung erstellt:

SOLL	8020 GuV		HABEN
6000 Aufw. für Rohstoffe	445 000,00	5000 Umsatzerlöse	625 000,00
6050 Energieaufwand	107 000,00	5200 Bestandsmehrungen	218 000,00
6200 Löhne	214 000,00	5400 Mieterträge	221 000,00
6300 Gehälter	118 000,00	5410 Sonstige Erlöse	99 500,00
6520 AfA	126 500,00	5710 Zinsen u. ähnliche Erträge	123 000,00
7000 Unternehmenssteuern	26 000,00		
7510 Zinsaufwendungen	38 000,00		
3000 EK	212 000,00		
	1 286 500,00		1 286 500,00

Zu der GuV liegen weiterhin folgende Informationen vor:

- **5400**: Sämtliche Mieterträge sind Erträge aus der Vermietung von Wohnungen an Werksangehörige und ihre Familienmitglieder.
- **5410**: Die Erträge stammen aus dem Verkauf bereits vollständig abgeschriebener Fertigungsanlagen.
- **5710**: Die Erträge stammen aus Wertpapiergeschäften.
- **6000**: Insgesamt sind Rohstoffe im Wert von 12 800,00 € durch unsachgemäße Lagerung verdorben.
- **6200**: Es wurden Löhne in Höhe von 17 000,00 € für Arbeitsleistungen an vermieteten Wohngebäuden bezahlt.
- **6300**: Von den Gehältern entfielen 26 500,00 € auf die Verwaltung vermieteter Wohngebäude.
- **6520**: 28 000,00 € entfallen auf die vermieteten Wohngebäude.
- **7000**: 11 000,00 € mussten an Grundsteuer für vermietete Wohngebäude entrichtet werden.
- Weiterhin sind folgende kalkulatorische Kosten anzusetzen:
  kalkulatorische Abschreibungen   105 000,00 €
  kalkulatorische Zinsen   41 000,00 €

Führen Sie für die Schreinerei Vellguth GmbH die Abgrenzungsrechnung durch und stimmen Sie die Ergebnisse miteinander ab. Nutzen Sie hierzu die unter BuchPlusWeb eingestellte Ergebnistabelle.

1.2 Kostenstellenrechnung

Auf Basis der im Aufgabenteil a) durchgeführten Abgrenzungsrechnung sollen nunmehr einzelne Betriebsbereiche im Rahmen der Kostenstellenrechnung näher analysiert werden. Dazu liegen folgende Angaben zur Verteilung der Gemeinkosten auf die einzelnen Kostenstellen vor:

Gemeinkostenarten	Kostenstellen			
	Material	Fertigung	Verwaltung	Vertrieb
6050 Energieaufwand	Verbrauch: 975 000 kWh	Verbrauch: 3 635 000 kWh	Verbrauch: 350 000 kWh	Verbrauch: 390 000 kWh
6300 Gehälter	11 000,00 € lt. Gehaltsliste	28 500,00 € lt. Gehaltsliste	29 000,00 € lt. Gehaltsliste	23 000,00 € lt. Gehaltsliste
7000 Betriebliche Steuern	Verteilung auf die Kostenstellen im Verhältnis			
	2 :	11 :	4 :	3
Kalkulatorische Abschreibungen	Verteilung auf die Kostenstellen im Verhältnis			
	8 :	30 :	2 :	2
Kalkulatorische Zinsen (Zinssatz: 8 % p. a.)	Betriebs-notwendiges Vermögen: 100 000,00 €	Betriebs-notwendiges Vermögen: 310 000,00 €	Betriebs-notwendiges Vermögen: 32 500,00 €	Betriebs-notwendiges Vermögen: 70 000,00 €

a) Ermitteln Sie die auf die einzelnen Kostenstellen zu verteilenden Gemeinkosten gemäß der oben angeführten Angaben.

b) Nehmen Sie die Verteilung der Gemeinkosten auf die einzelnen Kostenstellen vor. Nutzen Sie hierzu den unter BuchPlusWeb eingestellten BAB.

c) Ermitteln Sie die für die Kostenträgerstückrechnung erforderlichen Gemeinkostenzuschlagssätze.

1.3 Kostenträgerstückrechnung

Führen Sie unter Verwendung der im Aufgabenteil b) berechneten Gemeinkostenzuschlagssätze die Kosten- und Preiskalkulationen für einzelne Produkte durch.

a) Für die Produktion eines Bürostuhls vom Typ „Standard" wird Fertigungsmaterial zum Preis von 19,00 € netto benötigt. In der Kostenstelle *Fertigung* verursacht die Produktion eines Bürostuhls vom Typ „Standard" Lohnkosten in Höhe von 17,00 €. Ebenfalls berücksichtigt werden müssten Sondereinzelkosten der Fertigung in Höhe von 2,80 € je Stück. Ermitteln Sie

- die Materialkosten,
- die Fertigungskosten,
- die Herstellkosten
- und die Selbstkosten.

b) Ermitteln Sie die Selbstkosten für den Schreibtisch „Standard", wenn für diesen Fertigungsmaterial im Wert von 65,00 € benötigt würde und Lohnkosten in Höhe von 45,00 € anfielen.

Aufgabe 2: Normal-/Ist-Kostenrechnung

Aus dem Controlling der Schmöller KG liegt für den Monat Mai das abgebildete Kostenträgerblatt vor. Berechnen Sie

a) die Ist-Gemeinkostensätze,

b) die Normalgemeinkosten,

c) die Kostenabweichungen,

d) das Betriebsergebnis,

e) die Wirtschaftlichkeit und

f) das Umsatzergebnis.

Kostenträgerzeitblatt auf IST-Kostenbasis			Kostenträgerzeitblatt auf NORMAL-Kostenbasis		Kosten- abweichungen
Bezeichnung	Ist-Kosten	Ist-GKZS	Normal-GKZS	Normalkosten	
MEK	54 000,00 €			54 000,00 €	
+ MGK	2 800,00 €		4,00 %		
= MK					
FEK	89 000,00 €			89 000,00 €	
+ FGK	125 000,00 €		150,00 %		
= FK					
HKRP					
Bestandsminderungen	5 000,00 €			5 000,00 €	
HKU					
+ VwGK	8 400,00 €		5,00 %		
+ VtGK	12 500,00 €		4,00 %		
SKU					

Umsatzerlöse	350 000,00 €
Betriebsergebnis	
Wirtschaftlichkeit	

Umsatzerlöse	
Umsatzergebnis	

Aufgabe 3: Maschinenstundensatzrechnung

Der Betriebsabrechnungsbogen der Emsdettener Textilwerke GmbH weist folgende Gemeinkosten aus:

I. Material	II. Fertigung				III. Verwaltung	IV. Vertrieb
	Maschine A	Maschine B	Maschine C	Rest FGK		
425 000,00	158 400,00	217 000,00	362 100,00	198 000,00	1 425 000,00	161 500,00

Die Laufzeit der einzelnen Maschinen betrug: A: 1 650 Std., B: 1 750 Std., C: 1 700 Std.
Angefallene Einzelkosten: 340 000,00 € Fertigungsmaterial und 180 000,00 € Fertigungslöhne.

3.1 Erstellen Sie das Kostenträgerzeitblatt und ermitteln Sie die Maschinenstundensätze sowie die Gemeinkostenzuschlagssätze. Berücksichtigen Sie, dass Bestandsminderungen in Höhe von 19 500,00 € angefallen sind.

3.2 Ermitteln Sie den Selbstkostenpreis eines Produktes, dessen Herstellung auf Maschine A 8 Minuten, auf Maschine B 12 Minuten und auf Maschine C 15 Minuten in Anspruch nimmt. Fertigungsmaterial 14,00 €, Fertigungslohn 16,50 € je Stück.

Ausgangssituation: Nur ein Produkt? Einfach kalkulieren!

Schon seit vielen Jahren bestellt die WFW AG für ihre Betriebsfeste das Bier bei der Münsteraner Brauerei Biskup OHG. Rainer Flender ist mit dem Inhaber der kleinen Brauerei gut befreundet. Diese hat eine Marktnische gefunden und sich auf die Herstellung eines extra herben Pilsener spezialisiert, das sich über die Stadtgrenzen hinaus großer Beliebtheit erfreut. „Für eine kleine Brauerei wie unsere ist es sinnvoll, sich auf die Herstellung von nur einer Biersorte zu konzentrieren. Dafür sind wir berühmt, das ist unsere Nische. Vor ein paar Jahren hatten wir noch vier

Sorten im Produktionsprogramm, aber erfolgreich sind wir erst, seit wir uns auf unser *MünsterSpezial* konzentrieren", erläutert Walter Biskup im Rahmen einer privaten Betriebsbesichtigung und zeigt seinem Freund Rainer Flender die Zahlen des vergangenen Monats:

Produktionsmenge	700 Hektoliter (1 Hektoliter = 100 Liter)
Verkaufte Menge	680 Hektoliter
Materialkosten (Hopfe, Gerste, Malz, Wasser)	34 800,00 €
Lohnkosten in der Produktion	21 700,00 €
Abschreibungen auf Produktionsanlagen	4 500,00 €
Sonstige Herstellkosten	2 700,00 €
Gehälter der Verwaltungs- und Vertriebsmitarbeiter	12 500,00 €
Sonstige Verwaltungs- und Vertriebskosten	2 200,00 €

Als Rainer Flender die Zahlen sichtet, meint er: „Bei euch ist alles viel einfacher als bei uns, die Kosten für einen Liter kann man ja ganz schnell ermitteln."

Arbeitsaufträge

1 Erläutern Sie, warum die Kalkulation des Verkaufspreises für einen Liter Bier bei der Biskup OHG relativ einfach möglich ist.

2 Erläutern Sie, warum die Brauerei Biskup OHG nicht auf die Unterscheidung von Herstellkosten und Verwaltungs- und Vertriebskosten verzichten kann.

3 Berechnen Sie
   a) die Herstellkosten,
   b) die Verwaltungs- und Vertriebskosten und
   c) die Selbstkosten
   je Liter *MünsterSpezial*.

a) Herstellkosten

b) Verwaltungs- und Vertriebskosten

c) Selbstkosten

4 Ermitteln Sie den Listenverkaufspreis für einen Hektoliter *MünsterSpezial*, wenn die Brauerei Biskup OHG mit einem Gewinnzuschlag von 40 %, Skonto in Höhe von 3 % sowie einem Geschäftskundenrabatt von 25 % kalkuliert.

Info 1: Einstufige Divisionskalkulation

In **Betrieben, die nur ein Erzeugnis** herstellen, werden die Kostenstellen nicht durch verschiedene Produkte unterschiedlich stark belastet. Eine Aufteilung der Kosten in Einzel- und Gemeinkosten und die aufwendige Verteilung der Gemeinkosten auf die einzelnen Kostenstellen sind somit nicht notwendig, weil sich die Selbstkosten je Produkt durch Division der Gesamtkosten durch die Anzahl der hergestellten Produkte ergeben:

$$\text{Selbstkosten je Stück} = \frac{\text{Gesamtkosten}}{\text{Menge des Produktes}}$$

Beispiel: In einem Gaswerk wurden im letzten Monat 1 250 000 m³ Erdgas produziert, die Gesamtkosten beliefen sich auf 562 500,00 €.

$$\text{Selbstkosten je m}^3 = \frac{562\,500,00\ €}{1\,250\,000\ \text{m}^3} = 0,45\ €/\text{m}^3$$

Info 2: Zweistufige Divisionskalkulation

Werden nicht alle Erzeugnisse der Abrechnungsperiode verkauft, so ist eine Aufteilung der Gesamtkosten in Herstellkosten und nicht mit der Herstellung zusammenhängenden Verwaltungs- und Vertriebskosten notwendig. Während die Herstellkosten dann auf die produzierte Menge verteilt werden, werden die Verwaltungs- und Vertriebskosten nur auf die verkaufte Menge umgelegt.

$$\text{Selbstkosten je Stück} = \frac{\text{Herstellkosten}}{\text{Produktionsmenge}} + \frac{\text{Verwaltungs- und Vertriebskosten}}{\text{Absatzmenge}}$$

Beispiel: In einem Wasserwerk wurden im letzten Monat 500 000 m³ (1 m³ = 1 000 Liter) Trinkwasser gewonnen, von denen 450 000 m³ unmittelbar verkauft, während 50 000 m³ in einem Wassertank eingelagert wurden. Die Herstellkosten betrugen 870 000,00 €, die Vertriebskosten 9 000,00 €.

$$\text{Herstellkosten} = \frac{870\,000,00\ €}{500\,000\ m^3} = 1,74\ €/m^3$$

$$\text{Verw.- u. Vertriebskosten} = \frac{9\,000,00\ €}{450\,000\ m^3} = 0,02\ €/m^3$$

$\left.\vphantom{\begin{array}{c}a\\b\end{array}}\right\}$ Selbstkosten je m³ = 1,76 €/m³

Vertiefende Übungen

1　Im Monat Mai produzierte und verkaufte die SiloLack GmbH 240 000 kg Lack. Dabei entstanden folgende Einzelkosten: Fertigungsmaterial in Höhe von 300 000,00 € sowie Fertigungslöhne in Höhe von 200 000,00 €.

Die Gemeinkosten verteilten sich laut BAB auf folgende Bereiche:

I. Material　　　230 000,00 €　　　II. Fertigung　　　380 000,00 €

III. Verwaltung　320 000,00 €　　　IV. Vertrieb　　　130 000,00 €

Ermitteln Sie

a) die Selbstkosten insgesamt und je kg,

b) den Gewinn insgesamt und je kg (bei einem Absatz der Gesamtproduktion zu 8,45 € je kg Nettoverkaufspreis),

c) den Gewinnzuschlagssatz.

2　Der BayernBräu GmbH entstanden bei der Produktion von 1 500 Hektolitern (hl) ihrer einzigen Biersorte im Monat Juni folgende Kosten:

Kostenarten	gesamt	Herstellung	Verwaltung/Vertrieb
Löhne	42 000,00	35 000,00	7 000,00
Gehälter	8 000,00	4 000,00	4 000,00
Hopfen, Malz (FM)	19 000,00	19 000,00	–
Sonstige Stoffe (GKM)	6 000,00	6 000,00	–
Abschreibungen	4 000,00	3 000,00	1 000,00
Sonstige Kosten	21 000,00	8 000,00	13 000,00
Gesamtkosten	100 000,00	75 000,00	25 000,00

a) Die BayernBräu GmbH lagert im Juni 700 Hektoliter ihres Biers aufgrund von Vorbestellungen für diverse große Sommer- und Dorffeste im Juli ein. Berechnen Sie

　aa)　die Herstellkosten je Hektoliter,

　ab)　die Verwaltungs- und Vertriebskosten je Hektoliter,

　ac)　die Selbstkosten je Hektoliter.

b) Ermitteln Sie den Listenverkaufspreis je Hektoliter, wenn die BayernBräu GmbH mit einem Gewinnzuschlag von 50 %, Skonto in Höhe von 2 % und einem Rabatt von 10 % kalkuliert.

c) Im Juli produziert die BayernBräu GmbH bei identischen Kosten erneut 1 500 Hektoliter, verkauft aber zusätzlich die 700 eingelagerten Hektoliter, insgesamt also 2 200 Hektoliter. Berechnen Sie ca) die Herstellkosten je Hektoliter,

cb) die Verwaltungs- und Vertriebskosten je Hektoliter,

cc) die Selbstkosten je Hektoliter.

d) Ermitteln Sie den Gewinn je Hektoliter in Euro und in Prozent im Juli, wenn die gesamte Menge zum in b) berechneten Barverkaufspreis verkauft wird.

Ergänzende Übungen

1 Ein Zementwerk stellt nur eine Sorte Zement her. Ermitteln Sie unter Berücksichtigung der Bestandsveränderungen anhand der nachfolgenden Angaben für jeden Monat je Sack

a) die Herstellkosten der Fertigung,

b) die Herstellkosten des Umsatzes,

c) die Selbstkosten des Umsatzes.

	April	Mai	Juni
Produktion in Sack zu je 50 kg	8 000	10 000	10 000
Materialkosten in €	19 200,00	24 000,00	26 000,00
Fertigungskosten in €	12 000,00	15 000,00	15 000,00
Verwaltungs- und Vertriebsgemeinkosten in €	12 800,00	16 000,00	16 000,00
Bestand am Monatsanfang in Sack	0	1 000	1 500
Bestand am Monatsende in Sack	1 000	1 500	200

	April	Mai	Juni
Materialkosten			
Fertigungskosten			
Herstellkosten der Fertigung			
+ Anfangsbestand			
– Endbestand			
= Herstellkosten des Umsatzes			
+ Verwaltungs- und Vertriebsgemeinkosten			
= Selbstkosten des Umsatzes			
Herstellkosten			
a) der Fertigung je Sack			
b) des Umsatzes je Sack			
Selbstkosten des Umsatzes je Sack			
Absatz			
Anfangsbestand			
+ Produktion			
= möglicher Absatz			
– Endbestand			
= tatsächlicher Absatz			

2 Ein Industriebetrieb stellte im abgelaufenen Rechnungsjahr 65 000 Stück Plastikwäschekörbe her. Der Verkaufspreis je Korb betrug 22,25 €, die Herstellkosten je Korb 14,24 €.

  a) Ermitteln Sie die Herstellkosten der Produktion und des Umsatzes, die Selbstkosten des Umsatzes, die Selbstkosten je Korb, den Gewinn je Korb und in Prozent für die Fälle, dass

    aa) der Lagerbestand sich nicht verändert hat: Selbstkosten laut Betriebsergebnis 1 157 000,00 €,

    ab) 12 000 Körbe der Jahresproduktion nicht verkauft wurden: Verwaltungs- und Vertriebsgemeinkosten 188 680,00 €,

    ac) außer der Jahresproduktion von 65 000 Körben noch 5 000 Körbe aus dem Lagerbestand des Vorjahres verkauft wurden: Verwaltungs- und Vertriebskosten: 249 200,00 €.

  b) Mit welchem Verwaltungs- und Vertriebskostensatz kalkuliert der Betrieb?

ZUSAMMENFASSUNG

Divisionskalkulation	
Voraussetzung	Es wird nur _____ _____ hergestellt.
Einstufige Berechnung der Selbstkosten je Stück (<u>ohne</u> Bestandsveränderungen)	Selbstkosten je Stück = _____
Zweistufige Berechnung der Selbstkosten je Stück (<u>mit</u> Bestandsveränderungen)	1. Herstellkosten je Stück = _____ ✚ 2. Verw.- u. Vertriebskosten je Stück = _____

SELBSTEINSCHÄTZUNG

	Ja 🙂	Mit Hilfe 😐	Nein 🙁
Ich kann die Voraussetzungen für die Anwendung der Divisionskalkulation erläutern.			
Ich kann im Rahmen der Divisionskalkulation die Herstellkosten ermitteln.			
Ich kann im Rahmen der Divisionskalkulation die Verwaltungs- und Vertriebskosten ermitteln.			
Ich kann im Rahmen der Divisionskalkulation die Selbstkosten ermitteln.			

SELBSTEINSCHÄTZUNG	Ja 😊	Mit Hilfe 😐	Nein ☹
Ich kann Bestandsveränderungen bei der Divisionskalkulation berücksichtigen.			

Außerdem habe ich gelernt:

_____

_____

_____

> **HINWEIS**　Zur Wiederholung und Vertiefung:
> Seite 205, Aufgabe 11

LERNSITUATION 12: Mit Äquivalenzziffern kalkulieren

Ausgangssituation: Gemeinkosten auf Sorten verteilen

Die WFW AG bezieht von den Vereinigten Walzwerken aus Duisburg Aluminiumbleche, die zu Fahrradrahmen weiterverarbeitet werden. Insgesamt stellen die Vereinigten Walzwerke vier Sorten Aluminiumbleche her, die sich durch Materialstärke und Fertigungszeiten unterscheiden. Die dünnen Feinbleche benötigen zwar weniger Material als die etwas dickeren, müssen aber länger gewalzt werden. Ansonsten unterscheiden sich die Aluminiumbleche nicht voneinander.

Herr Dizlek, der Leiter des Controllings der Vereinigten Walzwerke sagt: „Eine komplizierte Zuschlagskalkulation müssen wir in der Aluminiumfertigung nicht anwenden, weil unsere Produkte sehr ähnlich sind, aber die einfache Divisionskalkulation ist auch nicht ausreichend, weil wir ja mehr als eine Sorte herstellen."

Arbeitsaufträge

1 Erläutern Sie, warum die Vereinigten Walzwerke Duisburg die Äquivalenzziffernrechnung zur Verteilung der Gemeinkosten auf die vier Sorten Aluminiumbleche anwenden können.

2 Führen Sie eine vollständige Äquivalenzziffernrechnung auf Basis der nachfolgenden Daten durch. Die Gemeinkosten für die Herstellung der Aluminiumbleche betragen 4 032 600,00 € je Monat.

Aluminiumblech Sorte	Produktions- menge (m²)	Äquivalenz- ziffer	Rechen- einheiten	Gemeinkosten je m²	Gemeinkosten je Sorte
Typ I	45 000	0,7			
Typ II	32 000	0,9			
Typ III	63 000	1,0			
Typ IV	50 000	1,2			

3 Erläutern Sie die Vor- und die Nachteile der Äquivalenzziffernrechnung.

4 Berechnen Sie den Listenverkaufspreis für 100 m² des Aluminiumblechs Typ III anhand folgender Angaben:

Einzelkosten je 100 m²	1 300,00 €
Gewinnzuschlag	20 %
Skonto	2 %
Rabatt	10 %

Rechenschema	Beträge in €
Einzelkosten	
+ Gemeinkosten	
= Selbstkosten	
+ Gewinnzuschlag	
= Barverkaufspreis	
+ Skonto	
= Zielverkaufspreis	
+ Rabatt	
= Listenverkaufspreis	

Info: Äquivalenzziffernrechnung

Anwendbarkeit der Äquivalenzziffernrechnung

In Industriebetrieben, die mehr als ein Produkt herstellen, ist eine einfache Divisionskalkulation (vgl. LS 11) nicht mehr möglich. Produziert ein Betrieb mit gleichen Betriebsmitteln **verschiedene Varianten** (= **Sorten**) eines Grunderzeugnisses, die sich nur unwesentlich voneinander unterscheiden, kann dann die **Äquivalenzziffernrechnung** angewendet werden.

INFOBOX

Vorgehensweise bei der Äquivalenzziffernrechnung

Unterschiede in den Gemeinkosten[1] je Sorte können dadurch entstehen, dass die verschiedenen Sorten die Fertigungsanlagen unterschiedlich lange beanspruchen. Durch Beobachtung und Messung wird ermittelt, ob zwischen den Gemeinkosten der unterschiedlichen Sorten ein festes Verhältnis besteht. Dazu wird zunächst eine Einheitssorte bestimmt, der die Äquivalenzziffer 1 zugeordnet wird. Die Einheitssorte ist in der Regel die absatz- oder umsatzstärkste Sorte. Das Kostenverhältnis der anderen Sorten zur Einheitssorte wird dann durch die Bestimmung von Äquivalenzziffern für jede Sorte ausgedrückt.

Beispiel: Die Äquivalenzziffer 0,8 bedeutet, dass ein Produkt nur 80 % bzw. das 0,8-fache der Kosten eines Produktes der Einheitssorte verursacht. Eine Äquivalenzziffer von 1,3 bedeutet hingegen, dass ein Produkt 130 % bzw. das 1,3-fache der Kosten eines Produktes der Einheitssorte verursacht.

Mithilfe der Äquivalenzziffern werden dann die Gemeinkosten durch nachfolgende Arbeitsschritte auf die unterschiedlichen Sorten verteilt:

1. Durch Multiplikation der Produktionsmengen mit der Äquivalenzziffer ermittelt man die **Recheneinheiten je Sorte**.
2. Mittels Division der Gemeinkosten durch die Summe der Recheneinheiten ermittelt man die **Gemeinkosten je Recheneinheit**.
3. Durch Multiplikation der Äquivalenzziffer mit den Gemeinkosten je Recheneinheit ermittelt man die **Gemeinkosten je Stück**.
4. Durch Multiplikation der Gemeinkosten je Stück mit der Produktionsmenge ermittelt man die **Gemeinkosten je Sorte**.

Beispiel: Eine Ziegelei produziert drei Sorten Ziegelsteine in unterschiedlichen Größen: SMALL, MEDIUM und LARGE. Alle drei Sorten bestehen aus tonhaltigem Lehm und durchlaufen den gleichen Fertigungsprozess. Je nach Größe benötigen die Ziegelsteine mehr oder weniger Zeit im Brennofen. Die Produktion von 2 200 000 Ziegelsteinen verursacht Gemeinkosten in Höhe von 566 400,00 €.

Ziegelstein Sorte	Produktions- menge (Stück)	Äquivalenz- ziffer	Rechen- einheiten	Gemeinkosten je Stück	Gemeinkosten je Sorte
Small	400 000	0,8	320 000	0,192 €	76 800,00 €
Medium	1 000 000	1,0	1 000 000	0,240 €	240 000,00 €
Large	800 000	1,3	1 040 000	0,312 €	249 600,00 €
			2 360 000		566 400,00 €

1. Berechnung der Recheneinheiten je Sorte:

    Small: 400 000 Stück · 0,8 =   320 000 RE

    Medium: 1 000 000 Stück · 1,0 = 1 000 000 RE

    Large: 800 000 Stück · 1,3 = 1 040 000 RE

2. Berechnung der Gemeinkosten je Recheneinheit:

    566 400,00 € : 2 360 000 RE = 0,24 €/RE

3. Berechnung der Gemeinkosten je Stück für jede Sorte:

    Small: 0,8 · 0,24 €/RE = 0,192 €/Stück

    Medium: 1,0 · 0,24 €/RE = 0,240 €/Stück

    Large: 1,3 · 0,24 €/RE = 0,312 €/Stück

---

[1] Die Äquivalenzziffernkalkulation ermöglicht es, entweder nur die Gemeinkosten oder alternativ die Selbstkosten insgesamt mithilfe von Äquivalenzziffern auf die Sorten zu verteilen.

4. Berechnung der gesamten Gemeinkosten je Sorte:

Small: 400 000 Stück · 19,20 € : 100 =   76 800,00 €

Medium: 1 000 000 Stück · 24,00 € : 100 = 240 000,00 €

Large: 800 000 Stück · 31,20 € : 100 = 249 600,00 €

Grundsätzlich lässt sich die Äquivalenzziffernrechnung auch auf die Verteilung der Einzelkosten erweitern, wenn eine direkte Zuordnung nicht möglich bzw. wegen des hohen Aufwands wirtschaftlich nicht vertretbar ist.

Kalkulation des Listenverkaufspreises

Unter Berücksichtigung der jeder Sorte direkt zurechenbaren Einzelkosten (z. B. für das Fertigungsmaterial) können nun unter Anwendung des bekannten Kalkulationsschemas die Selbstkosten sowie der Bar-, Ziel- und Listenverkaufspreis berechnet werden.

Beispiel (Fortsetzung): Berechnung des Listenverkaufspreises für alle Sorten (1 Verpackungseinheit = 100 Ziegelsteine):

	Small	Medium	Large
Einzelkosten	12,50 €	14,10 €	17,80 €
+ Gemeinkosten	19,20 €	24,00 €	31,20 €
= Selbstkosten	31,70 €	38,10 €	49,00 €
+ Gewinnzuschlag (10 %)	3,17 €	3,81 €	4,90 €
= Barverkaufspreis	34,87 €	41,91 €	53,90 €
+ Skonto (3 %)	1,08 €	1,30 €	1,67 €
= Zielverkaufspreis	35,95 €	43,21 €	55,57 €
+ Rabatt (5 %)	1,89 €	2,27 €	2,92 €
= Listenverkaufspreis	37,84 €	45,48 €	58,49 €

Vertiefende Übungen

1   In der Zementfabrik Nentwig OHG werden drei unterschiedliche Sorten Zement hergestellt. Die Gemeinkosten je Monat betragen 1 557 750,00 €.

a) Verteilen Sie die Gemeinkosten mithilfe der Äquivalenzziffernrechnung auf die drei Sorten:

Zement Sorte	Produktions- menge (Stück)	Äquivalenz- ziffer	Rechen- einheiten	Gemeinkosten je t	Gemeinkosten je Sorte
A	2 000 t	1,0			
B	400 t	1,1			
C	700 t	1,3			

b) Kalkulieren Sie den Zielverkaufspreis für einen Sack (50 kg) Zement der Sorte C, wenn die Einzelkosten 12,00 € betragen und mit 25 % Gewinnzuschlag und 2 % Skonto gerechnet wird.

2 Eine Betonfabrik stellte im März vier Sorten Bodenplatten her:

Sorte	Produktionsmenge in m²	Einzelkosten gesamt in €
I	2 000	12 000,00
II	5 000	27 000,00
III	5 000	36 000,00
IV	2 000	22 500,00

An Gemeinkosten entstanden insgesamt 105 625,00 €. Diese sind mithilfe von Äquivalenzziffern, die auf der Grundlage der Einzelkosten je m² zu ermitteln sind, auf die vier Sorten zu verteilen (Sorte I = Äquivalenzziffer 1).
Ermitteln Sie die Selbstkosten je m² jeder Sorte.

3 Die Passauer Küchenmöbel KG stellte im vergangenen Monat drei Standard-Küchentische her, die sich nur unwesentlich voneinander unterschieden haben. Die Selbstkosten in Höhe von 1 818 880,00 € sind im Verhältnis der im Vorjahr ermittelten Einzelkosten (= Materialkosten + Fertigungslöhne) auf die drei Modelle zu verteilen.

Modelle	Produktionsmenge in Stück	Materialkosten und Fertigungslöhne in €
I	2 500	96,00
II	3 800	120,00
III	4 800	139,20

Berechnen Sie die Selbstkosten je Tisch.

ZUSAMMENFASSUNG

Äquivalenzziffernkalkulation	
Voraussetzungen	1. Der Betrieb muss _____ Produkte herstellen. 2. Die Produkte dürfen sich nur _____ voneinander unterscheiden, es muss sich also um Varianten (= _____) eines _____ handeln. 3. Die Erzeugnisse müssen in einem _____ Kostenverhältnis zueinander stehen, wobei das _____ die 1 erhält.
Vorgehensweise	1. Berechnung der _____ . 2. Berechnung der _____ . 3. Berechnung der _____ . 4. Berechnung der _____ .

SELBSTEINSCHÄTZUNG	Ja 😊	Mit Hilfe 😐	Nein 😞
Ich kann den Unterschied und die Voraussetzungen für die Äquivalenzziffernrechnung erläutern.			
Ich kann die Vor- und Nachteile der Äquivalenzziffernrechnung erläutern.			
Ich kann im Rahmen der Äquivalenzziffernrechnung die Recheneinheiten ermitteln.			
Ich kann im Rahmen der Äquivalenzziffernrechnung Gemeinkosten auf unterschiedliche Sorten verteilen.			
Ich kann Äquivalenzziffern berechnen.			
Ich kann den Listenverkaufspreis bei Sortenfertigung berechnen.			

Außerdem habe ich gelernt:

_____

_____

_____

> **HINWEIS**   Zur Wiederholung und Vertiefung:
> Seite 206, Aufgabe 12

LERNSITUATION 13: Fixe und variable Kosten unterscheiden

Ausgangssituation: Welche Kosten sind von der Produktionsmenge (un)abhängig?

Leonie Gremme trifft sich mit der Leiterin des Rechnungswesens, Andrea Kamp, zum monatlichen Auszubildenden-Feedbackgespräch.

Leonie Gremme: „Was ich Sie schon lange mal fragen wollte, Frau Kamp: Wir haben im Oktober deutlich mehr Räder hergestellt, als wir verkaufen konnten, was in letzter Konsequenz zu einem negativen Betriebsergebnis geführt hat. Warum reduzieren wir unsere Produktionsmengen nicht einfach? Ich meine, je weniger wir herstellen, desto geringer sind doch auch die Kosten, die anfallen."

Andrea Kamp: „Ganz so einfach ist das leider nicht. Natürlich reduziert sich ein Teil der Produktionskosten, wenn wir weniger herstellen, aber es gibt eben auch Kosten, die unabhängig von der Produktionsmenge in gleicher Höhe bestehen bleiben. Ich kann Ihnen das anhand unseres Mountainbikes MB-500 gerne genauer erklären."

Aktennotiz zum MB-500 Ersteller: M. Götz	
Maximale Produktionsmenge	250 Stück/Monat
Materialkosten je Stück	150,00 €
Lohnkosten je Stück	84,00 €
Sonstige variable Kosten je Stück	11,00 €
Summe: variable Stückkosten	
Kalkulatorische Abschreibungen	13 000,00 €
Kalkulatorische Zinsen	4 500,00 €
Gehälter	6 200,00 €
Sonstige fixe Kosten	1 800,00 €
Summe: fixe Kosten	

Arbeitsaufträge:

1 Berechnen Sie die variablen Stückkosten und die fixen Gesamtkosten und tragen Sie die Ergebnisse in die abgebildete Aktennotiz ein.
Hinweis: Die Ergebnisse dieser Aufgabe benötigen Sie für die Lernsituation 14. Bitte achten Sie darauf, dass Ihre Lösungen korrekt sind.

2 Vervollständigen Sie die nachfolgende Tabelle und erläutern Sie den Verlauf der variablen und fixen Gesamtkosten sowie der variablen und fixen Stückkosten.

Produktions- menge	fixe Kosten	variable Kosten	Gesamt- kosten	fixe Stückkosten	variable Stückkosten	Stückkosten
50 Stück						
100 Stück						

Produktions- menge	fixe Kosten	variable Kosten	Gesamt- kosten	fixe Stückkosten	variable Stückkosten	Stückkosten
150 Stück						
200 Stück						
250 Stück						

3 Zeichnen Sie in einem Diagramm den Verlauf der fixen Kosten, der variablen Kosten und der Gesamtkosten.

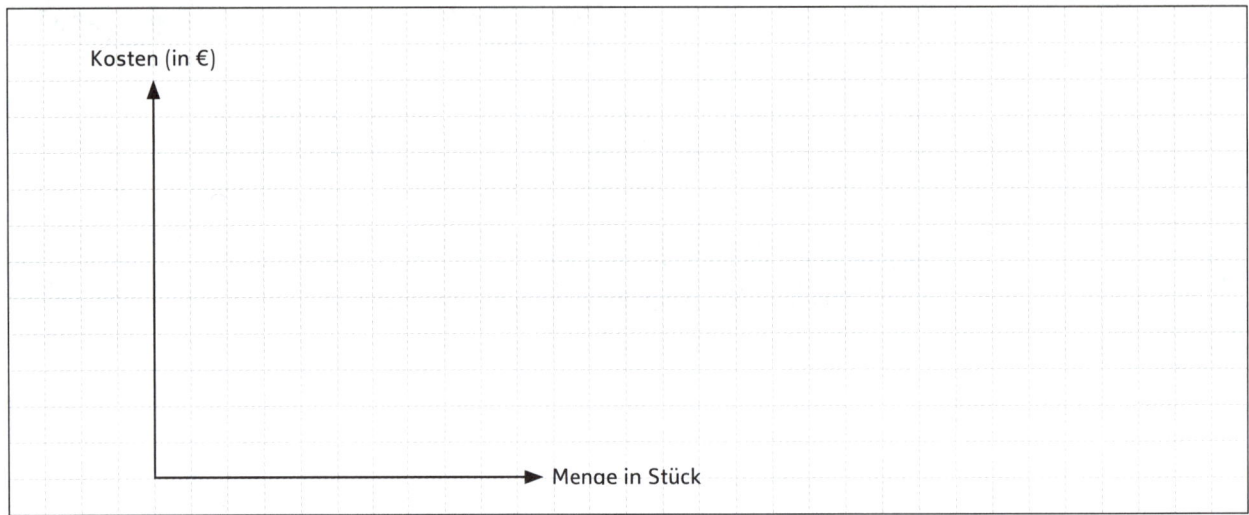

4 Zeichnen Sie in einem Diagramm den Verlauf der fixen Stückkosten, der variablen Stückkosten und der Stückkosten.

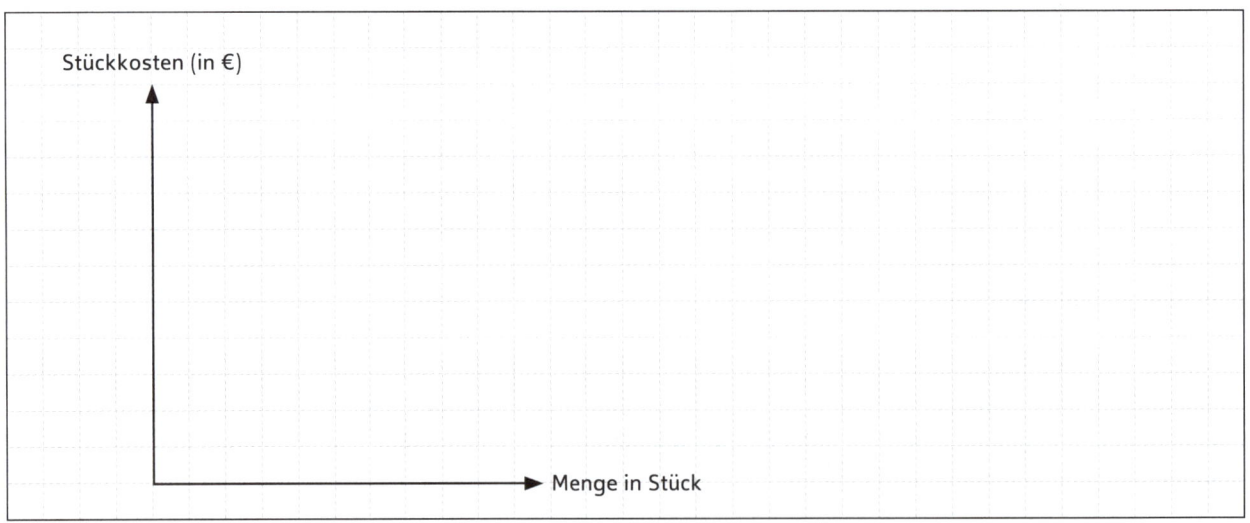

5 Leonie Gremme hat vermutet, dass eine Reduzierung der Produktionsmenge zu einer Verbesserung des Betriebsergebnisses der WFW AG führen würde. Nehmen Sie zu dieser Annahme begründet Stellung.

Info 1: Kostenfunktion

Kosten lassen sich nach der Abhängigkeit von der produzierten Menge in fixe und variable Kosten einteilen, wobei gilt:

Gesamtkosten = fixe Kosten + variable Stückkosten · Menge

$$K_g \quad = \quad K_f \quad + \quad k_v \quad \cdot \quad x$$

Info 2: Fixe Kosten

Fixe Kosten sind **„unabhängig" von der Beschäftigung**. Sie bleiben auch bei schwankenden Produktionsmengen **konstant**, ändern sich also nicht. Man bezeichnet fixe Kosten auch „Kosten der Betriebsbereitschaft", weil sie anfallen, sobald eine bestimmte Kapazität bereitgestellt wird, unabhängig davon, ob ein Produkt produziert wird oder nicht.

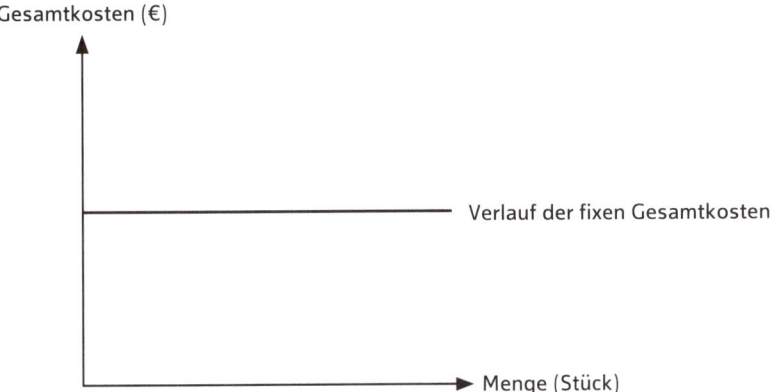

Beispiele: kalk. Abschreibungen, kalk. Zinsen, Gehälter, Miete

Info 3: Fixkostendegression

Da die fixen Gesamtkosten unabhängig von der Produktionsmenge sind, verteilen sie sich bei zunehmender Beschäftigung auf eine immer größer werdende Menge. Die fixen Stückkosten verringern sich also bei steigender Produktionsmenge degressiv. Diesen Effekt bezeichnet man auch als Gesetz der Massenproduktion: Je höher die Produktionsmenge, desto niedriger die Stückkosten.

Verringert sich aber die Produktionsmenge, steigen demnach die fixen Kosten pro Stück.

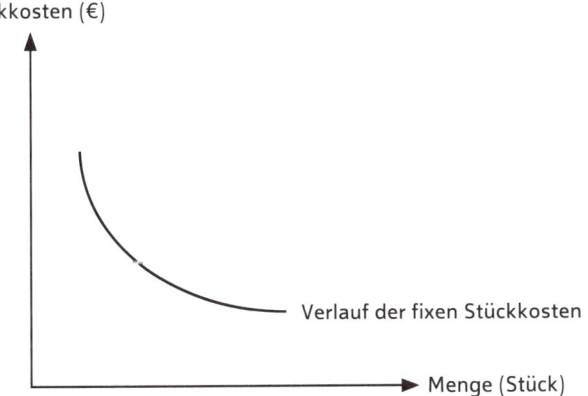

INFOBOX

Info 4: Proportionale variable Kosten

Mit Aufnahme der Produktionstätigkeit entstehen neben den Kosten der Betriebsbereitschaft (fixe Kosten) mit jedem produzierten Stück zusätzliche Kosten. Diese variablen Kosten sind **abhängig von der Beschäftigung**. Bei Veränderung der Produktionsmenge ändern sich auch die dadurch verursachten gesamten variablen Kosten. Im Regelfall verhalten sich die variablen Gesamtkosten **proportional** zur Produktionsmenge.

Beispiele: Rohstoffkosten, Löhne

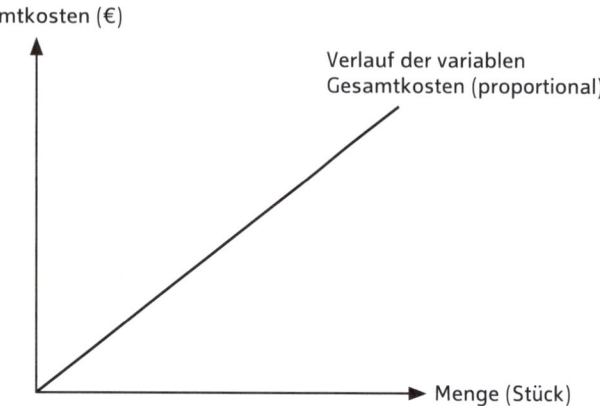

Bei **proportional** verlaufenden variablen Kosten bleiben die variablen Stückkosten jedoch konstant.

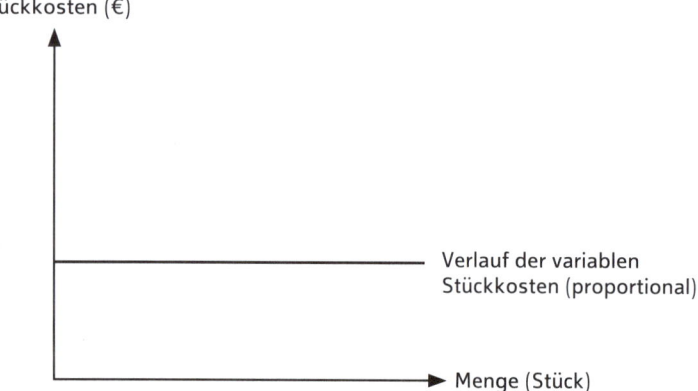

Vertiefende Übungen

1 Die TSM AG produziert im Mai 500 Schreibtischstühle, dabei fallen folgende Kosten an:

Kalkulatorische Abschreibungen auf die benötigten Fertigungsanlagen	12 250,00 €
Kalkulatorische Zinsen für das für die Produktion benötigte Anlagevermögen	7 200,00 €
Anteilige Gehaltskosten für den Produktionsleiter	1 100,00 €
Sonstige fixe Kosten	600,00 €
Materialkosten je Stück	59,00 €
Lohnkosten je Stück	21,00 €
Sonstige variable Kosten je Stück	2,80 €

a) Berechnen Sie
   aa) die fixen Kosten je Monat,
   ab) die variablen Kosten je Monat,
   ac) die monatlichen Gesamtkosten,
   ad) die fixen Stückkosten,
   ae) die variablen Stückkosten und
   af) die Stückkosten.

b) Ermitteln Sie die Stückkosten, wenn im Juni 700 Schreibtischstühle produziert werden.

c) Ermitteln Sie die Stückkosten, wenn im Juli 300 Schreibtischstühle produziert werden.

2 Die Schreinerei Vellguth produziert monatlich 120 Küchenbänke, die fixen Kosten betragen 2 340,00 €, die Gesamtkosten 3 360,00 €.

a) Berechnen Sie die variablen Gesamtkosten.

b) Berechnen Sie die variablen, fixen sowie die gesamten Stückkosten.

c) Berechnen Sie die Gesamtkosten, wenn 100 (150) Küchenbänke produziert werden.

d) Berechnen Sie die Stückkosten, wenn 100 (150) Küchenbänke produziert werden.

3 Aus der Kostenrechnung der Easy Möbel GmbH liegen folgende Daten vor:

a)

	Januar	Februar
Produktionsmenge	20 000 Fußbänke	30 000 Fußbänke
Gesamtkosten	200 000,00 €	250 000,00 €

b)

	Januar	Februar
Produktionsmenge	15 000 Wandregale	12 000 Wandregale
Gesamtkosten	120 000,00 €	102 000,00 €

Ermitteln Sie jeweils die variablen Stückkosten und die monatlichen fixen Kosten für die Schreibtische und die Wandregale.

4 Das Controlling der WFW AG hat für den Pkw eines Reisenden folgende Kosten bei einer durchschnittlichen Fahrleistung von 48 000 km im Jahr ermittelt:

Benzinverbrauch	8 l zu je 1,40 € je 100 km
Ölverbrauch	1 l zu je 6,00 € je 1 000 km
Kfz-Steuer	228,00 € im Jahr
Kfz-Versicherung	720,00 € im Jahr
Garage	35,00 € im Monat
Reparaturen/Inspektionen	1 200,00 € im Jahr
Kalk. Abschreibungen	3 600,00 € im Jahr

a) Ermitteln Sie

   aa) die fixen Kosten je Monat,

   ab) die variablen Kosten je 100 km,

   ac) die Gesamtkosten im Jahr und je km.

b) Dem Reisenden soll der Pkw auch für private Zwecke gegen Berechnung einer km-Pauschale zu Selbstkosten zur Verfügung gestellt werden.

   ba) Über welchen Betrag muss die km-Pauschale lauten, wenn davon ausgegangen wird, dass sich die Fahrleistung dadurch auf 60 000 km im Jahr erhöht?

   bb) Vergleichen Sie das Ergebnis mit dem aus Aufgabe a). Worauf führen Sie den Unterschied zurück?

   bc) Erläutern Sie die Problematik einer km-Pauschale aus der Sicht des Unternehmens und aus der Sicht des Reisenden.

ZUSAMMENFASSUNG

Kostenfunktion
=

Fixe Kosten	Variable Kosten
Fixe Kosten sind _____ von der Produktionsmenge. Mit _____ Produktionsmenge _____ die fixen Stückkosten.	Variable Kosten sind _____ von der Produktionsmenge. Proportionale variable Stückkosten ändern sich _____, wenn die Produktionsmenge steigt oder fällt.
Beispiele: _____ _____ _____	Beispiele: _____ _____ _____

SELBSTEINSCHÄTZUNG

	Ja ☺	Mit Hilfe 😐	Nein ☹
Ich kann den Unterschied zwischen fixen und variablen Kosten erläutern.			
Ich kann Beispiele für fixe und variable Kosten nennen.			
Ich kann fixe und variable Kosten berechnen.			
Ich kann den Verlauf der Gesamtkosten und der Stückkosten skizzieren.			
Ich kann die Fixkostendegression erklären.			
Außerdem habe ich gelernt:			

_____

_____

_____

HINWEIS   Zur Wiederholung und Vertiefung:
Seiten 164 ff., Trainingsmodul 2 und Seite 206, Aufgabe 13

Ausgangssituation: Ab wann wird Gewinn gemacht?

Nachdem Leonie Gremme verstanden hat, dass eine Reduktion der Produktionsmenge wegen der fixen Kosten nicht immer sinnvoll ist (vgl. LS 13), wendet sie sich an Martin Götz aus dem Controlling.

Leonie Gremme: „Gemeinsam mit Frau Kamp habe ich den Kostenverlauf für das MB-500 analysiert. Was mich jetzt noch interessiert, ist die Frage, wie viele Mountainbikes wir eigentlich verkaufen müssen, um Gewinn zu erzielen."

Martin Götz: „Grundvoraussetzung, um mit einem Produkt Gewinn zu erzielen, ist zunächst einmal ein positiver Deckungsbeitrag. Nur dann kann man die Gewinnschwelle, den sog. Break-even-Point, erreichen."

Leonie Gremme: „Deckungsbeitrag? Break-even-Point? Was bedeutet das?"

Arbeitsaufträge

1 Erläutern Sie den Zusammenhang zwischen dem Deckungsbeitrag und der Gewinnschwelle.

2 In der LS 13 haben Sie für das Mountainbike MB-500 die fixen Gesamtkosten (25 500,00 €) und die variablen Stückkosten (245,00 €) berechnet.
   a) Berechnen Sie den Stückdeckungsbeitrag für das MB-500, wenn der Verkaufspreis 395,00 € beträgt.

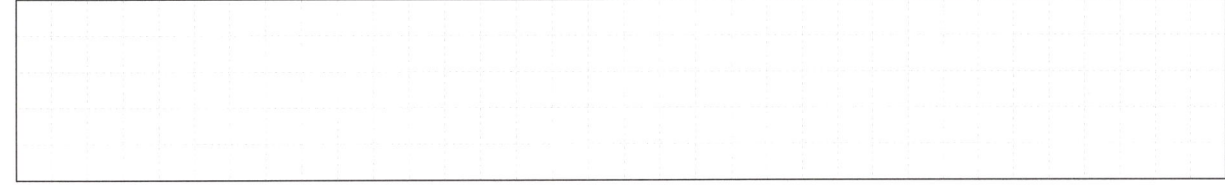

   b) Berechnen Sie die Gesamtdeckungsbeitrag sowie den Gewinn bzw. Verlust, wenn die WFW AG
      ba) 150 Stück,
      bb) 200 Stück,
      bc) 250 Stück
      produziert und verkauft.

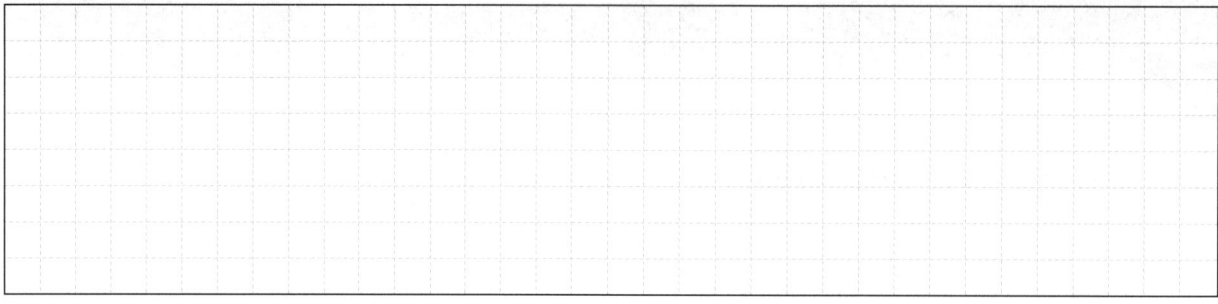

c) Ermitteln Sie die Gewinnschwelle für das MB-500.

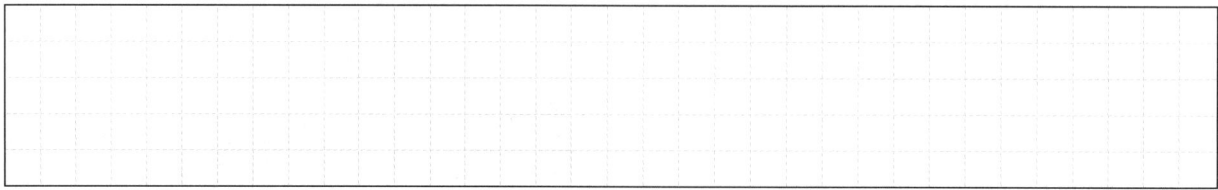

3 Skizzieren Sie den Verlauf der Gesamterlöse (E), der gesamten fixen Kosten (K_f), der gesamten variablen Kosten (K_v) sowie der Gesamtkosten (K) in einem Diagramm. Kennzeichnen den Break-even-Point (BEP) und den Gesamtdeckungsbeitrag (DB).

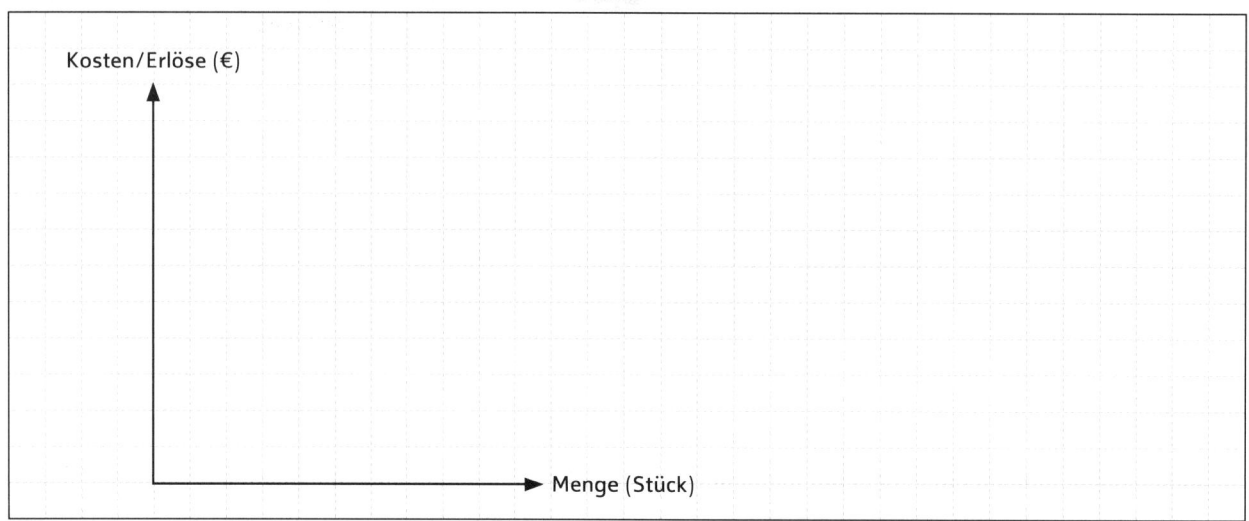

4 Skizzieren Sie den Verlauf der Stückerlöse (e), der fixen Stückkosten (k_f), der variablen Stückkosten (k_v) sowie der Stückkosten (k) in einem Diagramm. Kennzeichnen den Break-even-Point (BEP) und den Stückdeckungsbeitrag (db).

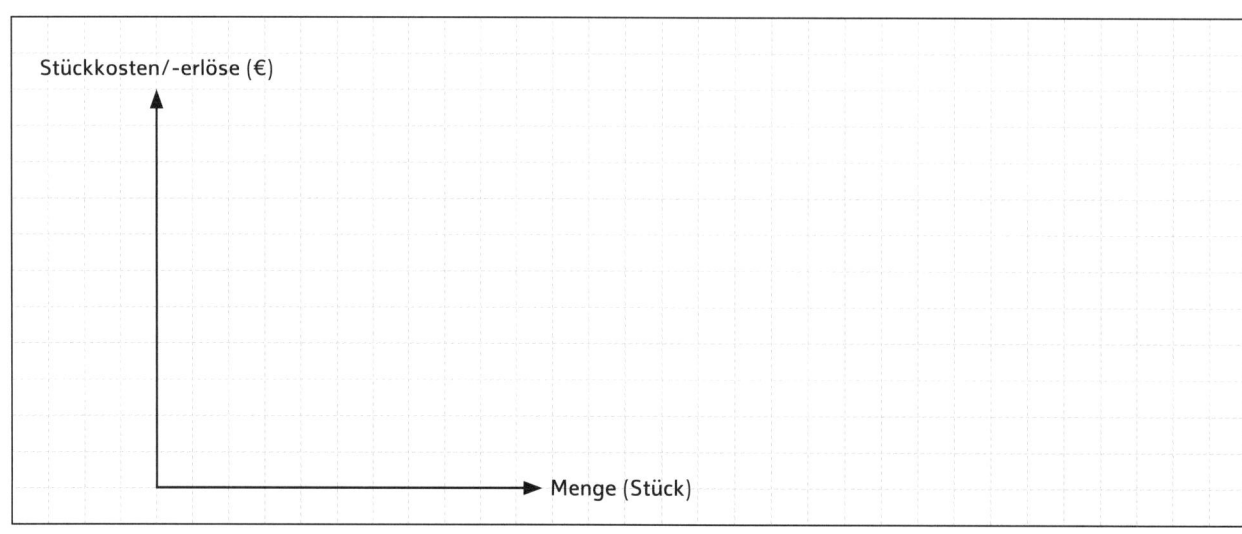

Info 1: Deckungsbeitrag

Liegt der Verkaufspreis (e) über den variablen Stückkosten (k_v), so trägt die Differenz zur Deckung der fixen Kosten bei. Die Differenz zwischen Verkaufspreis und variablen Stückkosten wird daher als **Stück-deckungsbeitrag (db)** bezeichnet. Dieser trägt mit jedem verkauften Stück zur Deckung der ohnehin anfallenden fixen Kosten bei.

$$db = e - k_v$$

Beispiel: Die Fahrrad-Tex GmbH produziert monatlich 200 Satteltaschen des Typs XL-BAG, die sie für 89,00 € je Stück verkauft. Die variablen Stückkosten betragen 32,50 €. Der Deckungsbeitrag wird berechnet, indem man von den Stück-erlösen die variablen Stückkosten abzieht: 89,00 € – 32,50 € = 56,50 €.

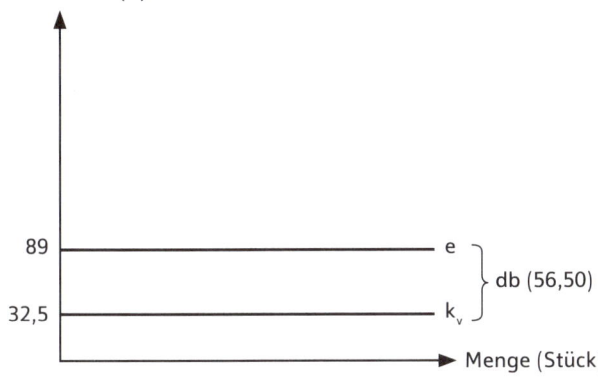

Als **Gesamtdeckungsbeitrag (DB)** bezeichnet man die Differenz zwischen den Gesamterlösen (E) und den gesamten variablen Kosten (K_v).

oder:

$$DB = E - K_v$$
$$DB = db \cdot x$$

Beispiel (Fortsetzung):

E	(89,00 € · 200 Stück)	17 800,00 €
– K_v	(32,50 € · 200 Stück)	6 500,00 €
= DB	(56,50 € · 200 Stück)	11 300,00 €

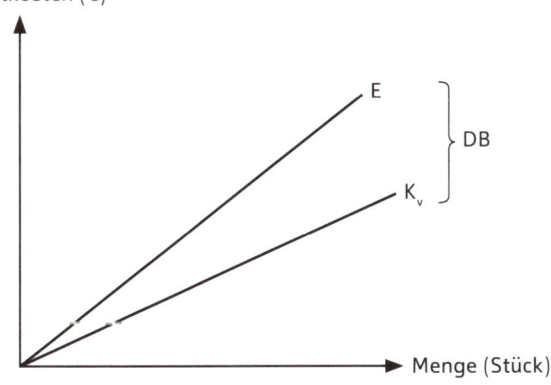

INFOBOX

Info 2: Gewinnschwelle (Break-even-Point)

Ein Unternehmen kann langfristig nur dann existieren, wenn seine Gesamtkosten durch die Gesamterlöse gedeckt werden. Die dazu erforderliche Ausbringungsmenge wird als **Gewinnschwelle** oder **Break-even-Point** bezeichnet. An der Gewinnschwelle entsteht weder ein Gewinn noch ein Verlust. Die Erlöse reichen gerade aus, um sämtliche variablen und fixen Kosten zu decken, der Gewinn ist also gleich 0.

Liegt die Verkaufsmenge oberhalb der Gewinnschwelle, macht das Unternehmen Gewinn; liegt sie darunter, entsteht ein Verlust.

Ermittlung der Gewinnschwelle:

$$e \cdot x = K_f + k_v \cdot x$$
$$(e \cdot x) - (k_v \cdot x) = K_f$$
$$(e - k_v) \cdot x = K_f$$
$$db \cdot x = K_f$$
$$x = \frac{K_f}{db}$$

Beispiel (Fortsetzung): Neben den variablen Stückkosten fallen bei der Produktion der Satteltaschen fixe Kosten in Höhe von 8 700,00 € an.

$$89,00 \cdot x = 8\,700,00 + 32,50 \cdot x$$
$$(89,00 - 32,50) \cdot x = 8\,700,00$$
$$56,50 \cdot x = 8\,700,00$$
$$x = \frac{8\,700,00 \text{ €}}{56,50 \text{ €/Stück}}$$
$$x = 153,98 \text{ Stück}$$

Bis zu einer Verkaufsmenge von 153 Stück macht die Fahrrad-Tex GmbH Verlust; ab einer Menge von 154 Stück macht die Fahrrad-Tex GmbH Gewinn.

Kontrollrechnung:
$$(89,00 \text{ €} \cdot 153 \text{ Stück}) - 8\,700,00 \text{ €} + (32,50 \text{ €} \cdot 153 \text{ Stück}) = -55,50 \text{ €}$$
$$(89,00 \text{ €} \cdot 154 \text{ Stück}) - 8\,700,00 \text{ €} + (32,50 \text{ €} \cdot 154 \text{ Stück}) = +\;1,00 \text{ €}$$

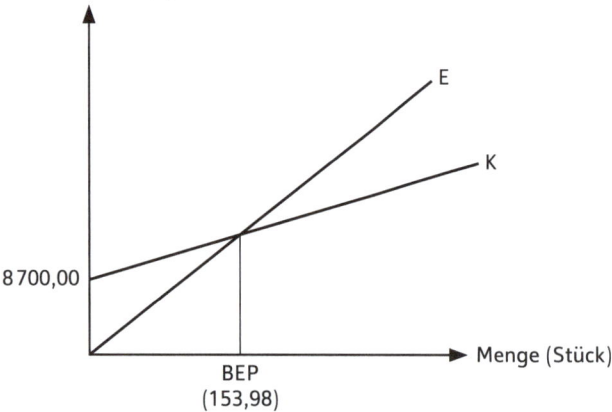

Vertiefende Übungen

1 Die TSM AG produzierte im vergangenen Monat 400 Schreibtische des Typs „EcoOffice". Dabei fielen variable Kosten in Höhe von 162,00 € je Stück und fixe Kosten in Höhe von 54 000,00 € an. Der Listenverkaufspreis je Schreibtisch beträgt 379,00 €.

a) Berechnen Sie den Stückdeckungsbeitrag (db).

b) Berechnen Sie den möglichen Gewinn, wenn die TSM AG alle Schreibtische zum Listenverkaufspreis verkaufen könnte.

c) Berechnen Sie die Gewinnschwelle.

d) Wegen unerwarteter Absatzschwierigkeiten gewährt die TSM AG einen Sonderrabatt in Höhe von 20 % auf die Schreibtische. Berechnen Sie den Deckungsbeitrag und die Gewinnschwelle.

2 Die Smoothie-Maker GmbH produziert monatlich 250 Entsafter, die sie zum Stückpreis von 95,00 € verkauft. Dabei fallen variable Stückkosten von 49,00 € und fixe Kosten von 6 200,00 € an.

a) Berechnen Sie den Stückdeckungsbeitrag (db).

b) Berechnen Sie die Gewinnschwelle.

c) Berechnen Sie den Gesamtdeckungsbeitrag und den Gesamtgewinn, wenn alle Entsafter verkauft werden.

d) Durch Rationalisierungsmaßnahmen können die variablen Kosten um 10 % und die fixen Kosten um 15 % gesenkt werden. Berechnen Sie den Deckungsbeitrag, die Gewinnschwelle und den Gesamtgewinn.

3 Die TSM AG kann monatlich maximal 2 800 Stück des Bürostuhls „EcoOffice" herstellen. Im ersten Quartal des Geschäftsjahres ergaben sich bei proportional verlaufenden variablen Kosten folgende Daten:

	Januar	Februar	März
Absatz- und Produktionsmenge in Stück	2 100	1 680	2 520
Gesamtkosten in €	166 600,00	148 960,00	184 240,00
Gesamterlöse in €	189 000,00	151 200,00	226 800,00

Berechnen Sie

a) die variablen Stückkosten,

b) die Gesamtfixkosten je Monat,

c) den Erlös je Stück,

d) den Deckungsbeitrag je Stück,

e) den Break-even-Point,

f) den maximalen Gewinn bei Ausnutzung der vollen Kapazität.

4 Die Alu-Klang GmbH verfügt für die Fahrradklingeln „SuperBell" über eine Produktionskapazität von 102 000 Stück/Jahr. Der Verkaufspreis je Stück beträgt 8,00 €. Die variablen Stückkosten betragen 5,30 €, die fixen Kosten 110 160,00 €.

a) Ermitteln Sie die Gewinnschwelle.

b) Berechnen Sie, zu wie viel Prozent die Produktionskapazität an der Gewinnschwelle ausgelastet ist.

c) Zurzeit beträgt die Kapazitätsauslastung 70 %. Ermitteln Sie den Gewinn.

d) Unter einem anderen Namen könnten weitere 35 000 Fahrradklingeln im Ausland für 6,00 € je Stück verkauft werden. Um das Auslandsgeschäft durchzuführen, ist die Anschaffung einer weiteren (kleinen) Fertigungsanlage erforderlich, wodurch zusätzliche fixen Kosten in Höhe von 7 000,00 € anfallen würden. Die Kapazität dieser Anlage liegt bei 5 100 Stück/jährlich. Die variablen Kosten für die ins Ausland verkauften Klingeln lägen 0,20 € je Stück über den Inlandsklingeln. Berechnen Sie den neuen Gesamtgewinn und die neue Kapazitätsauslastung im Bereich Fahrradklingeln.

5 Die TSM AG produziert und verkauft drei unterschiedliche Barhocker. Das Controlling liefert hierfür die nachfolgenden Daten:

	Typ I	Typ II	Typ III
Variable Kosten (K_v)			
Fertigungsmaterial	21 600,00 €	30 800,00 €	105 000,00 €
Fertigungslöhne	8 400,00 €	13 200,00 €	60 000,00 €
Variable Gemeinkosten	10 800,00 €	15 400,00 €	45 000,00 €
Produktion = Absatz (Stück)	1 200	1 100	2 500
Verkaufspreis	32,00 €	58,00 €	118,00 €
Fixkosten insgesamt		45 000,00 €	

a) Berechnen Sie das Betriebsergebnis.

b) Berechnen Sie die Stückdeckungsbeiträge je Barhocker.

c) Diskutieren Sie die von Ihnen ermittelten Ergebnisse.

Ergänzende Übungen zur mehrstufigen Deckungsbeitragsrechnung

1 Die Coffees finest GmbH stellt sechs unterschiedliche Kaffeevollautomaten her. Aus dem Controlling werden die nachfolgenden Daten übermittelt.

	Erzeugnisgruppe I		Erzeugnisgruppe II		Erzeugnisgruppe III	
	A	B	C	D	E	F
Umsatzerlöse	221 450,00 €	154 825,00 €	216 540,00 €	124 500,00 €	255 480,00 €	175 840,00 €
variable Kosten	98 540,00 €	93 525,00 €	87 450,00 €	65 220,00 €	95 000,00 €	81 600,00 €
Deckungsbeitrag I						
erzeugnisfixe Kosten	51 500,00 €	44 000,00 €	79 000,00 €	65 000,00 €	71 000,00 €	63 500,00 €
Deckungsbeitrag II						
erzeugnisgruppenfixe Kosten	52 500,00 €		45 000,00 €		21 000,00 €	
Deckungsbeitrag III						
unternehmensfixe Kosten			52 000,00 €			
Gewinn						

a) Vervollständigen Sie die mehrstufige Deckungsbeitragsrechnung.

b) Diskutieren Sie die von Ihnen ermittelten Ergebnisse.

2 Die Almaron AG stellt fünf unterschiedliche Produkte her. Aus dem Controlling werden die nachfolgenden Daten übermittelt. Führen Sie die mehrstufige Deckungsbeitragsrechnung durch.

	I	II	III	IV	V
Deckungsbeitrag I	99 000,00	442 800,00	162 000,00	93 600,00	84 000,00
Erzeugnisfixkosten	8 800,00	124 800,00	9 600,00	32 800,00	25 000,00
Erzeugnisgruppenfixkosten	16 600,00		23 460,00		–
Bereichsfixkosten	108 000,00		62 000,00		
Unternehmensfixkosten			105 000,00		

Info 3: Mehrstufige Deckungsbeitragsrechnung

In der bisherigen Darstellung der Deckungsbeitragsrechnung wurden die fixen Kosten als geschlossener Kostenblock behandelt, welcher der Summe der Deckungsbeiträge der einzelnen Produkte ungegliedert gegenübergestellt wurde. Diese Form wird als **einstufige Deckungsbeitragsrechnung** bezeichnet. Vorteile dieser Rechnung gegenüber der Vollkostenrechnung sind ihre einfache Handhabung und der Wegfall der Schlüsselungsprobleme der fixen Gemeinkosten in der Kostenstellenrechnung. Demgegenüber ist der Nachteil der fehlenden Informationen über die Zusammensetzung der fixen Kosten, insbesondere in anlage- und kapitalintensiven Betrieben mit hohem Fixkostenanteil, sehr groß. Aus dieser Problematik heraus wurde aus der einstufigen die **mehrstufige Deckungsbeitragsrechnung** entwickelt. Demnach werden die Fixkosten nach Verursachungsgrößen des Unternehmens aufgeteilt.

Fixkostenschichten	
Erzeugnisfixkosten	Beispiele: Kosten für Patente, Lizenzen, Produktionsanlagen, Spezialwerkzeuge, Entwicklung
Erzeugnisgruppenfixkosten	Beispiele: Kalkulatorische Abschreibungen und Zinsen für Mehrzweckanlagen, Meistergehälter
Bereichsfixkosten	Beispiele: Gliederung nach Räumen (Miete, Heizung, Reinigung), nach Funktionen (Lagerung, Fertigung, Verwaltung, Vertrieb)
Unternehmungsfixkosten	Beispiele: Kosten, welche die Unternehmung als Ganzes betreffen (Kosten der Leitung, Steuern, Beiträge, Feuerwehr, Kantine, Rechnungswesen, Rechtsabteilung)

Beispiel:

	Produktgruppe A			Produktgruppe B			Produktgruppe C	
	A1	A2	A3	B1	B2	B3	C1	C2
Nettoerlöse	2 100,00	5 250,00	1 600,00	7 000,00	4 400,00	2 450,00	3 500,00	4 550,00
– variable Kosten	1 400,00	3 150,00	550,00	4 200,00	2 600,00	1 050,00	2 250,00	3 300,00
= Deckungsbeitr. I	700,00	2 100,00	1 050,00	2 800,00	1 800,00	1 400,00	1 250,00	1 250,00
– Erzeugnisfixkost.	50,00	100,00	50,00	300,00	200,00	50,00	250,00	150,00
= Deckungsbeitr. II	650,00	2 000,00	1 000,00	2 500,00	1 600,00	1 350,00	1 000,00	1 100,00
– Erzeugnisgruppenfixkosten		1 350,00			4 200,00			1 150,00
= Deckungsbeitr. III		2 300,00			1 250,00			950,00
– Bereichsfixkosten		800,00				2 300,00		
= Deckungsbeitr. IV		1 500,00				– 100,00		
– Unternehmensfixkosten					800,00			
= Erfolg					600,00			

Das vorstehende Beispiel zeigt, dass die mehrstufige Deckungsbeitragsrechnung genauere Auskünfte über die Wirtschaftlichkeit einzelner Leistungsbereiche gibt. Der **Deckungsbeitrag I** zeigt, welche Fixkosten in direktem Zusammenhang mit der Produktion eines Produktes stehen und somit durch Einstellung eines Produktionsbereiches abgebaut werden können. Umgekehrt zeigen die folgenden **Deckungsbeiträge II–IV**, welche Fixkosten nicht vom einzelnen Produkt abhängig sind. Im Gegensatz zur einstufigen Deckungsbeitragsrechnung, die dem Deckungsbeitrag I die gesamten Fixkosten gegenüberstellen würde, wird hier deutlich, dass ein Produkt für sich betrachtet wirtschaftlich interessant, sein Produktionsbereich insgesamt jedoch langfristig unwirtschaftlich sein kann.

ZUSAMMENFASSUNG

Stückdeckungsbeitrag	
Erläuterung	Differenz zwischen _____ und _____
Formel	

Gesamtdeckungsbeitrag	
Erläuterung	Differenz zwischen _____ und _____
Formel	oder

Gewinnschwelle (Break-even-Point)	
Erläuterung	Ausbringungsmenge, bei der die _____ gleich den _____ sind.
Formel	oder

SELBSTEINSCHÄTZUNG

	Ja ☺	Mit Hilfe 😐	Nein ☹
Ich kann den Stückdeckungsbeitrag berechnen und erläutern.			
Ich kann den Gesamtdeckungsbeitrag berechnen und erläutern.			
Ich kann die Gewinnschwelle berechnen und erläutern.			
Ich kann die Gewinnschwelle zeichnerisch ermitteln.			
Ich kann eine mehrstufige Deckungsbeitragsrechnung durchführen.			

Außerdem habe ich gelernt:

_____

_____

_____

HINWEIS   Zur Wiederholung und Vertiefung:
Seiten 164 ff.; Trainingsmodul 2 und Seite 207, Aufgabe 14

Ausgangssituation I: Sind unsere neuen City-Roller zu teuer?

Marktstudien haben ergeben, dass die Nachfrage nach wendigen kleinen Tretrollern für Erwachsene im großstädtischen Milieu weiter anwachsen wird. Daher plant die WFW AG, künftig den City-Roller *City Move* zu produzieren. Ein kleiner Fertigungsbereich ist bereits vollständig eingerichtet, die Maximalkapazität liegt bei 500 Stück pro Jahr. Der Verkaufsleiter Klaus Venker hat auf Basis der Kalkulationen des Controllings den Listenver-

kaufspreis für den *City Move* auf 69,00 € festgelegt. Doch die Nachfrage bleibt aus, kein Zweirad-Händler ist bereit, den *City Move* der WFW AG zu listen, auch weil die Vergleichsprodukte der Mitbewerber bei gleicher Qualität deutlich günstiger seien. In einem Telefonat informiert Herr Venker Andrea Kamp über den Sachverhalt.

Andrea Kamp: „Das kann doch nicht sein, die Konkurrenz muss doch auch kalkulieren."

Klaus Venker: „Ja, aber offensichtlich kalkuliert sie anders, denn wir liegen leider deutlich über dem Marktpreis von 55,00 €!"

Arbeitsaufträge

1 Erläutern Sie das Grundproblem, das in der Ausgangssituation angesprochen wird, und gehen Sie in diesem Zusammenhang auch auf den Begriff „Marktpreis" ein.

2 Als Reaktion auf die ausbleibende Nachfrage sollen Sie die Kostensituation für den *City Move* auf Basis der folgenden Daten analysieren:

Produktionsmenge	500 Stück pro Jahr
Verkaufspreis	69,00 € je Stück
Materialkosten	31,00 € je Stück
Fertigungslöhne	14,00 € je Stück
Sonstige variable Kosten	1,50 € je Stück
Anteilige kalk. Abschreibungen	3 800,00 € pro Jahr
Anteilige kalk. Zinsen	700,00 € pro Jahr
Sonstige fixe Kosten	400,00 € pro Jahr

a) Berechnen Sie die variablen, fixen und gesamten Stückkosten.

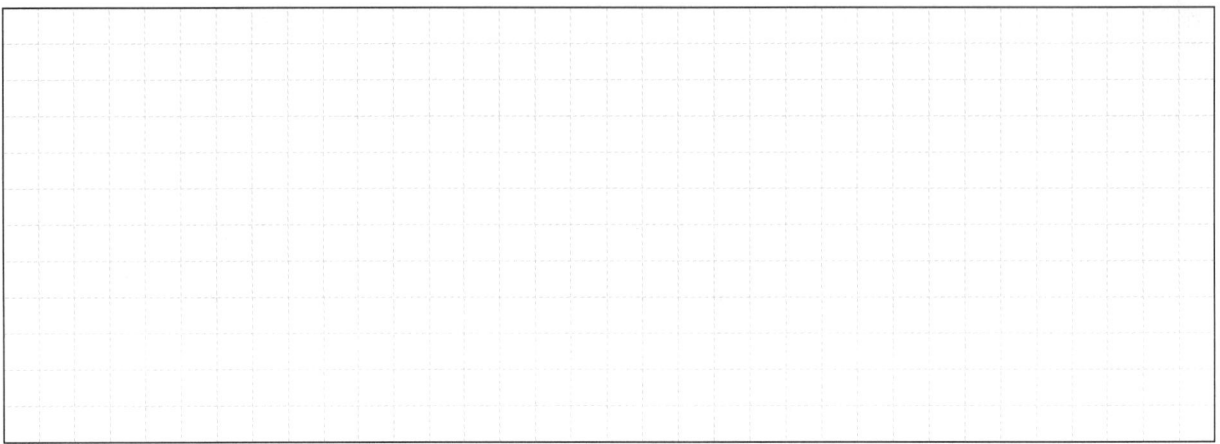

b) Erläutern Sie, wie hoch der Verlust der WFW AG wäre, wenn sie wegen der ausbleibenden Nachfrage zwar keine City-Roller produzieren würden, der Fertigungsbereich aber nicht anderweitig genutzt werden könnte.

3 Mehrere Zweiradhändler haben signalisiert, dass sie den *City Move* listen würden, wenn dieser günstiger angeboten werden würde. Zu einem Verkaufspreis von 53,00 € könnte die WFW AG die maximale Produktionsmenge von 500 Stück absetzen.

a) Berechnen Sie den Stückdeckungsbeitrag bei einem Verkaufspreis von 53,00 €.

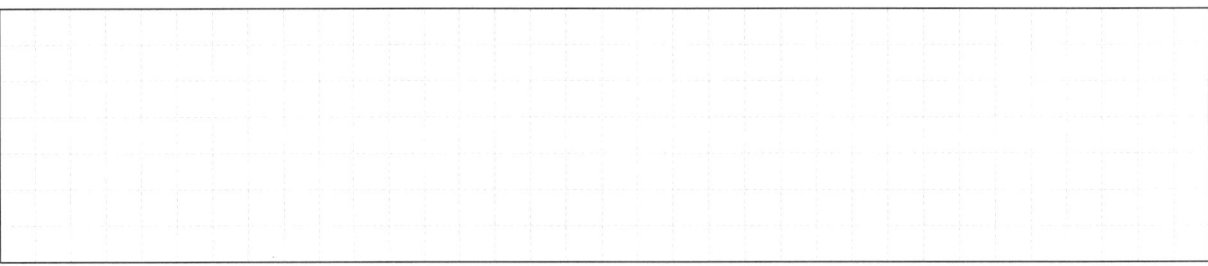

b) Berechnen Sie den Gesamtgewinn bzw. -verlust bei einem Verkaufspreis von 53,00 €.

4 Erläutern Sie, warum es sinnvoll sein könnte, den *City Move* für 53,00 € zu verkaufen.

5 Bestimmen Sie die kurzfristige Preisuntergrenze für den *City Move* und erläutern Sie, warum die WFW AG den *City Move* nicht unterhalb dieser Grenze anbieten kann.

6 Bestimmen Sie die langfristige Preisuntergrenze für den *City Move* und erläutern Sie, warum die WFW AG ihre Produkte nicht langfristig unterhalb dieser Grenze anbieten kann.

Info 1: Vollkostenrechnung versus Teilkostenrechnung

Weil die **Vollkostenrechnung** nicht zwischen fixen und variablen Kosten unterscheidet, ist sie nicht geeignet, wenn kurzfristige marktorientierte Entscheidungen zur Verbesserung der Kapazitätsauslastung oder des Betriebsergebnisses getroffen werden müssen. Hierbei ist entscheidend, ob ein bestimmtes Produkt (der Kostenträger) einen positiven Beitrag zur Deckung der ohnehin anfallenden fixen Kosten leisten kann. Dies ist dann der Fall, wenn der Verkaufspreis die variablen Kosten übersteigt. Die **Teilkostenrechnung** berücksichtigt daher nur die variablen Kosten, wenn es darum geht, kurzfristig auf besondere Marktsituationen (siehe Übersicht unten) zu reagieren.

Info 2: Preisuntergrenzen

Die Preisuntergrenze gibt den Verkaufspreis an, den ein Unternehmen erzielen muss, um „überleben" zu können. **Langfristig müssen** daher **alle Kosten** (sowohl die fixen als auch die variablen) **gedeckt werden**, da das Unternehmen sonst Verlust macht.

Eine **marktorientierte Unternehmungsführung verlangt** von Industriebetrieben aber **eine flexiblere Preisstellung in besonderen Marktsituationen**. In solchen Situationen sollte auf die Deckung (eines Teils) der fixen Kosten verzichtet werden, da die selbst dann anfallen, wenn der entsprechende Auftrag bzw. das jeweilige Produkt nicht gefertigt wird.

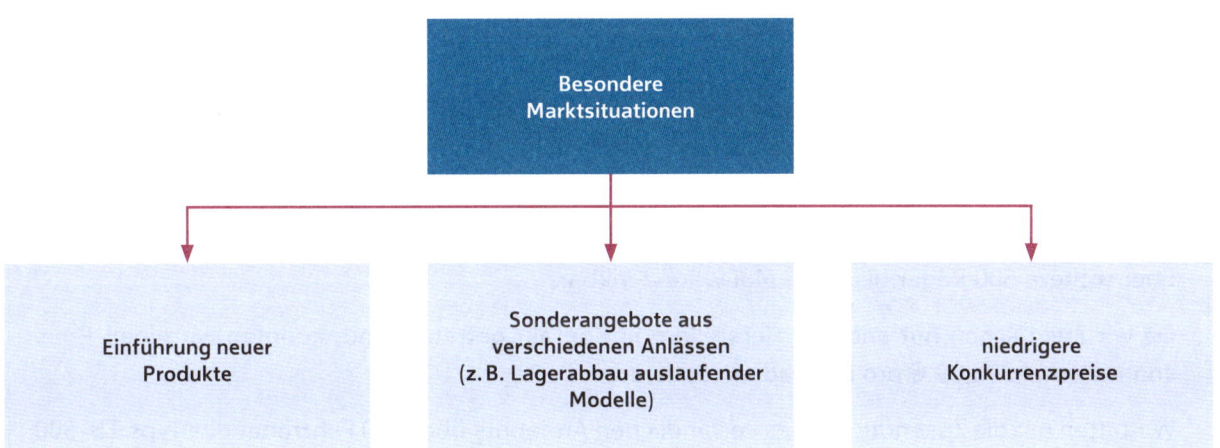

Werden in solchen Situationen auch die fixen Kosten berücksichtigt, die durch den Gesamtbetrieb und nicht unmittelbar durch das Produkt bzw. den Auftrag verursacht werden, dann führt ein solches Vorgehen zwangsläufig zu Wettbewerbsnachteilen.

Immer gedeckt werden müssen aber die variablen Kosten, die nur dann anfallen, wenn das Produkt auch tatsächlich gefertigt wird. **Kurzfristig** kann es daher sinnvoll sein, den Preis bis auf die variablen Stückkosten zu senken. Wird der Verkaufspreis unter die variablen Stückkosten gesenkt, so vergrößert sich der Verlust mit jedem produzierten und verkauften Stück, die variablen Stückkosten bestimmen somit die kurzfristige Preisuntergrenze.

Allerdings kann die Ausrichtung der Verkaufspreise an der kurzfristigen Preisuntergrenze ein Unternehmen in Liquiditätsschwierigkeiten bringen, da dann die fixen Kosten, die kurzfristig zu Ausgaben führen, unberücksichtigt bleiben. **Mittelfristig** sollten neben den variablen Kosten also auch die ausgabewirksamen fixen Kosten, wie z. B. Gehälter, betriebliche Steuern oder Versicherungsbeiträge, gedeckt werden (liquiditätsorientierte Preisuntergrenze). Verzichtet werden kann auf die fixen Kosten, die kurzfristig nicht zu Ausgaben führen, z. B. kalkulatorische Abschreibungen oder kalkulatorische Zinsen.

Ausgangssituation II: Unausgelastete Kapazitäten – sollen wir den Zusatzauftrag annehmen?

Auf dem Abteilungsleitermeeting der WFW AG wird die folgende Anfrage besprochen:

Deutsche Versicherung AG
Am Brunnen 18–22
45133 Essen

An die
WFW AG
Herrn Venker
Kanalstr. 48–52
48159 Münster

Essen, 11.12.20..

Sehr geehrte Herr Venker,

im Rahmen unserer Marketingkampagne „Offensive Gesundheit & Umwelt" planen wir, unsere Außendienstmitarbeiter zusätzlich zu ihrem Dienstwagen auch mit einem Dienstfahrrad auszustatten, um sie zu motivieren, Kundenbesuche in den Sommermonaten häufiger mit dem Fahrrad zu absolvieren.

Gerne würden wir unsere Außendienstler mit Ihrem Touring-Bike TB-300 ausstatten. Das Rad müsste gemäß unserem Corporate Design grün lackiert und mit unserem Firmenlogo versehen werden.

In einem ersten Schritt würden wir bis Mitte März 150 Fahrräder abnehmen, ein Folgeauftrag über weitere 500 Räder bis Mitte Mai wäre denkbar.

Da wir auch schon mit anderen Herstellern in Kontakt getreten sind, könnten wir einen Preis von maximal 295,00 € pro Fahrrad akzeptieren.

Wir bitten um die Zusendung eines verbindlichen Angebots über 150 Fahrräder des Typs TB-300 im genannten Design bis zum 22.12.20(0).

Für Rückfragen stehe ich Ihnen gerne zur Verfügung.

Mit freundlichen Grüßen

i. A. *Michael Baum*

Klaus Venker:	„Ich möchte gerne mit Ihnen über die vorliegende Anfrage diskutieren. Das wäre grundsätzlich ein sehr interessanter Auftrag für uns, aber unser Listenpreis für das TB-300 liegt mit 390,00 € deutlich über der Preisvorstellung des Kunden."
Andrea Kamp:	„Das ist tatsächlich ein Problem. Wir müssten das nochmal durchrechnen, aber ich glaube, dass schon unsere Selbstkosten bei diesem Auftrag mehr als 300,00 € pro Stück betragen würden. Wir würden bei Auftragsannahme also Verlust machen."
Franz Schmid:	„Allerdings ist unsere Produktion in den Wintermonaten Januar und Februar nicht ausgelastet, da könnte ich den Auftrag schon gut gebrauchen, um die fixen Kosten zu decken."

Arbeitsaufträge

1 Fassen Sie die wesentlichen Informationen der Ausgangssituation mithilfe eigenen Worten zusammen.

2 Kalkulieren Sie auf Basis der vom Controlling ermittelten Zahlen die Selbstkosten für diesen Auftrag.

Materialeinzelkosten	70,00 €
Fertigungseinzelkosten	90,00 €
Sondereinzelkosten der Fertigung	10,00 €
MGKZS	5,0 %
FGKZS	112,0 %
VwGKZS	8,5 %
VtGKZS	5,0 %

3 Berechnen Sie den Gewinn bzw. den Verlust, wenn der Auftrag zu den angegebenen Konditionen angenommen werden würde.

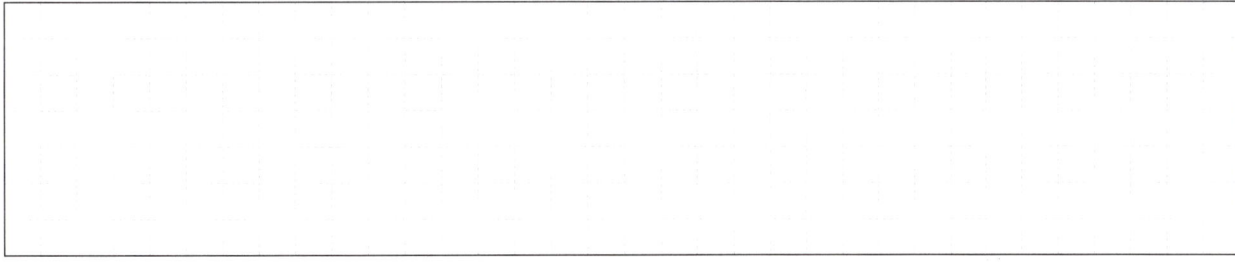

4 Treffen Sie auf Basis der von Ihnen durchgeführten Berechnungen auf Vollkostenbasis eine Entscheidung, ob die WFW AG die Fahrräder für die Deutsche Versicherung AG produzieren sollte.

5 Überprüfen Sie die von Ihnen getroffene Entscheidung mithilfe der Teilkostenrechnung. Das Controlling hat Ihnen zu diesem Zweck mitgeteilt, dass die Material- sowie die Fertigungsgemeinkosten zu 40 % und die Verwaltungs- und Vertriebsgemeinkosten zu 20 % variabel sind. Sämtliche Einzelkosten sind zu 100 % variabel.

6 Bestimmen Sie die kurzfristige und die langfristige Preisuntergrenze.

7 Diskutieren Sie, ob die WFW AG die Anfrage positiv beantworten und die Fahrräder für die Deutsche Versicherung AG produzieren sollte.

Info 3: Zuschlagskalkulation mit variablen Kosten

Die **Kostenträgerstückrechnung als Zuschlagskalkulation** berücksichtigt im Rahmen der Vollkostenrechnung sämtliche anfallenden Kosten zur Ermittlung der Selbstkosten und lässt außer Acht, dass **ein Teil der Gemeinkosten**, die mithilfe von Zuschlagssätzen auf die Kostenträger verteilt werden, **fix** sind.

Sind die Produktionskapazitäten nicht voll ausgelastet, sollte man ergänzend eine Zuschlagskalkulation durchführen, bei der nur die variablen Kosten berücksichtigt werden (**Teilkostenrechnung**), um Fehlentscheidungen zu vermeiden.

Beispiel: Die TSM AG führt die Kostenträgerstückrechnung für ein Bücherregal auf Vollkostenbasis (linke Seite) und Teilkostenbasis (rechte Seite) durch. Sie berücksichtigt dabei, dass die Materialgemeinkosten zu 40 %, die Fertigungsgemeinkosten zu 30 %, die Verwaltungsgemeinkosten zu 20 %, die Vertriebsgemeinkosten zu 10 % und die Einzelkosten zu 100 % variabel sind.

Vollkostenrechnung				Teilkostenrechnung	
MEK		50,00 €	100 %	MEK	50,00 €
MGK	6,00 %	3,00 €	40 %	variable MGK	1,20 €
MK		53,00 €		variable MK	51,20 €
FEK		80,00 €	100 %	FEK	80,00 €
FGK	150,00 %	120,00 €	30 %	variable FGK	36,00 €
FK		200,00 €		variable FK	116,00 €
Herstellkosten		253,00 €		variable HK	167,20 €
VwGK	8,00 %	20,24 €	20 %	variable VwGK	4,05 €
VtGK	4,00 %	10,12 €	10 %	variable VtGK	1,01 €
Selbstkosten		283,36 €		variable SK	172,26 €

Vertiefende Übungen

1 Bei der TSM AG verursacht die Produktion von Bürostühlen auf einem Fertigungsautomaten folgende Kosten:

monatliche kalkulatorische Abschreibungen	2 000,00 €
monatliche kalkulatorische Zinsen	1 000,00 €
monatliche Versicherungskosten	150,00 €
monatliche Gehaltskosten für die Überwachung des Automaten	2 800,00 €
Verbrauch von Fertigungsmaterial	22,40 € je Stuhl
Lohnkosten	8,30 € je Stuhl

Die maximale Fertigungskapazität des Automaten beträgt 500 Stück monatlich. Der Listenverkaufspreis für einen Stuhl liegt bei 45,90 €. Berechnen Sie
a) die kurzfristige Preisuntergrenze je Stuhl,
b) die mittelfristige (liquiditätsorientierte) Preisuntergrenze je Stuhl,
c) die langfristige Preisuntergrenze je Stuhl.

2 Die Schreinerei Velguth GmbH produziert monatlich 400 Küchenstühle (Kapazitätsauslastung 87,5 %). Dabei entstehen variable Kosten in Höhe von 13 200,00 €. Die fixen Kosten betragen 12 500,00 €, davon sind 10 % ausgabenwirksam. Der Listenverkaufspreis eines Küchenstuhls beträgt 79,00 € netto. Zur Verbesserung der Kapazitätsauslastung könnte die Schreinerei Velguth GmbH den Auftrag eines Discounters über 50 Bürostühle monatlich annehmen, müsste aber einen Rabatt in Höhe von 20 % auf den LVP gewähren.
a) Treffen Sie eine begründete Entscheidung, ob die Schreinerei Velguth GmbH den Auftrag annehmen soll.
b) Berechnen Sie die mittelfristige und die langfristige Preisuntergrenze bei voller Kapazitätsauslastung.

3 Die TSM AG führt die Kostenträgerstückrechnung für einen Bürostuhl auf Vollkostenbasis (linke Seite) und Teilkostenbasis (rechte Seite) durch. Sie berücksichtigt dabei, dass die Materialgemeinkosten zu 60 %, die Fertigungsgemeinkosten zu 55 %, die Verwaltungsgemeinkosten zu 25 %, die Vertriebsgemeinkosten zu 15 % und die Einzelkosten zu 100 % variabel sind.
   a) Vervollständigen Sie das abgebildete Kalkulationsschema.
   b) Bestimmen Sie die langfristige Preisuntergrenze.
   c) Bestimmen Sie die kurzfristige Preisuntergrenze.

Vollkostenrechnung				Teilkostenrechnung	
	GKZS	Betrag			Betrag
MEK		12,00 €		MEK	12,00 €
MGK	4,50 %			variable MGK	
MK				variable MK	
FEK		9,00 €		FEK	9,00 €
FGK	125,00 %			variable FGK	
FK				variable FK	
Herstellkosten				variable HK	
VwGK	7,00 %			variable VwGK	
VtGK	3,50 %			variable VtGK	
Selbstkosten				variable SK	

ZUSAMMENFASSUNG

Vollkostenrechnung	Teilkostenrechnung
Die Vollkostenrechnung unterscheidet nicht zwischen _____ und _____ Kosten. Sie ist daher ungeeignet, wenn _____ Entscheidungen zur _____ oder des _____ getroffen werden müssen.	Die Teilkostenrechnung berücksichtigt nur die _____ Kosten, wenn es darum geht, _____ auf besondere Marktsituationen (z. B. _____ _____) zu reagieren.

Kurzfristige Preisuntergrenze	_____
Liquiditätsorientierte Preisuntergrenze	_____ + _____
Langfristige Preisuntergrenze	_____

SELBSTEINSCHÄTZUNG	Ja 😊	Mit Hilfe 😐	Nein ☹️
Ich kann die kurzfristige Preisuntergrenze berechnen.			
Ich kann die langfristige Preisuntergrenze berechnen.			
Ich kann die liquiditätsorientierte Preisuntergrenze berechnen.			
Ich kann die Kostenträgerstückrechnung auf Teilkostenbasis durchführen.			
Ich kann erläutern, wann es für ein Unternehmen sinnvoll sein kann, einen Verkaufspreis unterhalb der Selbstkosten zu akzeptieren.			
Ich kann erläutern, warum ein Unternehmen keinen Verkaufspreis unterhalb der kurzfristigen Preisuntergrenze akzeptieren sollte.			

Außerdem habe ich gelernt:

_____

_____

_____

HINWEIS Zur Wiederholung und Vertiefung:
Seiten 164 ff., Trainingsmodul 2 und Seite 207, Aufgabe 15

LERNSITUATION 16: Das optimale Produktionsprogramm mithilfe des relativen Deckungsbeitrags bestimmen

Ausgangssituation: Engpass in der Produktion!

Das Frühjahr steht vor der Tür und bei der WFW AG gehen die Aufträge für die bevorstehende Fahrradsaison ein. Der Verkaufsleiter Klaus Venker ist gestresst, aber gut gelaunt. Der für die Herstellung der Mountainbikes zuständige Abteilungsleiter Klaus Volland schaut schon weniger glücklich aus.

Klaus Venker: „Alle Welt will unsere Mountainbikes und zwar möglichst schnell. Die ersten Kunden schauen sich wegen des milden Wetters bereits jetzt bei den Einzelhändlern um und die wiederum bombardieren uns mit Anfragen und Aufträgen."

Klaus Volland: „Du hast gut reden, aber ich weiß nicht, ob wir deine Aufträge auch unterbringen können. Schließlich sind unsere Produktionskapazitäten begrenzt."

Arbeitsaufträge

1 Ermitteln Sie die in der Mountainbike-Fertigung im Monat März zur Verfügung stehenden Produktionskapazitäten.

Mitarbeiteranzahl	Arbeitstage	Arbeitsstunden je Tag	Gesamtkapazität (Stunden)	Gesamtkapazität (Minuten)
17	22	8		

2 Berechnen Sie die benötigte Fertigungszeit, wenn alle vorliegenden Aufträge im März vollständig bearbeitet werden sollen.

Produkt	MB-100	MB-300	MB-500	MB-750
Nachgefragte Menge	300 Stück	220 Stück	250 Stück	180 Stück
Fertigungszeit je Stück	180 Minuten	210 Minuten	240 Minuten	275 Minuten
Gesamtfertigungszeit				
Benötigte Gesamtkapazität				

3 Erläutern Sie, welches Problem sich aus den von Ihnen ermittelten Berechnungen ergibt.

4 Berechnen Sie die relativen Deckungsbeiträge und legen Sie die Reihenfolge fest, in denen die Produkte gefertigt werden müssen, um einen möglichst hohen Gewinn zu erzielen.

	MB-100	MB-300	MB-500	MB-750
e	295,00 €	595,00 €	895,00 €	1 195,00 €
k_v	88,00 €	364,00 €	595,00 €	898,00 €
db				
Fertigungszeit	180 Min.	210 Min.	240 Min.	275 Min.
rel. db				
Rangfolge				

5 Bestimmen Sie das optimale Produktionsprogramm.

Rangfolge	Produkt	Produktions-menge	Fertigungszeit je Stück	(Rest-) Fertigungszeit
				179 520 Min.
1.				
2.				
3.				
4.				

6 Berechnen Sie das Betriebsergebnis für den Monat März im Fertigungsbereich Mountainbikes, wenn dort fixe Kosten in Höhe von 125 000,00 € anfallen.

7 Diskutieren Sie das von Ihnen festgelegte optimale Produktionsprogramm.

Info: Das optimale Produktionsprogramm in Engpasssituationen

Bei nicht ausreichenden Fertigungskapazitäten ist der absolute Deckungsbeitrag der Produkte kein geeigneter Maßstab für produktionspolitische Entscheidungen, weil dieser keine Aussage über die wirtschaftlichste Nutzung der voll ausgelasteten Fertigungsanlagen macht.

Um das Produktionsprogramm zu ermitteln, mit dem der höchste Gewinn erzielt werden kann, benötigt man den **relativen Deckungsbeitrag**. Dieser wird durch Umrechnung des absoluten Deckungsbeitrages je Stück in den **Deckungsbeitrag je Zeiteinheit** (Minute oder Stunde) ermittelt. Die Fertigung des Produktes

INFOBOX

mit dem höchsten relativen Deckungsbeitrag je Maschinenstunde oder -minute ist am wirtschaftlichsten. Das Produkt mit dem niedrigsten Deckungsbeitrag je Maschinenstunde oder -minute kann unter Umständen gar nicht oder nur zum Teil produziert werden.

Beispiel: Die Sommerfeld Bürosysteme GmbH stellt fünf Regalsysteme zu folgenden Bedingungen her:

Regalsysteme	Verkaufspreis in €	Variable Kosten in €	Fertigungszeit je Stück in Minuten	Maximale Absatzmenge lt. Absatzplan in Stück
A	1 320,00	840,00	200	400
B	540,00	300,00	75	500
C	300,00	180,00	30	1 600
D	420,00	480,00	50	600
E	1 920,00	1 560,00	225	450

Die maximale Absatzmenge kann nicht produziert werden, weil die Plattenfurnieranlage (Engpass) dieser Fertigungsstelle nur über eine Kapazität von 4 050 Maschinenstunden (243 000 Minuten) verfügt. Die fixen Kosten dieser Kostenstelle betragen 420 000,00 €. Das gewinnmaximale Produktionsprogramm ist zu ermitteln.

1. Ermittlung der absoluten Deckungsbeiträge

	A	B	C	D	E
Verkaufspreis (e) in €	1 320,00	540,00	300,00	420,00	1 920,00
Var. Stückkosten (k_v) in €	840,00	300,00	180,00	480,00	1 560,00
db in €	480,00	240,00	120,00	– 60,00	360,00

2. Ermittlung der relativen oder spezifischen Deckungsbeiträge (je Maschinenstunde)

	A	B	C	D	E
Fertigungszeit in Minuten	200	75	30	50	225
Relativer db je Engpassstunde in €	$\dfrac{480 \cdot 60}{200}$	$\dfrac{240 \cdot 60}{75}$	$\dfrac{120 \cdot 60}{30}$	$\dfrac{-60 \cdot 60}{50}$	$\dfrac{360 \cdot 60}{225}$
	= 144,00	= 192,00	= 240,00	= – 72,00	= 96,00
Rangfolge	3	2	1	–	4

Unter dem Gesichtspunkt der Gewinnmaximierung sollte das Regalsystem D aus der Fertigung genommen werden, weil es einen negativen Deckungsbeitrag bringt.

3. Produktionsprogramm

Rangfolge		Menge in Stück	Fertigungszeit je Stück in Minuten	belegte Engpasskapazität in Minuten	verbleibende Engpasskapazität in Minuten
1	C	1 600	30	48 000	195 000
2	B	500	75	37 500	157 500
3	A	400	200	80 000	77 500
4	E	344	225	77 400	100
				242 900	

Da die zur Verfügung stehende Fertigungskapazität nicht ausreicht, um die maximale Absatzmenge von jedem Produkt zu fertigen, werden von Produkt E, welches den geringsten relativen Deckungsbeitrag aufweist, nur 344 Stück hergestellt.

4. Ermittlung des Gewinns

Produkte	Menge	d_B in €	D_B in €
C	1 600	120,00	192 000,00
B	500	240,00	120 000,00
A	400	480,00	192 000,00
E	344	360,00	123 840,00
insgesamt			627 840,00
K_f in €			420 000,00
Gewinn in €			207 840,00

Vertiefende Übungen

1 Im Engpass stehen der Almaron AG 1 696 Fertigungsstunden zur Verfügung. Bestimmen Sie das optimale Produktionsprogramm, indem Sie die nachfolgenden Tabellen ergänzen.

	A	B	C	D
e	150,00 €	220,00 €	180,00 €	400,00 €
k_v	92,00 €	145,00 €	155,00 €	220,00 €
db				
Fertigungszeit	29 Min.	50 Min.	25 Min.	135 Min.
rel. db				
nachgefragte Menge	400 Stück	750 Stück	650 Stück	500 Stück
Fertigungszeit				

Rang	Produkt	Produktionsmenge		Fertigungszeit	DB
				101 760 Min.	
1.					
2.					
3.					
				DB	
				K_f	120 000,00 €
				Gewinn	

2 Der FIT FOR LIFE AG liegen fünf Aufträge über die Fertigung von Crosstrainern vor. Zur Fertigstellung der Crosstrainer müssen alle Modelle eine Fertigungsstraße durchlaufen, die sich bereits in der Vergangenheit als Engpass herausgestellt hat. Für den Planungszeitraum stehen auf dieser Fertigungsstraße insgesamt 13 000 Fertigungsminuten zur Verfügung.

In diesem Zusammenhang liegen folgende Daten aus den Abteilungen Absatz und Kostenrechnung vor:

Kunde	gewünschtes Modell	Auftragsmenge (in Stück)	Zeitbedarf je Stück (in Minuten)	Erzielbarer Preis je Stück (in €)	Variable Kosten je Stück (in €)
Adams OHG	Alpha	75	50	1 300,00	1 180,00
Berger KG	Beta	45	80	1 500,00	1 260,00
Caspers GmbH	Gamma	90	45	950,00	770,00
Dohm GmbH	Delta	70	50	1 100,00	975,00
Eilers AG	Epsilon	18	100	1 250,00	1 075,00

Ermitteln Sie den maximal möglichen Gewinn, wenn auf dieser Fertigungsstraße insgesamt 28 750,00 € fixe Kosten anfallen.

Ergänzende Übung

Die Maschinenbau Mahler AG fertigt die Bauteile A, B, C und D zu den angegebenen Bedingungen.

	A	B	C	D
Bedarfsmenge je Monat	8 000	4 000	6 000	12 000
Fertigungszeit je Einheit in Min.	12	30	15	10
k_v	20,00	40,00	25,00	15,00
Fremdbezugspreis	30,00	48,00	28,00	19,00
Kapazität von 4 Maschinen in der Maschinenfabrik	6 800 Stunden			

a) Berechnen Sie den Kapazitätsfehlbedarf bei Eigenfertigung.
b) Treffen Sie eine begründete Entscheidung, welches Bauteil fremdbezogen werden sollte.
c) Erstellen Sie das optimale Produktionsprogramm.

ZUSAMMENFASSUNG

Stückerlös − variable Stückkosten	$$\dfrac{\text{Stückerlös} - \text{variable Stückkosten}}{\text{Fertigungszeit}}$$

Das optimale Produktionsprogramm

Als _____ _____ bezeichnet man das Produktionsprogramm,

mit dem der _____ erzielt werden kann. Liegt ein _____ vor,

ist der absolute Deckungsbeitrag kein geeigneter Maßstab, um dieses zu bestimmen. Stattdessen legt

man mithilfe des _____ eine Produktionsrangfolge fest, wobei das Produkt mit

dem höchsten relativen Deckungsbeitrag _____ gefertigt wird.

SELBSTEINSCHÄTZUNG	Ja 😊	Mit Hilfe 😐	Nein ☹️
Ich kann einen Produktionsengpass erkennen.			
Ich kann den absoluten Deckungsbeitrag berechnen.			
Ich kann den relativen Deckungsbeitrag berechnen.			
Ich kann das optimale Produktionsprogramm bestimmen.			
Ich kann den höchstmöglichen Gewinn im Engpass berechnen.			

Außerdem habe ich gelernt:

_____

_____

_____

HINWEIS Zur Wiederholung und Vertiefung:
Seiten 164 ff., Trainingsmodul 2 und Seite 208, Aufgabe 16

Aufgabe 1: Kosten, Break-even-Point (Gewinnschwelle), kurzfristige Preisuntergrenze (vgl. LS 13, 14, 15))

Für die Fahrmeier GmbH stehen aus der Kostenrechnung folgende Informationen zur Verfügung:

	März	April
Produktionsmenge	10 000 Stück	15 000 Stück
Gesamtkosten fixe und variable Kosten	160 000,00 €	180 000,00 €
Gesamterlös	210 000,00 €	315 000,00 €

1.1   Erläutern Sie den Unterschied zwischen variablen und fixen Kosten und nennen Sie jeweils zwei Beispiele für jede Kostenart.

1.2   Berechnen Sie (bei unveränderten fixen Kosten im März und im April) die Gewinnschwelle.

1.3   Stellen Sie die Kosten und Erlöse grafisch dar. Kennzeichnen Sie die Gewinnschwelle sowie die Gewinn- und die Verlustzone.

1.4   Berechnen Sie die kurzfristige Preisuntergrenze.

Aufgabe 2: Break-even-Point (Gewinnschwelle), kurzfristige Preisuntergrenze (vgl. LS 14, 15)

2.1   Die Almaron AG ist ein Hersteller von Industriespülmaschinen, die in der Großgastronomie Verwendung finden und weltweit vertrieben werden. Im letzten Jahr ist der Absatz von 11 000 Stück auf 8 000 Stück zurückgegangen. Aus dem Controlling werden folgende Daten zur Verfügung gestellt:

Durchschnittlicher Verkaufspreis   6 000,00 €/Stück
Variable Stückkosten   4 708,00 €/Stück
Fixkosten   17 000 000,00 €/Jahr

Ermitteln Sie
a) die kurzfristige Preisuntergrenze,
b) den Deckungsbeitrag je Stück,
c) den Gewinn bzw. Verlust bei einem Absatz von 8 000 Stück,
d) den Absatz zur Erreichung des Break-even-Points.

2.2   Rationalisierungsinvestitionen könnten die Produktivität erhöhen und die variablen Stückkosten um 20 % senken. Eine Personalfreisetzung und eine Erhöhung der Fixkosten (durch erhöhte kalk. Abschreibungen und Zinsen) um 2 800 000,00 € pro Jahr wären allerdings nicht zu umgehen. Eine gleichzeitige Preissenkung um 15 % würde nach einer Marktanalyse eine Absatzerhöhung um 2 500 Stück bewirken.

Ermitteln Sie auf Grundlage dieser Werte
a) den Gewinn/Verlust bei Erreichung der geplanten Absatzmenge,
b) den Absatz zur Erreichung des Break-even-Points.

Aufgabe 3: Deckungsbeitrag (vgl. LS 14)

3.1   Die Healthcare GmbH produziert und verkauft das Stärkungsmittel „VitaPlus" zu einem Preis von 12,80 € je Stück auf dem Inlandsmarkt. Die variablen Kosten betragen 9,60 € je Stück. Die Healthcare GmbH hat für die geplante Rechnungsperiode 400 000,00 € an fixen Kosten ermittelt. Die vorhandene Gesamtkapazität des Unternehmens beträgt 250 000 Stück. Die Healthcare GmbH rechnet mit einem möglichen Gesamtumsatz im Inland von 1 920 000,00 €.

Berechnen Sie

a) den Deckungsbeitrag je Stück,

b) den Gesamtdeckungsbeitrag,

c) den Erfolg der Rechnungsperiode.

3.2   Die Healthcare GmbH könnte auf einem ausländischen Absatzmarkt das Stärkungsmittel unter der Bezeichnung „Healthiness" zu einem Preis von 12,00 € absetzen. Dadurch würden sich die variablen Stückkosten um 10 % und die oben genannten fixen Kosten um 15 % erhöhen. Der erwartete Umsatz auf dem Auslandsmarkt würde 1 050 000,00 € betragen.

a) Berechnen Sie den Gesamtdeckungsbeitrag, der über den Inlands- und Auslandsabsatzmarkt zu erzielen wäre.

b) Berechnen Sie den Gesamterfolg, der durch den Absatz auf dem Inlands- und Auslandsabsatzmarkt zu erzielen wäre.

c) Berechnen Sie die prozentuale Erhöhung des Gesamterfolgs, die durch den Absatz auf dem Auslandsmarkt gegenüber der ursprünglichen Situation zu erzielen wäre.

Aufgabe 4: Relativer Deckungsbeitrag (vgl. LS 16)

Die Kersting Fensterbau GmbH verfügt im Bereich der Fensterrahmenfertigung über eine Fertigungskapazität von 10 500 Fertigungsminuten je Periode. Für die Planung der folgenden Periode müssen nachstehende Daten berücksichtigt werden.

Modell	Absetzbare Menge (Stück)	Zeitbedarf je Stück (Minuten)	Erzielbarer Preis je Stück (€)	Variable Kosten je Stück (€)
A	950	2	28,00	10,00
B	700	2	29,00	14,00
C	800	3	55,00	18,00
D	200	15	285,00	120,00
E	3 000	1,5	17,00	8,00

Ermitteln Sie den maximal möglichen Gewinn in der Sparte „Fensterrahmen", wenn in diesem Bereich 65 000,00 € fixe Kosten anfallen.

Aufgabe 5: Zuschlagskalkulation auf Teilkostenbasis (vgl. LS 15.II)

Die Coffeefriends GmbH produziert Siebträgermaschinen für die Großgastronomie und kalkuliert den Angebotspreis für ihr Modell „EspressoPlusPro" nach dem Verfahren der Zuschlagskalkulation.

Die Kosten für Fertigungsmaterial und für Fertigungslöhne werden zu 100 %, die Materialgemeinkosten zu 70 % und die Fertigungsgemeinkosten zu 50 % als variable Kosten behandelt. Die Verwaltungskosten gelten zu 100 % und die Vertriebsgemeinkosten zu 50 % als fixe Kosten.

		Zuschlagssätze	
Fertigungsmaterial	800,00 €	Materialgemeinkosten	15 %
Fertigungslöhne	1 600,00 €	Fertigungsgemeinkosten	100 %
Sondereinzelkosten des		Verwaltungsgemeinkosten	25 %
Vertriebs (Fracht)	600,00 €	Vertriebsgemeinkosten	10 %
		Gewinn	15 %

Ermitteln Sie

a) auf Vollkostenbasis

   aa) die Herstellkosten,

   ab) die Selbstkosten,

   ac) den Gewinn;

b) die kurzfristige Preisuntergrenze,

c) den Deckungsbeitrag je Stück.

Aufgabe 6: Kosten, Break-even-Point (Gewinnschwelle), kurzfristige Preisuntergrenze (vgl. LS 13, 14, 15)

Die Produktionskapazität der Haushaltsfreunde GmbH für ihre Brotschneidemaschinen beträgt 10 000 Stück jährlich. Die fixen Kosten belaufen sich auf insgesamt 234 375,00 €, die variablen Kosten auf 27,50 € je Stück. Die Kapazitätsauslastung beträgt 75 %.

Alle hergestellten Brotschneidemaschinen wurden zu 65,00 € je Stück verkauft.

Ermitteln Sie

a) die hergestellte und verkaufte Stückzahl,

b) die angefallenen Gesamtkosten,

c) den erzielten Gesamtgewinn,

d) den Deckungsbeitrag je Stück,

e) den Break-even-Point,

f) die absolute Preisuntergrenze je Stück.

Aufgabe 7: Kosten, Deckungsbeitrag, Zuschlagskalkulation (vgl. LS 13, 14, 15)

Die Coffeefriends GmbH stellt neben Profigeräten für die Gastronomie auch einfache Kaffeemaschinen für Privathaushalte her. Im letzten Quartal produzierte und verkaufte sie je 1 000 Stück von den folgenden drei Geräten zu den angegebenen Bedingungen.

	I	II	III
Fertigungsmaterial	9,00 €	12,00 €	15,00 €
Fertigungslöhne	6,00 €	7,00 €	8,00 €
Verkaufspreis	58,00 €	68,00 €	48,00 €

Mit folgenden Gemeinkostenzuschlagssätzen wird bei der Coffeefriends GmbH im Bereich der Kaffeemaschinenfertigung kalkuliert:

MGK 10 %, FGK 100 %, VwGK 50 %, VtGK 20 %.

7.1 Ermitteln Sie den Quartalserfolg des Betriebes und den Erfolg der drei Geräte im Kostenträgerblatt auf dem Wege der Zuschlagskalkulation.

7.2 Erläutern Sie die Ergebnisse und zeigen Sie mögliche Konsequenzen auf.

7.3 Eine nähere Untersuchung ergab, dass der Anteil der fixen Kosten an den Gemeinkosten 44 520,00 € betrug. Die übrigen Gemeinkosten sind variable Kosten, von denen 8,50 € auf ein Stück des Gerätes I, 12,40 € auf ein Stück des Gerätes II und 16,30 € auf ein Stück des Gerätes III entfallen.

Ermitteln Sie die Erfolge auf dem Wege der Deckungsbeitragsrechnung.

7.4 Zeigen Sie mithilfe der Ergebnisse von 7.3 die Mängel der Vollkostenrechnung auf.

Ausgangssituation: Der Kunde bestimmt den Preis

WFW AG

- Aktennotiz -

Datum: 25. April 20..

Verfasserin: Heike Werner (Vertrieb Deutschland)

Betreff: Absatzpreise

- In letzter Zeit gab es verstärkt Rückmeldungen der Außendienstmitarbeiter, dass der Fahrrad-Einzelhandel sich beklagt, unsere Räder seien im Vergleich zur Konkurrenz zu teuer.
- Zudem melden Einzelhändler, dass Ausstattungsmerkmale unserer Räder vom Endkunden nicht gewünscht seien. Dies gälte vor allen für die Räder der Modellreihe Touring-Bikes. Konkret genannt wurden hier vor allen Dingen das Modell TB-750. Weder die 10-Gang-Schaltung noch die Komfort-Ledersättel oder diverse weitere Ausstattungsmerkmale seien für die Kunden kaufentscheidend.
- Die Einzelhändler vermuten, dass unter anderem diese hochwertigen Bauteile für den hohen Verkaufspreis verantwortlich seien, was dazu führen würde, dass die Endkunden auf preisgünstigere Alternativen unserer Mitbewerber zurückgreifen würden, unter anderem weil eine 5-Gang-Schaltung und ein „normaler" Sattel als ausreichend empfunden würde.

Arbeitsaufträge

1 Erläutern Sie die in der Aktennotiz geschilderten Probleme.

2 Erklären Sie die Vorgehensweise bei der „klassischen" Kostenträgerstückrechnung und führen Sie die Zuschlagskalkulation für das Touring-Bike TB-750 auf Basis der angegebenen Werte durch. Mögliche Rabatte wie Skonto bleiben unberücksichtigt.

	Materialeinzelkosten		100,00 €
+	Materialgemeinkosten	5 %	
=	Materialkosten		
	Fertigungseinzelkosten		123,16 €
+	Fertigungsgemeinkosten	110 %	
=	Fertigungskosten		
	Herstellkosten		
+	Verwaltungsgemeinkosten	4 %	
+	Vertriebsgemeinkosten	6 %	
=	Selbstkosten		
+	Gewinnzuschlag	25 %	
=	Listenverkaufspreis		

3 Diskutieren Sie, inwieweit das Target Costing einen Lösungsansatz für die geschilderten Probleme bieten kann, wenn den Einzelhändlern mit dem TB-750 vergleichbare Konkurrenzmodelle für durchschnittlich 425,00 € angeboten werden.

4 Um den Absatzrückgang beim TB-750 aufzuhalten, plant die WFW AG, das TB-750 zukünftig zum Listenverkaufspreis von 425,00 € anzubieten. Vervollständigen Sie das nachfolgende Schema, wenn der Gewinnzuschlag weiterhin 25 % der Selbstkosten betragen soll.

	Wert in €	Bearbeitungshinweis
Target Price	425,00 €	= 125 %
Target Profit		= 25 %
Target Costs		= 100 %
Target Gap		Einzusparende Kosten
Drifting Costs		Selbstkosten gem. Zuschlagskalkulation

5 Erläutern Sie die Methode des Conjoint-Measurement sowie der Zielkostenspaltung als Bestandteile des Target Costing.

6 Als Reaktion auf die Aktennotiz hat die Geschäftsführung eine umfangreiche Marktforschung zum Touring-Bike TB-750 durchgeführt. Während die Kunden sich mit der grundsätzlichen Konstruktion des Fahrrades (Rahmen, Lenkrad, Kugellager, Bremsen, Schutzbleche usw.) sehr zufrieden zeigten, gab es in Bezug auf bestimmte Ausstattungsmerkmale, welche die WFW AG bislang für besonders wichtig gehalten hatte, negative Rückmeldungen. Die nachfolgende Tabelle gibt Auskunft über die detaillierten Ergebnisse der Kundenbefragungen. Darüber hinaus enthält sie Ergebnisse der Controlling-Abteilung zu den Beschaffungs- bzw. Herstellkosten der relevanten Produktbestandteile.
Erläutern Sie die Aussagekraft der relativen Kostenanteile und der relativen Kundengewichtung.

Produktbestandteile	Kosten in €	Kostenanteile in %	Kundengewichtung/Einfluss auf die Kaufentscheidung in %
Bremssystem	55,00 €	13,75 %	16 %
Gepäckträger	22,00 €	5,50 %	5 %
Kugellager	26,00 €	6,50 %	7 %
Komfort-Ledersattel	46,00 €	11,50 %	9 %
Lichtanlage	14,00 €	3,50 %	3 %
Lenker	22,00 €	5,50 %	6 %
Rahmen	120,00 €	30,00 %	35 %
Schutzbleche	5,00 €	1,25 %	1 %
Tachometer	22,00 €	5,50 %	5 %
10-Gang-Schaltung	68,00 €	17,00 %	13 %
Summe	400,00 €	100,00 %	100 %

7 Ermitteln Sie die Kosten, die für jeden Produktbestandteil anfallen dürfen, wenn als Maßgabe die Kundengewichtung gilt und die im Aufgabenteil 4 ermittelten Zielkosten nicht überschritten werden dürfen.

Produktbestandteile	Kundengewichtung in %	Target Costs je Produktbestandteil
Bremssystem	16 %	
Gepäckträger	5 %	
Kugellager	7 %	
Komfort-Ledersattel	9 %	
Lichtanlage	3 %	
Lenker	6 %	
Rahmen	35 %	
Schutzbleche	1 %	
Tachometer	5 %	
10-Gang-Schaltung	13 %	
Summe	100 %	

8 Ermitteln Sie die für jeden Produktbestandteil einzusparenden Kosten.

Produktbestandteile	Drifting Costs in €	Target Gap	Target Costs je Produktbestandteil
Bremssystem	55,00 €		
Gepäckträger	22,00 €		
Kugellager	26,00 €		
Komfort-Ledersattel	46,00 €		
Lichtanlage	14,00 €		
Lenker	22,00 €		
Rahmen	120,00 €		
Schutzbleche	5,00 €		
Tachometer	22,00 €		
10-Gang-Schaltung	68,00 €		
Summe	400,00 €		

Info 1: Preiskalkulation im Rahmen der Kostenträgerstückrechnung

Bei der klassischen Zuschlagskalkulation werden auf Basis von Produkt- und Produktionsdaten zunächst Material- und Fertigungseinzelkosten ermittelt und die Gemeinkosten dann mithilfe von Zuschlagssätzen auf die Produkte verrechnet, sodass man die Selbstkosten (= alle für das jeweilige Produkt angefallenen bzw. zu tragenden Kosten) erhält. Unter Hinzurechnung des gewünschten Gewinnzuschlags, des zu gewährenden Skontosatzes sowie individueller Kundenrabatte erhält man den Listenverkaufspreis. Der Verkaufspreis wird also ausgehend von den anfallenden Kosten unter Berücksichtigung eines angemessenen Gewinns ermittelt (**Vorwärtskalkulation**).

INFOBOX

Zu Absatzschwierigkeiten kommt es, wenn

- der Kunde nicht willens oder in der Lage ist, den kalkulierten Preis zu akzeptieren,
- die Mitbewerber vergleichbare Produkte preiswerter anbieten,
- die angebotenen Produkte Eigenschaften haben, die der Kunde nicht benötigt,
- die Produkte aufgrund hoher Entwicklungskosten bei der Markteinführung besonders teuer sind.

Info 2: Aufbau der Zielkostenrechnung (Target Costing)

Während bei der klassischen Kostenrechnung die Kosten den Preis bestimmen, bestimmt beim Target Costing der am Markt erzielbare Preis („Was darf das Produkt kosten?") die Kosten.

Der **Zielpreis (Target Price)** wird durch Erfahrungswerte und Marktforschungsmethoden (siehe „Conjoint-Measurement") oder direkte Verhandlungen ermittelt.

Vom Zielpreis abzuziehen ist der **Zielgewinn (Target Profit)**, wodurch sich die zulässigen **Zielkosten (Target Costs)** ergeben. Diesen Zielkosten werden die **Selbstkosten** laut Plankostenrechnung bei gegebenen Produktionsbedingungen (**Drifting Costs**) gegenübergestellt.

Sind die Selbstkosten lt. Plankostenrechnung höher als die Zielkosten, entsteht eine **Ziellücke (Target Gap)**, die durch kostensenkende Maßnahmen geschlossen werden muss, wenn der Zielgewinn erreicht werden soll.

Beispiel: Für die Herstellung eines Kinderfahrrades fallen bei der WFW AG Selbstkosten in Höhe von 180,00 € an. Der vom Markt maximal akzeptierte Preis (Target Price) beträgt 200,00 €. Damit die WFW AG ihren geplanten Zielgewinn (Target Profit) in Höhe von 70,00 € erreichen kann, dürfen die Selbstkosten maximal 130,00 € betragen. Die „erlaubten Kosten" liegen also 50,00 € unter den tatsächlichen Kosten. Es ergibt sich eine Ziellücke (Target Gap) in Höhe von 50,00 €.

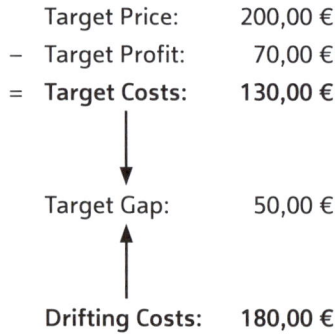

	Target Price:	200,00 €
−	Target Profit:	70,00 €
=	Target Costs:	130,00 €
	Target Gap:	50,00 €
	Drifting Costs:	180,00 €

Info 3: Ermittlung des Zielpreises durch Conjoint-Measurement (Verbundanalyse)

Ziel dieser Methode ist es, herauszufinden, welche Produkteigenschaften für die Kunden kaufentscheidend sind und wie hoch sie diese gewichten.

Fortführung Beispiel: Kinderfahrrad

Produkteigenschaften	Kundengewichtung (Einfluss auf Kaufentscheidung)
Sicherheit (Verarbeitungsqualität)	55 %
Optik (Rahmen, Farbgebung)	10 %
Bequemlichkeit (Sattel, Lenker)	20 %
Ökologische Aspekte (verwendete Lacke)	15 %

Zielkostenspaltung

Da nicht alle Produkteigenschaften für die Kunden gleich wichtig sind (vgl. Conjoint-Measurement), sind die Kunden auch nicht bereit, für Eigenschaften, auf die sie keinen Wert legen, hohe Preise zu bezahlen. Die Zielkostenspaltung soll helfen, den Anteil der Herstellkosten zur Realisierung der einzelnen Produkteigenschaften mit der relativen Wertschätzung in Einklang zu bringen. Dazu werden die Selbstkosten lt. Plankostenrechnung auf die Produkteigenschaften umgelegt und ihr relativer Anteil an den Gesamtkosten ermittelt.

Fortführung Beispiel: Kinderfahrrad

Produkteigenschaften	Kosten	Kostenanteil
Sicherheit (Verarbeitungsqualität)	90,00 €	50,00 %
Optik (Rahmen, Farbgebung)	20,00 €	11,11 %
Bequemlichkeit (Sattel, Lenker)	40,00 €	22,22 %
Ökologische Aspekte (verwendete Lacke)	30,00 €	16,67 %
Summe	180,00 €	100,00 %

Vergleicht man den relativen Kostenanteil mit der Kundengewichtung, so erkennt man, dass die Kostenanteile für Optik und Bequemlichkeit höher sind als ihre Auswirkung auf die Kaufentscheidung.

Ermittlung der Target Costs (Zielkosten) je Produkteigenschaft

Um den Zielpreis unter Berücksichtigung der Kundengewichtungen erreichen zu können, ist es erforderlich, die Zielkosten je Produkteigenschaft zu berechnen. Dadurch wird bei der Herstellung eines Produktes den Eigenschaften Priorität eingeräumt, die für die Kunden kaufentscheidend sind.

Fortführung Beispiel: Kinderfahrrad

Produkteigenschaften	Kundengewichtung	Target Costs je Produkteigenschaft
Sicherheit (Verarbeitungsqualität)	55 %	71,50 €
Optik (Rahmen, Farbgebung)	10 %	13,00 €
Bequemlichkeit (Sattel, Lenker)	20 %	26,00 €
Ökologische Aspekte (verwendete Lacke)	15 %	19,50 €
Summe	100 %	130,00 €

Ermittlung des Target Gap je Produkteigenschaft

Subtrahiert man die Target Costs von den tatsächlichen Kosten, so erhält man den Target Gap je Produkteigenschaft, d.h. die Kosten je Produkteigenschaft, die unter Berücksichtigung der Kundengewichtung eingespart werden müssen, um die gesamten Zielkosten zu erreichen.

Fortführung Beispiel: Kinderfahrrad

Produkteigenschaften	Drifting Costs je Produkteigenschaft	Target Gap	Target Costs je Produkteigenschaft
Sicherheit	90,00 €	18,50 €	71,50 €
Optik	20,00 €	7,00 €	13,00 €
Bequemlichkeit	40,00 €	14,00 €	26,00 €
Ökologische Aspekte	30,00 €	10,50 €	19,50 €
Summe	180,00 €	50,00 €	130,00 €

Vertiefende Übung

Die WFW AG stellt einen rückläufigen Umsatz des Herrenrades „Wind" fest, das für 475,00 € verkauft wird. Die Selbstkosten werden einschließlich der Kosten der Grundausstattung (Gestell, Räder mit Bereifung, Sattel) mit 440,00 € kalkuliert. Eine Marktuntersuchung ergab, dass vergleichbare Markenräder ca. 40,00 € preiswerter angeboten werden und die zu üppige Ausstattung kritisiert wird.

a) Erläutern Sie Probleme des Herstellers und schlagen Sie Maßnahmen vor.

b) Eine Gegenüberstellung von Kosten- und Kundennutzengewichtung der Einzelteile der Ausstattung ergab folgendes Bild:

Ausstattungsmerkmal	Drifting Costs in €	Kundennutzengewichtung in %
Tacho	24,00	18
Spiegel	6,00	5
Kettenschutz	9,00	7
Stoßdämpfer	32,00	8
8-Gang-Schaltung	28,00	17
Pulsmessgerät	48,00	9
Luftpumpe	22,00	13
Wasserflasche	15,00	10
Gepäckträger	16,00	11
Gepäcktaschen	20,00	2

Stellen Sie begründet dar, bei welchen Ausstattungsmerkmalen die WFW AG Maßnahmen ergreifen sollte, um eine Reduktion der Selbstkosten zu erreichen.

ZUSAMMENFASSUNG

„Klassische Kostenrechnung" (Zuschlagskalkulation)	Zielkostenrechnung (Target Costing)
_____ orientierung	_____ orientierung
Was _____ ein Produkt kosten?	Was _____ ein Produkt kosten?
Die Kosten bestimmen den _____ !	Der _____ bestimmt Kosten!

Rechen-zeichen	Englischer Begriff	Deutscher Begriff	Erläuterung
	Target Price	_____	Der am _____ erzielbare Verkaufspreis.
–	_____	Zielgewinn	Der vom Unternehmen _____ Gewinn.
=	Target Costs	_____	Die maximal „_____" Kosten.
–	_____	Selbstkosten	Die aktuell _____ Kosten.
=	Target **Gap**	_____	Die zu _____ Kostenlücke.

SELBSTEINSCHÄTZUNG	Ja 🙂	Mit Hilfe 😐	Nein 🙁
Ich kann erklären, warum es bei ausschließlicher Anwendung der Zuschlagskalkulation zu Absatzproblemen kommen kann.			
Ich kann den grundsätzlichen Aufbau der Zielkostenrechnung erläutern.			
Ich kann folgende Begriffe voneinander abgrenzen: Target Price, Target Profit, Target Costs, Target Gap, Drifting Costs.			
Ich kann die Zielsetzung des Conjoint-Measurement erläutern.			
Ich kann die Vorgehensweise bei der Zielkostenspaltung erläutern.			
Ich kann eine Zielkostenrechnung durchführen.			

Außerdem habe ich gelernt:

_____

_____

_____

HINWEIS   Zur Wiederholung und Vertiefung: Seite 209, Aufgabe 17

Ausgangssituation: Die Kalkulationen stimmen nicht mehr ...

Da es in der WFW AG in den vergangenen Monaten immer wieder zu deutlichen Kostenabweichungen bei einzelnen Produkten gekommen ist, beruft die Vorstandsvorsitzende Anne Wessels ein Meeting mit der Leiterin des Rechnungswesens, Andrea Kamp, und dem Chef-Controller Martin Götz ein.

Anne Wessels: „Ich habe Sie zu diesem kurzen Meeting eingeladen, weil es in den letzten Monaten vermehrt zu starken Abweichungen zwischen den kalkulierten und den tatsächlichen Selbstkosten gekommen ist. Wie Sie selbst wissen, entstehen durch solche Kostenabweichungen zwei grundsätzliche Probleme: Zum einen können die kalkulierten Selbstkosten über den tatsächlich anfallenden liegen, was dazu führt, dass wir zu hohe Preise verlangen und Kunden zur Konkurrenz abwandern. Zum anderen ist es auch schon vorgekommen, dass die kalkulierten Selbstkosten zu niedrig angesetzt waren und wir den angestrebten Gewinn nicht erzielen konnten oder durch einzelne Aufträge sogar Verluste realisieren mussten."

Martin Götz: „Eine mögliche Ursache für die Kostenabweichungen ist, dass wir bislang die Kostenkalkulation mithilfe der Normalkostenrechnung durchgeführt haben, d. h., wir haben auf Basis der Ist-Kosten der vergangenen Rechnungsperioden die Kosten für die Zukunft prognostiziert. Eigentlich handelt es sich dabei um eine sinnvolle und anerkannte Methode, die zu korrekten Ergebnissen führt. Wenn die Gemeinkosten im Vergleich zur Vorperiode aber deutlich steigen oder sinken, entsprechen die Ergebnisse der Vorkalkulation nicht mehr den dann tatsächlich anfallenden Selbstkosten bei der Fertigung der Aufträge und es kommt zu Kostenabweichungen."

Andrea Kamp: „Eine Möglichkeit wäre, künftig die flexible Plankostenrechnung anzuwenden. Dabei werden die Selbstkosten unabhängig von den Ist-Kosten der Vergangenheit ermittelt."

Anne Wessels: „Das müssten Sie mir mal genauer erklären."

Arbeitsaufträge

1 Geben Sie das in der Ausgangssituation geschilderte Problem, seine mögliche Ursachen und den Lösungsvorschlag mit Ihren eigenen Worten wieder.

2 Führen Sie eine flexible Plankostenrechnung für einen Fahrradrahmen durch.

Schritt 1: Berechnen Sie die **geplanten Einzelkosten** für die Fahrradrahmen.

a) Berechnen Sie die Einzelkosten für das Planfertigungsmaterial.

	Aluminiumverbrauch je Fahrradrahmen lt. Stückliste:	6,00 m Rohrlänge
+	Abfallmenge/Verschnitt (10 %):	
=	**Bruttoplanverbrauchsmenge:**	

Planproduktionsmenge:	200 Fahrradrahmen
Gesamtbruttoplanverbrauchsmenge:	
Planverrechnungspreis je m²:	9,50 €/m
Kosten für Planfertigungsmaterial:	

→ Die geplanten Einzelkosten für das Fertigungsmaterial gelten in voller Höhe als variabel, werden um die Kostenstellen herumgeführt und den Fahrrädern als Kostenträger direkt zugeordnet.

b) Berechnen Sie die Einzelkosten für den Planfertigungslohn.

Planproduktionsmenge:	200 Fahrradrahmen
Vorgabezeit je Fahrradrahmen:	45 Minuten
Erwarteter Lohnkostensatz je Stunde:	18,00 €

→ Der Planfertigungslohn geht als variable Plankosten in die Kostenplanung der Fertigung (vgl. Schritt 2) ein.

Schritt 2: Lösen Sie die **geplanten Gemeinkosten** der Rahmenfertigung in variable und fixe Bestandteile auf.

Kostenstelle: Rahmenfertigung I					
Kostenart	Planmenge	Planpreis je Einheit	Plankosten		
			gesamt	variabel	fix
Fertigungslöhne		18,00 €/Std.			
Energie	2 000 kWh	0,25 €/kWh	500,00 €	490,00 €	10,00 €
GK-Material			1 200,00 €	200,00 €	1 000,00 €
Instandsetzung	8 Stunden	25,00 €/Std.	250,00 €	20,00 €	230,00 €
Kalk. AfA			1 500,00 €	0,00 €	1 500,00 €
Kalk. Zinsen			600,00 €	0,00 €	600,00 €
Sonstige Kosten			1 200,00 €	200,00 €	1 000,00 €
Plankostensumme					
Planbezugsgröße: 150 Stunden					
Plankostenverrechnungssatz					

Schritt 3:

a) Ermitteln sie die **verrechneten Plankosten für die Planbeschäftigung** (150 Stunden).

b) Stellen Sie allgemein die Funktion der verrechneten Plankosten (y-Wert) in Abhängigkeit von der Beschäftigung (x-Wert) grafisch dar. Nutzen Sie hierfür das Koordinatensystem auf Seite 177.

Plankosten

> Plankostenverrechnungssatz · Planbeschäftigung = Verrechnete Plankosten

Schritt 4:

a) Ermitteln Sie die **Soll-Kosten für die Planbeschäftigung** (150 Stunden) **und für eine Ist-Beschäftigung** von 120 Stunden.

b) Stellen Sie in dem Koordinatensystem auf S. 177 die Funktion der Soll-Kosten in Abhängigkeit von der Beschäftigung dar.

Soll-Kosten bei einer Ist-Beschäftigung von 150 Stunden (= Planbeschäftigung)

> variable Plankosten · Ist-Beschäftigung + fixe Plankosten = Soll-Kosten

Tatsächlich war die Kostenstelle Rahmenfertigung I nur zu 80 % ausgelastet:

Soll-Kosten bei einer Ist-Beschäftigung von <u>120</u> Stunden (= tatsächliche Beschäftigung)

> variable Plankosten · Ist-Beschäftigung + fixe Plankosten = Soll-Kosten

Schritt 5:

a) Führen Sie eine **Abweichungsanalyse** durch, indem Sie die **Beschäftigungs-, die Verbrauchs- und die Gesamtabweichung** berechnen.

b) Tragen Sie die Ist-Kosten bei Ist-Beschäftigung in das Koordinatensystem auf S. 177 ein und kennzeichnen Sie die Beschäftigungs-, die Verbrauchs- und die Gesamtabweichung.

> Plankostenverrechnungssatz · Ist-Beschäftigung = Verrechnete Plankosten bei Ist-Beschäftigung
>
> Verrechnete Plankosten bei Ist-Beschäftigung:
> –   Soll-Kosten bei Ist-Beschäftigung: (vgl. Schritt 4)
> _____
> =   **Beschäftigungsabweichung:**

Tatsächlich sind in der Kostenstelle Rahmenfertigung I aber **Ist-Kosten** in Höhe von 7 500,00 € angefallen.

>   Sollkosten bei Ist-Beschäftigung:
> –   Ist-Kosten:
> _____
> =   **Verbrauchsabweichung:**

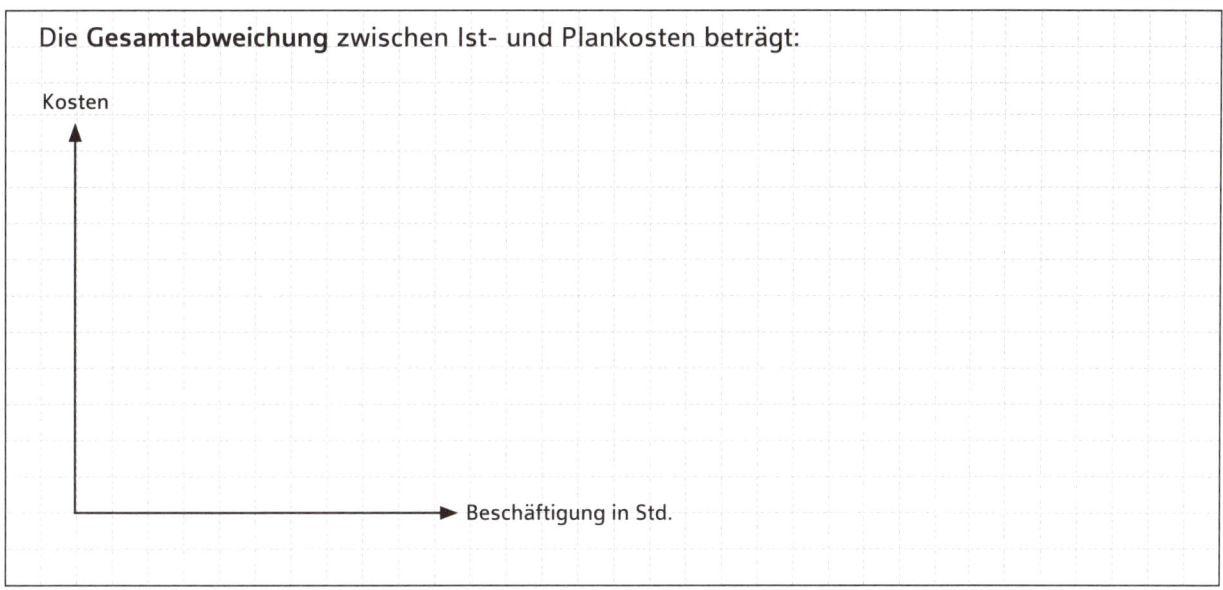

Die **Gesamtabweichung** zwischen Ist- und Plankosten beträgt:

Info 1: Plankosten

Die flexible Plankostenrechnung überwindet die Schwächen der Normalkostenrechnung, die auf Durchschnittswerten der Vergangenheit beruht. Diese Schwächen treten immer dann zu Tage, wenn es zu starken Kostenänderungen kommt.

Plankosten sind **zukunftsorientierte Kostenvorgaben**, die auf der Basis von geplanten Material-Verbrauchsmengen und deren Preisen für eine geplante Ausbringungsmenge berechnet werden:

Plankosten = Planmenge · Planpreis je Einheit

Die geplante Ausbringungsmenge (= **Planmenge**) wird auf Basis der Absatzerwartungen und der vorhandenen Kapazitäten festgelegt. Als **Planpreis je Einheit** werden zukünftige Planeinstandspreise für das Material und zukünftige Lohnverrechnungssätze festgelegt.

Planfertigungsmaterial
Die Planverbrauchsmenge wird auf Basis von Stücklisten oder Rezepturen ermittelt, wobei Zuschläge für nicht vermeidbaren Verschnitt oder Abfall berücksichtigt werden müssen.

Beispiel:

Berechnung der Planverbrauchsmenge für ein Regal

Verbrauch je Einheit lt. Stückliste	$1,50 \text{ m}^2$
+ Abfallmenge 2 %	$0,03 \text{ m}^2$
= Bruttoplanverbrauchsmenge	$1,53 \text{ m}^2$

Planproduktionsmenge 10 000 Regale
Gesamtbruttoplanverbrauchsmenge = $1,53 \cdot 10000 = 15300 \text{ m}^2$

Berechnung des Planfertigungsmaterials:

Planverrechnungspreis je m^2:	$20,00 \text{ €/m}^2$
Planfertigungsmaterial: 15 300 · 20 =	$306000,00 \text{ €}$

Die Plankosten für das Fertigungsmaterial werden als **Einzelkosten** um die Kostenstelle herumgeführt und den Kostenträgern direkt zugerechnet.

INFOBOX

Planfertigungslohn

Die Voraussetzung für die Berechnung der geplanten Lohnkosten ist die exakte Festlegung

- von Vorgabezeiten mithilfe von Arbeitszeitstudien und
- eines geplanten Lohnkostensatzes.

Beispiel (Fortsetzung):

Vorgabezeit je Regal	36 Minuten
Lohnkostensatz	12,00 €

Geplante Produktionsmenge 10 000 Regale (vgl. oben)

Daraus ergeben sich die geplanten Lohnkosten:

$$\frac{12,00 \text{ €/Std.}}{60 \text{ Min./Std.}} = 0,20 \text{ €/Min.} \cdot 36 \text{ Min./Stück} = 7,20 \text{ €/Stück} \cdot 10\,000 \text{ Stück} = 72\,000,00 \text{ €}$$

Obwohl die Planfertigungslöhne Einzelkosten sind, werden sie aus Kontrollgründen als **variable Plangemeinkosten** in den Kostenstellen übernommen (vgl. Fortsetzung des Beispiels unten).

Plangemeinkosten und Kostenplan

Plangemeinkosten sind den Kostenträgern nicht direkt zuzurechnen. Um eine verursachungsgerechte Verrechnung auf die Kostenträger zu erreichen, werden sie daher zunächst für jede Kostenstelle festgelegt. Um die Plangemeinkosten bei unterschiedlichen Beschäftigungsgraden festlegen zu können, ist eine **Kostenauflösung in fixe und variable Bestandteile** erforderlich. Mithilfe von Planverrechnungssätzen, die für jede Kostenstelle zu ermitteln sind, wird dann die Verrechnung der Gemeinkosten auf die Kostenträger durchgeführt. Für jede Kostenstelle entsteht so ein **Kostenplan**. Solche Kostenpläne enthalten für die Kostenstellenleiter die Kosten, die bei der geplanten Beschäftigung anfallen sollen. Sie haben **Vorgabecharakter**.

Beispiel (Fortsetzung):

Kostenstellenbezeichnung: Säge I Zeitraum Monat: Januar			Kostenstellenleiter: Pankritz		
Planbezugsgröße: 4 000 Fertigungsstunden/Monat					
Kostenart	Planmenge	Planpreis je Mengenein-heit in €	Plankosten		
			gesamt	variabel	fix
Fertigungslöhne	4 000 Std.	12,00	48 000,00	48 000,00	
Hilfslöhne	256 Std.	10,00	2 560,00	1 792,00	768,00
Energie	18 000 kWh	0,10	1 800,00	1 773,00	27,00
Sozialkosten			12 512,00	9 380,00	3 132,00
Gemeinkostenmaterial (Öl, Fette)			3 798,00	1 638,00	2 160,00
Instandsetzung	400 Std.	20,00	8 000,00	1 600,00	6 400,00
Kalkulatorische Abschreibungen			4 200,00	1 500,00	2 700,00
Kalkulatorische Zinsen	500 T€	9 % p. a.	3 750,00	–	3 750,00
Kalkulatorische Miete	350 m²	6,00 €/m²	2 100,00	–	2 100,00
Sonstige Kosten			13 280,00	2 317,00	10 963,00
	Plankostensumme		100 000,00	68 000,00	32 000,00
$\dfrac{\text{Plankostensumme}}{\text{Planbezugsgröße}}$	Plankostenverrechnungssatz		25,00	17,00	8,00

Laut Kostenplan sind im **Plankostenverrechnungssatz** (25,00 €) der Kostenstelle Säge I neben den variablen Kosten je Facharbeiterstunde (17,00 €) auch die fixen Kosten je Fertigungsstunde (8,00 €) bei Planbeschäftigung (4000 Stunden) enthalten. Folgende Funktion gibt die Zusammenhänge wieder:

Beispiel (Fortsetzung):

Verrechnete Plankosten	=	Plankostenverrechnungssatz	·	Planbeschäftigung
Verrechnete KG	=	$(k_v + k_f)$	·	x
100 000,00 €	=	(17,00 € + 8,00 €)	·	4 000 Stunden

Da die fixen Kosten grundsätzlich konstant bleiben, werden bei Abweichungen von der Planbeschäftigung somit unterschiedlich hohe fixe Kosten verrechnet:
- tatsächliche Beschäftigung < Planbeschäftigung → Es werden zu wenige fixe Kosten verrechnet.
- tatsächliche Beschäftigung > Planbeschäftigung → Es werden zu viele fixe Kosten verrechnet.

Info 2: Soll-Kosten

Da sich nur die variablen Kosten proportional zur Beschäftigung ändern und die fixen Kosten konstant bleiben, muss der Einfluss der Beschäftigung auf die Kostenentwicklung des Unternehmens ermittelt werden, um evtl. Kostenabweichungen feststellen zu können. Deshalb ist es notwendig, die Kosten in fixe und variable Bestandteile aufzuspalten und Soll-Kosten zu ermitteln. Soll-Kosten geben an, welche Kosten unter den geplanten Bedingungen und unter Berücksichtigung der jeweiligen Beschäftigungslage angefallen wären. Sie lassen sich für jeden Beschäftigungsgrad ableiten.

Beispiel (Fortsetzung):

	Soll-Kosten	=	variable Plankosten	·	Ist-Beschäftigung	+	fixe Plankosten
a)	100 000,00 €	=	17,00 €	·	4 000 Stunden	+	32 000,00 €
b)	83 000,00 €	=	17,00 €	·	3 000 Stunden	+	32 000,00 €
c)	117 000,00 €	=	17,00 €	·	5 000 Stunden	+	32 000,00 €

Folgendes Diagramm veranschaulicht für das Beispiel die auftretenden Kostenabweichungen aufgrund von Abweichungen der Ist-Beschäftigung von der Planbeschäftigung (**Beschäftigungsabweichungen**):

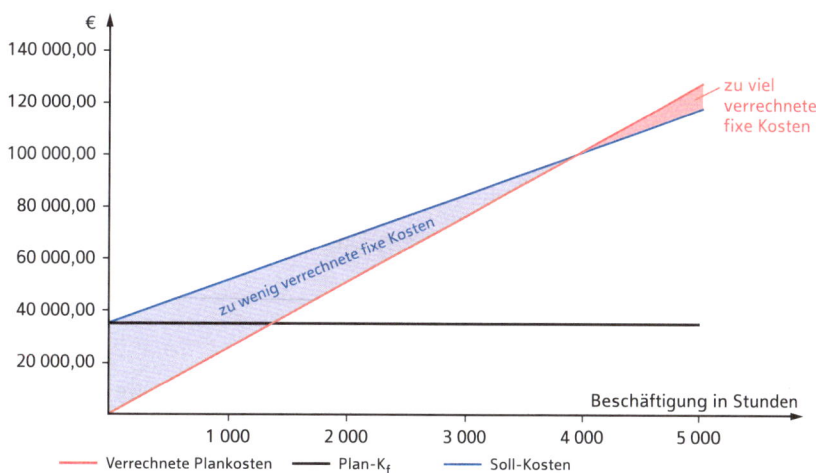

Info 3: Abweichungsanalyse

Das **Hauptziel** der Plankostenrechnung ist der **Vergleich der Ist-Kosten mit den verrechneten Plankosten,** um über eine Analyse der festgestellten Abweichungen eine wirksame Kostenkontrolle und -steuerung in den Kostenstellen zu ermöglichen. Ursachen für Abweichungen können in den Preisen (Preisabweichungen), in der Beschäftigung (Beschäftigungsabweichung) und in den Verbräuchen (Verbrauchsabweichungen) begründet sein.

Preisabweichungen

In einem ersten Schritt werden **Preisabweichungen** eliminiert. Dies geschieht durch den Ansatz der Ist-Menge (tatsächliche Verbrauchsmengen) zu Planpreisen (feste Verrechnungspreise). Deshalb sind **Ist-Kosten** in der Plankostenrechnung **zu Planpreisen (Verrechnungspreise) bewertete Ist-Mengen.** Dadurch werden Preisabweichungen von vornherein ausgeschlossen.

Beschäftigungsabweichungen

Da der Kostenstellenleiter nur **Verbrauchsabweichungen** zu verantworten hat, müssen in einem zweiten Schritt **Beschäftigungsabweichungen** eliminiert werden. Das setzt voraus, dass die Plankosten zunächst auf die erreichte Ist-Beschäftigung umgerechnet werden:

Plankostenverrechnungssatz · Ist-Beschäftigung = **Verrechnete Plankosten bei Ist-Beschäftigung**

Anschließend werden sie den Soll-Kosten gegenübergestellt:

Variable Plankosten · Ist-Beschäftigung + fixe Plankosten = **Soll-Kosten bei Ist-Beschäftigung**

Abweichungen zwischen **Plankosten** und **Soll-Kosten** treten auf, wenn der geplante Beschäftigungsgrad nicht erreicht (Unterdeckung) oder überschritten (Überdeckung) wird.

	Verrechnete Plankosten bei Ist-Beschäftigung
−	Sollkosten bei Ist-Beschäftigung
=	**Beschäftigungsabweichung** (Unterdeckung: − / Überdeckung: +)

Beispiel (Fortsetzung): Die Kostenstelle Säge I (vgl. Seite 178) wurde im Monat Januar zu 75 % ausgelastet; die tatsächliche Beschäftigung (= Ist-Beschäftigung) betrug also 3 000 Stunden.

Plankostenverrechnungssatz · Ist-Beschäftigung	=	**Verrechnete Plankosten bei Ist-Beschäftigung**
25,00 € · 3 000 Stunden	=	75 000,00 €

Variable Plankosten · Ist-Beschäftigung + fixe Plankosten	=	**Soll-Kosten bei Ist-Beschäftigung**
17,00 € · 3 000 Stunden + 32 000,00 €	=	83 000,00 €

	Verrechnete Plankosten bei Ist-Beschäftigung	75 000,00 €
−	Sollkosten bei Ist-Beschäftigung	83 000,00 €
=	**Beschäftigungsabweichung**	− 8 000,00 €

Im Beispiel liegt eine Unterdeckung von −8 000,00 € vor. Die Beschäftigungsabweichung ist vom Kostenstellenleiter nicht zu verantworten.

Verbrauchsabweichungen

Die Verbrauchsabweichung wird ermittelt, indem den Soll-Kosten bei Ist-Beschäftigung die Ist-Kosten gegenübergestellt werden. Übersteigen die Ist-Kosten die Soll-Kosten, liegt ein Mehrverbrauch vor, andernfalls ein Minderverbrauch:

	Soll-Kosten bei Ist-Beschäftigung
−	Ist-Kosten
=	**Verbrauchsabweichung** (Mehrverbrauch: − / Minderverbrauch: +)

Beispiel (Fortsetzung):

Tatsächlich sind in der Kostenstelle Säge I im Monat Januar aber **Ist-Kosten** in Höhe von 87 000,00 € angefallen.

	Soll-Kosten bei Ist-Beschäftigung	83 000,00 €
−	Ist-Kosten	87 000,00 €
=	**Verbrauchsabweichung**	**− 4 000,00 €**

Der Mehrbrauch in Höhe von 4 000,00 € ist vom Kostenstellenleiter zu begründen.

Gesamtabweichung
Die Summe aus Beschäftigungs- und Verbrauchsabweichung ergibt die Gesamtabweichung.

Beschäftigungsabweichung		Verrechnete Plankosten bei Ist-Beschäftigung
+ Verbrauchsabweichung	oder	− Ist-Kosten
= **Gesamtabweichung**		= **Gesamtabweichung**

Beispiel (Fortsetzung):

Beschäftigungsabweichung	− 8 000,00 €		Verrechn. Plankosten bei Ist-Besch.	75 000,00 €
+ Verbrauchsabweichung	− 4 000,00 €	oder	− Ist-Kosten	87 000,00 €
= **Gesamtabweichung**	**− 12 000,00 €**		= **Gesamtabweichung**	**12 000,00 €**

Das folgende Diagramm verdeutlicht die Ergebnisse des Beispiels:

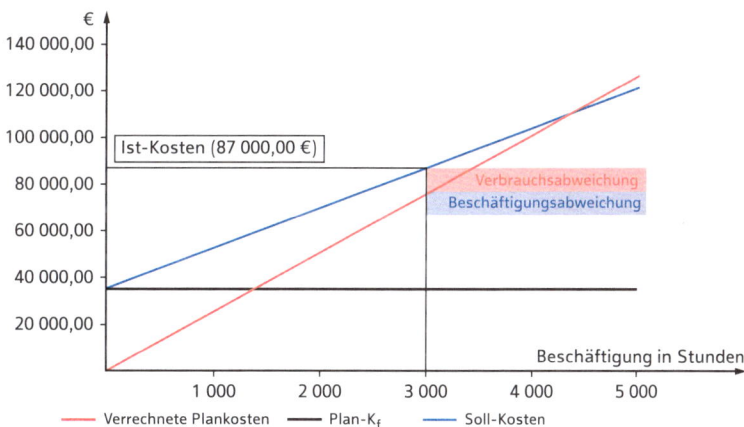

Die Verursachung der Verbrauchsabweichung kann detailliert begründet werden, wenn für die einzelnen Kostenstellen sämtlichen Ist-Kostenarten beim Ist-Beschäftigungsgrad die entsprechenden Soll-Kosten beim Ist-Beschäftigungsgrad gegenübergestellt werden:

Beispiel (Fortsetzung): Hilfslöhne in der Kostenstelle Säge I (vgl. Seite 178)

Ermittlung von Kostenabweichungen in den Kostenstellen für einzelne Kostenarten
Kostenabweichungen können nicht nur für die Kostenstelle insgesamt, sondern auch bei einzelnen Kostenarten der Kostenstelle festgestellt werden, um eine genauere Analyse der Ursachen zu ermöglichen.

Plankosten: 2 560,00 € (256 Stunden · 10,00 €/Stunde), davon **1 792,00 € variabel** und **768,00 € fix**

Verrechnete Plankosten zu Ist-Beschäftigung: 256 Stunden · 0,75 = 192 Stunden · 10,00 € = **1 920,00 €**

Soll-Kosten bei Ist-Beschäftigung: 1 792,00 €/256 Stunden = 7,00 €/Stunde
7,00 €/Stunde · 192 Stunden + 768,00 € = **2 112,00 €**

Verrechnete Plankosten zu Ist-Beschäftigung	1920,00 €
– Soll-Kosten bei Ist-Beschäftigung	2112,00 €
= **Beschäftigungsabweichung**	**– 192,00 €**

Tatsächlich sind in der Kostenstelle Säge I Ist-Kosten in Höhe von 2072,00 € angefallen.

Sollkosten bei Ist-Beschäftigung	2112,00 €
– Ist-Kosten	2072,00 €
= **Verbrauchsabweichung**	**40,00 €**

Die Gesamtabweichung zwischen Ist- und Plankosten beträgt also 152,00 €.

In diesem Falle liegt ein Minderverbrauch von 40,00 € oder 4 Arbeitsstunden vor. Der Kostenstellenleiter hat die Kostenabweichung nicht zu vertreten, im Gegenteil, er hat durch verminderten Hilfskräfteeinsatz dazu beigetragen, dass die Gesamtabweichung geringer ausfällt.

Vertiefende Übungen

1 In der Kostenstelle Fertigung II der TSM AG werden für den Monat Juli folgende Daten ermittelt:
Planbeschäftigung: 2400 Stunden, Ist-Beschäftigung: 1560 Stunden
Plangesamtkosten: 180000,00 € (davon 54000,00 € fixe Kosten), Ist-Kosten: 134000,00 €
a) Berechnen Sie den Plankostenverrechnungssatz.
b) Berechnen Sie die Beschäftigungsabweichung.
c) Berechnen Sie die Verbrauchsabweichung.

2 Für die Kostenstelle Fertigung III der TSM AG wird ein Plankostenverrechnungssatz von 50,00 € ermittelt, wobei der Anteil der fixen Kosten 20,00 € beträgt.
a) Ermitteln Sie bei einer Planbeschäftigung von 2000 Stunden
   aa) die Plangesamtkosten,
   ab) die variablen Plankosten,
   ac) die fixen Kosten.
b) Bei einer Beschäftigung von 2100 Stunden entstanden 111000,00 € Ist-Kosten. Berechnen Sie
   ba) die Beschäftigungsabweichung,
   bb) die Verbrauchsabweichung.

3 In einem Einproduktbetrieb werden Plankosten bei einer Planbeschäftigung von 4200 Einheiten in Höhe von 1638000,00 € (davon 327600,00 € fixe Kosten) ermittelt. Die tatsächliche Beschäftigung betrug 3360 Einheiten, wobei die Ist-Kosten auf der Grundlage fester Verrechnungspreise 1344000,00 € betrugen.
a) Ermitteln Sie
   aa) die Beschäftigungsabweichung,
   ab) die Verbrauchsabweichung.
b) Erläutern Sie die Ursachen beider Abweichungen.

4 Für eine Mehrzweckanlage wurde bei einer geplanten Laufzeit von 1500 Stunden ein Maschinenstundensatz von 88,00 € ermittelt, wobei die anteiligen fixen Kosten 60 % betragen. Tatsächlich wurde die Anlage jedoch 1800 Stunden genutzt. In dieser Zeit verursachte sie 145000,00 € Ist-Kosten.
Ermitteln Sie
a) die Beschäftigungsabweichung,
b) die Verbrauchsabweichung.

Ergänzende Übung

Ermitteln Sie aus folgenden Angaben zur Herstellung einer Schrankserie von 800 Schränken in der nachstehenden Tabelle mithilfe der Zuschlagskalkulation die Planselbstkosten eines Schrankes:

	Zuschlagssätze	€
1. Planmaterialeinzelkosten		59 280,00
2. Planmaterialgemeinkosten	20 %	
3. Planmaterialkosten Planfertigungskosten: Sägerei 2 400 Std. Fräserei 3 000 Std. Montage 1 800 Std.	25,00 €/h 23,00 €/h 16,75 €/h	
4. Planfertigungskosten		
5. Planherstellkosten		
6. Plan-VwGK	10 %	
7. Plan-VtGK	4,1 %	
8. Planselbstkosten für 800 Schränke		
9. Planselbstkosten für 1 Schrank		

ZUSAMMENFASSUNG

Nutzen einer Plankostenrechnung
Die Plankostenrechnung ermöglicht auf Basis von „echten" _____ Kosten eine effektive _____ der einzelnen Kostenstellen sowie eine zukunftsgerichtete _____ von Produkten und Aufträgen.

Kostenbegriffe der flexiblen Plankostenrechnung	
Plankosten	
Verrechnete Plankosten	
Verrechnete Plankosten bei Ist-Beschäftigung	
Soll-Kosten bei Ist-Beschäftigung	

Abweichungen der flexiblen Plankostenrechnung	
Beschäftigungsabweichung	
Verbrauchsabweichung	
Gesamtabweichung	

SELBSTEINSCHÄTZUNG	Ja 😊	Mit Hilfe 😐	Nein ☹
Ich kann den Nutzen der Plankostenrechnung erläutern.			
Ich kann das Planfertigungsmaterial berechnen.			
Ich kann den Planfertigungslohn berechnen.			
Ich kann den Kostenplan einer Kostenstelle erklären.			
Ich kann Plankosten und Soll-Kosten unterscheiden.			
Ich kann verrechnete Plankosten bei Ist-Beschäftigung berechnen.			
Ich kann Soll-Kosten bei Ist-Beschäftigung berechnen.			
Ich kann die Beschäftigungsabweichung berechnen.			
Ich kann die Beschäftigungsabweichung erklären.			
Ich kann die Verbrauchsabweichung berechnen.			
Ich kann die Verbrauchsabweichung erklären.			
Ich kann die Gesamtabweichung berechnen.			
Ich kann die Gesamtabweichung erklären.			

Außerdem habe ich gelernt:

_____

_____

_____

HINWEIS   Zur Wiederholung und Vertiefung:
Seite 211, Aufgabe 18

Ausgangssituation: Prozesse als Kostenverursacher identifizieren

Marion Kaiser, die Leiterin des Rechnungswesens der WFW AG, bittet die beiden Gruppenleiter Martin Götz (Controlling) und Emre Yaygin (Finanzbuchhaltung) zu einer Besprechung in ihr Büro.

Marion Kaiser: „In letzter Zeit ist es häufiger zu Beschwerden einzelner Produktmanager gekommen. Sie beklagen, dass ihre Produkte mit Gemeinkosten für indirekte Leistungen belastet werden, welche diese nicht verursacht hätten. Durch einen Anstieg dieser Gemeinkosten würde das Betriebsergebnis in ihrem Bereich negativ belastet, wofür sie letztlich verantwortlich gemacht würden, obwohl sie keine Möglichkeiten hätten, diese Gemeinkosten zu beeinflussen."

Martin Götz: „Ich kann den Unmut der Kollegen durchaus nachvollziehen. Die Bedeutung der Gemeinkosten in indirekten Leistungsbereichen wie Forschung & Entwicklung, Konstruktion, Arbeitsvorbereitung, Softwareentwicklung, Fremdinstandhaltung usw. nimmt immer mehr zu. Im Rahmen der Zuschlagskalkulation berücksichtigen wir die Gemeinkosten über Zuschlagssätze, die aber immer ungenauer werden, je größer die Gemeinkosten im Verhältnis zu den Einzelkosten werden."

Emre Yaygin: „Ein weiteres Problem ist, dass jeder auch noch so kleine Auftrag eine ähnliche Bearbeitung erfordert. Ob wir nun eine Bestellung über zwei oder zweihundert Räder erhalten, die Bestellung muss erfasst, das Material disponiert, die Produktion geplant, die Rechnung geschrieben, die Ware kommissioniert und der Zahlungseingang überwacht werden. In letzter Konsequenz führt die Verrechnung der Gemeinkosten über Zuschlagssätze also zu einer ‚Subventionierung' der Kleinaufträge durch Großaufträge, weil die Höhe der den einzelnen Aufträgen zugerechneten Gemeinkosten von den ihnen zugeordneten Einzelkosten (Material- und Lohnkosten) abhängt. Und diese sind bei Großaufträgen naturgemäß höher. Für uns heißt das: Bei kleinen Aufträge sind wir unschlagbar günstig und bekommen den Zuschlag, während wir bei lukrativen Großaufträgen häufig leer ausgehen."

Arbeitsaufträge

1 Erläutern Sie die in der Ausgangssituation geschilderten Probleme.

2 Um auch in Zukunft im Großkundengeschäft bestehen zu können, stellen der Abteilungsleiter Vertrieb, Herr Venker, der Geschäftsführer Herr Flender sowie der Leister des Controllings, Herr Götz, die bisherige

Kalkulation auf den Prüfstand. Bislang wurden die Selbstkosten für ein Touringrad mithilfe von Normal-gemeinkostenzuschlagssätzen (vgl. Lernsituation 7) wie folgt kalkuliert:

Kalkulationsschema		50 Touringräder	5 Touringräder
Materialeinzelkosten		3 900,00 €	390,00 €
Materialgemeinkosten	4,72 %		
Materialkosten (MK)			
Fertigungseinzelkosten		2 950,00 €	295,00 €
Fertigungsgemeinkosten	108,48 %		
Fertigungskosten (FK)			
Herstellkosten (MK + FK)			
Verwaltungsgemeinkosten	8,62 %		
Vertriebsgemeinkosten	4,86 %		
Selbstkosten (SK)			
Selbstkosten je Stück			

3 Dem Vertriebsleiter, Herrn Venker, geht ein Licht auf: „Egal, ob ein Kunde jetzt 5 oder 50 Räder bestellt, unser Verkaufspreis basiert immer auf denselben Selbstkosten. Dabei muss nach unserer bisherigen Kalkulation der Großauftrag beispielsweise das Zehnfache an Verwaltungs- und Vertriebsgemeinkosten tragen! Das ist natürlich Unsinn. Die Abläufe in diesen Abteilungen sind immer gleich; egal, ob ein Kunde jetzt 5 oder 50 Räder bestellt." Entwickeln Sie einen Lösungsansatz für das geschilderte Problem.

4 Erläutern Sie den Unterschied zwischen leistungsmengeninduzierten und leistungsmengenneutralen Prozessen.

5 Nachdem die grundsätzliche Vorgehensweise, die Vorteile und Ziele der Prozesskostenrechnung geklärt wurden, soll die exemplarische Durchführung Aufschluss darüber gehen, ob dieses Instrument als Ergänzung zur traditionellen Kostenrechnung in der WFW AG eingeführt werden soll. Martin Götz hat zu diesem Zweck Daten zusammengestellt.
a) Ermitteln Sie die Prozesskostensätze für die folgenden Teilprozesse:

Abteilung „Beschaffung"

Teilprozess	Kostentreiber (Cost Driver)	Teilprozess-menge je Monat	Teilprozess-kosten je Monat	Teilprozess-kostensatz	Umlage-satz	Prozess-kostensatz
Angebote vergleichen	Anzahl der Angebote	1 800	52 200,00 €			
Terminüber-wachung	Anzahl der Bestellungen	950	11 875,00 €			
				Ermittlung Umlagesatz:		
Abteilung leiten	leistungsmengenneutral		2 563,00 €			

Abteilung „Allg. Verwaltung"

Teilprozess	Kostentreiber (Cost Driver)	Teilprozess-menge je Monat	Teilprozess-kosten je Monat	Teilprozess-kostensatz	Umlage-satz	Prozess-kostensatz
Überprüfung von Eingangs-rechnungen	Anzahl der Rechnungen	1 900	32 300,00 €			
Erstellung von Ausgangs-rechnungen	Anzahl der Rechnungen	2 100	50 400,00 €			
Abteilung leiten	leistungsmengenneutral		4 130,00 €	Ermittlung Umlagesatz:		

Abteilung „Vertrieb"

Teilprozess	Kostentreiber (Cost Driver)	Teilprozess-menge je Monat	Teilprozess-kosten je Monat	Teilprozess-kostensatz	Umlage-satz	Prozess-kostensatz
Anfragen erfassen	Anzahl der Anfragen	2 500	66 250,00 €			
Angebote erstellen	Anzahl der Angebote	2 400	67 200,00 €			
Bestellungen erfassen	Anzahl der Bestellungen	2 100	49 350,00 €			
Besuch von Kunden	Anzahl der Kunden-besuche	400	52 000,00 €			
Bearbeitung von Reklama-tionen	Anzahl der Reklamatio-nen	100	3 900,00 €			
Abteilung leiten	leistungsmengenneutral		23 480,00 €	Ermittlung Umlagesatz:		

b) Kalkulieren Sie den Angebotspreis für eine Anfrage der Fahrradgroßhandel Dietrich Thurau GmbH, wenn diese über
ba) 50 Touringräder,
bb) 5 Touringräder lauten würde.

Materialkosten:

Materialeinzelkosten je Stück   78,00 €
Zuschlagssatz für nicht über Prozesse verrechnete Materialgemeinkosten   1,5 %

Materialeinzelkosten (50 Stück):

Leistungsmengenneutrale Materialgemeinkosten:

Materialeinzelkosten (5 Stück):	
Leistungsmengenneutrale Materialgemeinkosten:	

Zu verrechnende Prozesskosten der Materialbeschaffung (für beide Anfragen identisch):

Teilprozess	Prozessmenge	Prozesskosten	Summe
Angebote vergleichen	7		
Terminüberwachung	2		
		Prozesskosten insgesamt	

Fertigungskosten:

Fertigungseinzelkosten je Stück	59,00 €
Zuschlagssatz für nicht über Prozesse verrechnete Fertigungsgemeinkosten	40 %

Fertigungseinzelkosten (50 Stück):	
Leistungsmengenneutrale Fertigungsgemeinkosten:	

Fertigungseinzelkosten (5 Stück):	
Leistungsmengenneutrale Fertigungsgemeinkosten:	

Zu verrechnende Prozesskosten der allg. Verwaltung (für beide Anfragen identisch)

Teilprozess	Prozessmenge	Prozesskosten	Summe
Überprüfung ER	2		
Erstellung AR	1		
		Prozesskosten insgesamt	

Zu verrechnende Prozesskosten des Vertriebs (für beide Anfragen identisch)

Teilprozess	Prozessmenge	Prozesskosten	Summe
Anfragen erfassen	1		
Angebot erstellen	1		
Bestellung erfassen	1		
		Prozesskosten insgesamt	

Kalkulation der Selbstkosten für unterschiedliche Auftragsmengen

Kalkulationsschema	50 Stück	5 Stück
Materialeinzelkosten		
Materialgemeinkosten		
Prozesskosten Beschaffung		
Fertigungseinzelkosten		
Fertigungsgemeinkosten		
Prozesskosten Verwaltung		
Prozesskosten Vertrieb		
Selbstkosten		
Selbstkosten je Stück		

6 Erläutern Sie, warum sich die Selbstkosten je Stück bei unterschiedlichen Auftragsmengen unterscheiden.

7 Vergleichen Sie die Ergebnisse der Prozesskostenrechnung mit den Ergebnissen der traditionellen Kostenrechnung (vgl. Arbeitsauftrag 2).

8 Nennen Sie wesentliche Vor- und Nachteile der Prozesskostenrechnung.

Info 1: Probleme der traditionellen Kostenrechnung

1. Seit Jahren wird in der industriellen Fertigung der Produktionsfaktor Arbeit durch den Produktionsfaktor Kapital ersetzt. Dadurch veränderte sich die Kostenstruktur: **Die Einzelkosten** (Fertigungsmaterial, Fertigungslöhne) **verlieren gegenüber den Gemeinkosten** im Fertigungsbereich und besonders in den indirekten Leistungsbereichen (Forschung und Entwicklung, Konstruktion, Arbeitsvorbereitung, Einkauf, Vertrieb, Logistik, Qualitätssicherung, Softwareentwicklung und Instandhaltung) **an Bedeutung**.
2. Daher werden **die funktionsorientierten Gemeinkostenzuschlagssätze** in der Zuschlagskalkulation **zunehmend ungenauer** und für Kalkulationen ungeeigneter, weil die Verrechnung über Zuschlagssätze stets eine Proportionalität der Gemeinkosten zur Zuschlagsgrundlage (den Einzelkosten) unterstellt.
3. **Die traditionellen Kostenrechnungssysteme können auftragsbezogene Kosten,** die in den indirekten Bereichen verursacht werden, **nicht direkt den Aufträgen zuordnen,** da die Verrechnung auftragsunabhängig über Zuschlagssätze erfolgt. Dadurch können Entscheidungen über die Annahme von Zusatzaufträgen, die Erfüllung von Sonderwünschen, Entwicklung von neuen Produkten bzw. Produktvarianten nicht fundiert getroffen werden.

Lösungsansatz der Prozesskostenrechnung
Das Problem der Verrechnung der Gemeinkosten wird im Fertigungsbereich über Maschinenstundensätze gelöst (vgl. Lernsituation 10). In den indirekten Leistungsbereichen wendet man sich von der klassischen Funktionsorientierung ab und geht über zu einer Prozessorientierung in der Kostenrechnung. In den indirekten Leistungsbereichen werden die Gemeinkosten somit nicht mehr über Zuschlagssätze, sondern über die Inanspruchnahme von betrieblichen Prozessen[1] verrechnet.

Beispiel: Der Hauptprozess „Bearbeitung eines Neukunden-Auftrages (Bestellung einer Produktvariante)" löst die folgenden Teilprozesse (Gemeinkostenprozesse) in den jeweiligen Kostenstellen aus.

---

[1] Prozesse sind sich wiederholende Tätigkeiten oder Abläufe, die auf die Erbringung einer Leistung ausgerichtet sind und Gemeinkosten verursachen.

INFOBOX

INFOBOX

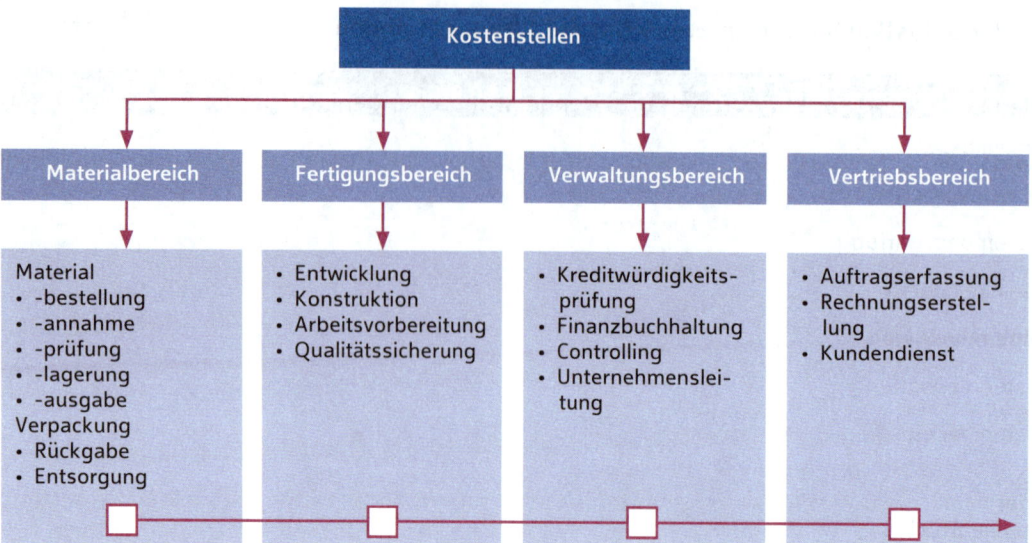

Prozessanalyse

Für die Durchführung einer Prozesskostenrechnung ist zunächst eine Analyse der betrieblichen Prozesse notwendig, um die Haupt- und Teilprozesse im Unternehmen zu identifizieren. Ein **Hauptprozess** setzt sich aus einer **Kette von Teilprozessen** zusammen. In der Regel bilden mehrere unterschiedliche Teilprozesse alle Tätigkeiten in einer Kostenstelle ab. Die Prozesskostenrechnung erfasst die Kosten dieser Prozesse, die sich über mehrere Kostenstellen erstrecken (können). Prozesse können leistungsmengenneutral oder leistungsmengeninduziert sein.

Leistungsmengeninduzierte Prozesse verfügen über ein Mengengerüst (als Messgröße), mit dessen Hilfe die Teilprozesse mengenmäßig bestimmt werden können. Es ist **eine proportionale Abhängigkeit zwischen den einzelnen Aktivitäten und der Kostenverursachung** zu erkennen. Die wichtigste Kostenart sind somit die Personalkosten. Zur Verrechnung der Personalkosten auf die einzelnen Teilprozesse muss neben der Prozessmenge der durchschnittliche Zeitaufwand für einen Teilprozess ermittelt werden. Von hier kann auf die Arbeitsstunden und bei einem durchschnittlichen Stundenlohnsatz auf die gesamten Prozesskosten der entsprechenden Rechnungsperiode geschlossen werden.

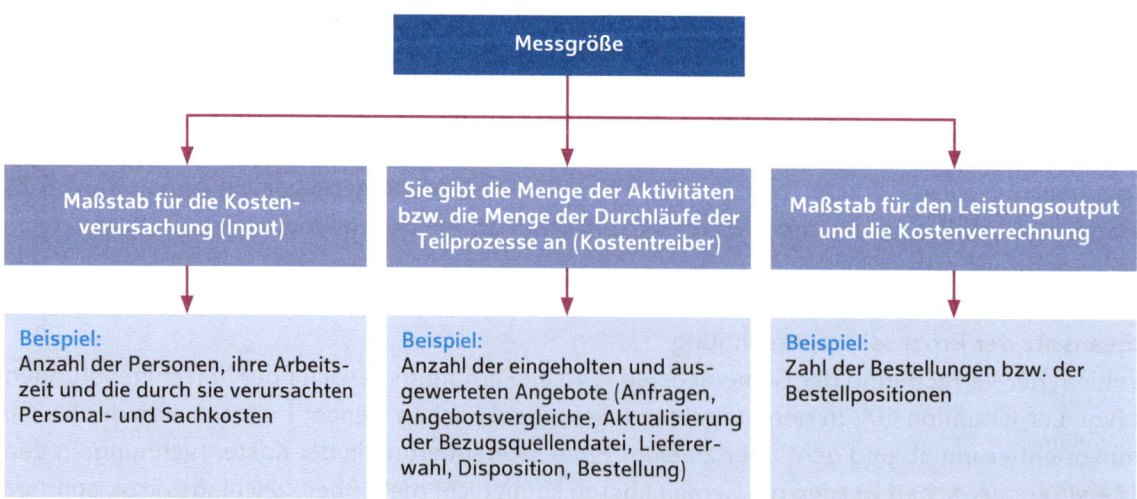

Man erkennt an diesem Beispiel, dass die Materialgemeinkosten nicht vom Materialwert abhängig sind, wie durch den Gemeinkostenzuschlagssatz in der traditionellen Kostenrechnung unterstellt wird, sondern von der Anzahl ausgeführter Teilprozesse, den sog. Kostentreibern (Cost Driver).

Leistungsmengenneutrale Prozesse sind nur indirekt prozessabhängig und schließen nicht mit einer Leistung ab, die abhängig von der Menge der Aktivitäten ist. Die von leistungsmengenneutralen Prozessen verursachten Gemeinkosten können weiterhin mithilfe eines **Gemeinkostenzuschlagssatzes oder eines Umlagesatzes** den Kostenträgern zugerechnet werden. Hierbei wird ein proportionaler Zusammenhang zwischen den leistungsmengenneutralen und den leistungsmengeninduzierten Prozessen unterstellt.

Beispiele: Leitung der Abteilung Einkauf, Erstellung einer Mitarbeiterbeurteilung, Betreuung von Auszubildenden

Info 2: Ermittlung von Prozesskostensätzen

Dividiert man die Teilprozesskosten durch die Teilprozessmenge, erhält man den **Teilprozesskostensatz.** Die Teilprozesskosten hängen also von der Anzahl der durchgeführten Tätigkeiten ab. Somit wird ein proportionales Verhältnis zwischen der Zahl der Prozesse und den Leistungen einerseits sowie den Kosten andererseits angenommen.

Beispiel: In der Kostenstelle Vertrieb der Müller GmbH kam es im vergangenen Monat zu folgenden leistungsmengeninduzierten Teilprozessen:

Teilprozess	Teilprozesskosten	Kostentreiber	Menge	Teilprozesskostensatz
Anfragen erfassen	14 000,00 €	Anfragen	400	35,00 €
Angebote erstellen	11 200,00 €	Angebote	350	32,00 €
Bestellungen erfassen	15 000,00 €	Bestellungen	500	30,00 €

Darüber hinaus gab es leistungsmengenneutrale Teilprozesse (Leitung der Kostenstelle, Betreuung von Auszubildenden), die im Umlageverfahren den anderen Teilprozessen zuzuordnen sind:

Teilprozess	Teilprozesskosten	Umlage	Umlagesatz	Prozesskostensatz
Abteilung leiten	4 530,00 €	$\dfrac{7\,000,00\ €}{30\,200,00\ €} = 15\,\%$	35,00 € · 0,15 = 5,25 €	35,00 € + 5,25 € = 40,25 €
			32,00 € · 0,15 = 4,80 €	32,00 € + 4,80 € = 36,80 €
			30,00 € · 0,15 = 4,50 €	30,00 € + 4,50 € = 34,50 €

Ermittlung der Selbstkosten
Die Selbstkosten eines Produktes werden berechnet, indem man
- die Kosten der direkten, fertigungsbezogenen Kostenstellen wie bisher mithilfe von Material- und Fertigungseinzelkosten sowie Material- und Fertigungsgemeinkostenzuschlagssätzen kalkuliert und
- die Prozesskosten der indirekten Bereiche addiert.

Beispiel: Die Schreinerei Vellguth kalkuliert die Selbstkosten für einen Barhocker mithilfe der Prozesskostenrechnung wie folgt:

Kalkulationsschema	Beträge
Materialeinzelkosten	12,00 €
Materialgemeinkosten (2 %)	0,24 €
Prozesskosten Beschaffung	4,20 €
Fertigungseinzelkosten (40 %)	9,80 €
Fertigungsgemeinkosten	3,92 €
Prozesskosten Verwaltung	3,52 €
Prozesskosten Vertrieb	2,85 €
Selbstkosten	36,53 €

Vorteile der Prozesskostenrechnung

- Sie macht die Verursacher der Gemeinkosten transparent.
- Sie ermöglicht eine verursachungsgerechte Zuordnung der Gemeinkosten über Prozesse.
- Sie ermöglicht zielgerichtete Maßnahmen zur Rationalisierung und Optimierung von Prozessen.

Nachteile der Prozesskostenrechnung

- Die einzelnen Prozesse lassen sich nicht immer trennscharf voneinander abgrenzen.
- Die ermittelten Prozesskosten sind im Regelfall nicht das Ergebnis präziser Berechnungen, sondern eher Schätzgrößen.

Vertiefende Übungen

1 Die HeadProtect GmbH produziert Fahrrad- und Motorradhelme und kalkuliert unter Berücksichtigung folgender Angaben:

- Die in den Kostenstellen Material und Fertigung anfallenden Kosten werden nach wie vor traditionell mithilfe von Gemeinkostenzuschlagssätzen kalkuliert. Die Materialeinzelkosten betragen 40,00 €, die Fertigungseinzelkosten 22,50 €. Der Materialgemeinkostenzuschlagssatz liegt bei 3,5 %, der Fertigungsgemeinkostenzuschlagssatz bei 110 %.
- In der Kostenstelle Verwaltung wird die Prozesskostenrechnung angewendet. Für die Abwicklung eines Kundenauftrages müssen drei Teilprozesse berücksichtigt werden:

	Teilprozess-kostensatz	Umlage-satz	Prozesskosten-satz	Anzahl der Ausführungen	Prozess-kosten
Teilprozess 1	12,50 €	0,75 €		1	
Teilprozess 2	17,00 €	1,02 €		1	
Teilprozess 3	7,00 €	0,42 €		2	
				Summe	

- Für die Abwicklung eines Kundenauftrages betragen die gesamten Prozesskosten der Kostenstelle Vertrieb 35,75 €.

Kalkulieren Sie die Selbstkosten für Aufträge über 1 bzw. 10 Motorradhelm(e).

	Kalkulationsschema	Grundlage	1 Helm	10 Helme
a)	Materialeinzelkosten	lt. Angaben		
	Materialgemeinkosten			
	Materialkosten			
	Fertigungseinzelkosten			
	Fertigungsgemeinkosten			
	Fertigungskosten			
	Herstellkosten			
b)	Prozesskosten Verwaltung			
c)	Prozesskosten Vertrieb			
	Selbstkosten je Auftrag			
	Selbstkosten je Stück			

2 Die Metallbau Meier GmbH ermittelte im Monat Januar einen Rohstoffverbrauch lt. MES von 184 800,00 €. In der Kostenstellenrechnung werden für den gleichen Zeitraum 138 600,00 € Materialgemeinkosten für die Beschaffung von Rohstoffen ermittelt.

Die Prozessanalyse des Hauptprozesses ergab für die leistungsmengeninduzierten Teilprozesse folgende Ergebnisse:

Teilprozesse	Kostentreiber	Prozessmenge im Monat	Prozesskosten pro Monat	Prozesskostensatz
Angebote einholen, vergleichen, auswerten	Anzahl der Angebotspositionen	450	11 160,00 €	
Materialbedarf ermitteln	Anzahl der Teile	2 000	18 800,00 €	
Bestellungen durchführen	Anzahl der Teile	2 500	34 000,00 €	
Termine überwachen	Anzahl der Bestellungen	900	4 680,00 €	
Material annehmen	Anzahl der Lieferscheinpositionen	1 800	39 600,00 €	
Bestände einpflegen	Anzahl der Rechnungspositionen	2 200	16 500,00 €	

Die restlichen Materialgemeinkosten sind dem leistungsmengenneutralen Teilprozess „Materialstelle leiten" zuzuordnen. Diese werden durch einen entsprechenden Gemeinkostenzuschlagssatz berücksichtigt.

a) Ermitteln Sie
   aa) die Summe der Kosten leistungsmengeninduzierter Prozesse,
   ab) die Summe der Kosten leistungsmengenneutraler Prozesse,
   ac) die Prozesskostensätze,
   ad) den Zuschlagssatz für die Materialgemeinkosten in der Zuschlagskalkulation der traditionellen Vollkostenrechnung,
   ae) den Zuschlagssatz für die leistungsneutralen Kosten in der Prozesskostenrechnung.

b) Kalkulieren Sie mithilfe der Ergebnisse der Prozesskostenrechnung die Materialkosten für einen Kundenauftrag, für den die notwendigen Rohstoffe im Wert von 14 200,00 € bezogen wurden. Dabei wurden folgende Teilprozesse ausgeführt:

Teilprozesse	Kostentreiber	Prozessmenge	Prozesskosten
Angebote einholen, vergleichen, auswerten	Anzahl der Angebotspositionen	3	
Materialbedarf ermitteln	Anzahl der Teile	15	
Bestellungen durchführen	Anzahl der Teile	15	
Termine überwachen	Anzahl der Bestellungen	1	
Material annehmen	Anzahl der Lieferscheinpositionen	3	
Bestände einpflegen	Anzahl der Rechnungspositionen	15	

ZUSAMMENFASSUNG

Probleme der traditionellen Kostenrechnung

1. Seit Jahren wird der Produktionsfaktor _____ durch den Produktionsfaktor

   _____ ersetzt.

   Folge: Die _____ kosten verlieren gegenüber den _____ kosten an Bedeutung.

2. Die funktionsorientierten _____ zuschlagssätze in der Zuschlagskalkulation werden

   zunehmend _____ und für Kalkulationen _____ .

3. Die traditionellen Kostenrechnungssysteme können _____ Kosten, die in den

   _____ Bereichen verursacht werden, nicht direkt den diese Kosten verursachenden

   Produkten zuordnen.

_____ Prozesse	_____ Prozesse
Sie sind nur indirekt prozessabhängig und schließen nicht mit einer Leistung ab, die abhängig von der Menge der Aktivitäten ist.	Sie verfügen über eine Messgröße, mit deren Hilfe die Teilprozesse mengenmäßig bestimmt werden können.
Beispiele: _____ _____ _____ _____ _____	Beispiele: _____ _____ _____ _____ _____

Ermittlung des Prozesskostensatzes
_____ + _____

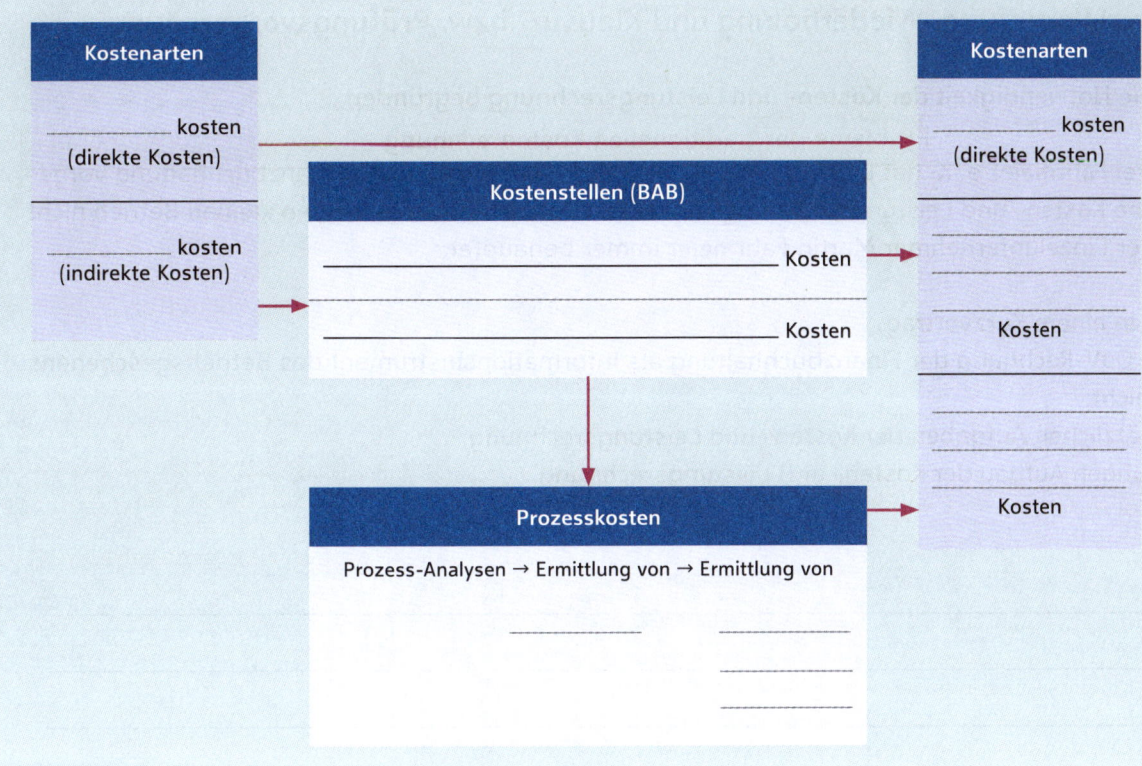

SELBSTEINSCHÄTZUNG	Ja 😊	Mit Hilfe 😐	Nein 🙁
Ich kann die Probleme der traditionellen Kostenrechnung benennen.			
Ich kann den Lösungsansatz der Prozesskostenrechnung erläutern.			
Ich kann leistungsmengenneutrale von leistungsmengenindu- zierten Prozessen unterscheiden.			
Ich kann Prozesskostensätze ermitteln.			
Ich kann eine Prozesskostenrechnung durchführen.			
Ich kann die Vorteile der Prozesskostenrechnung erläutern.			

Außerdem habe ich gelernt:

_____

_____

_____

HINWEIS Zur Wiederholung und Vertiefung: Seite 211, Aufgabe 19

Aufgaben zur Vertiefung, Wiederholung und Klausur- bzw. Prüfungsvorbereitung

Aufgabe 1: Die Notwendigkeit der Kosten- und Leistungsrechnung begründen

Die Schreinerei Fahrmeier e. K. hat bislang nur die gesetzlich vorgeschriebene Finanzbuchhaltung vorgenommen. „Eine Kosten- und Leistungsrechnung ist viel zu viel Arbeit und für meinen kleinen Betrieb nicht nötig!", hat der Einzelunternehmer Martin Fahrmeier immer behauptet.

Erläutern Sie in einem Kurzvortrag,
- warum die GuV-Rechnung der Finanzbuchhaltung als Informationsinstrument des Betriebsgeschehens nicht ausreicht;
- die grundsätzlichen Aufgaben der Kosten- und Leistungsrechnung;
- den dreistufigen Aufbau der Kosten- und Leistungsrechnung.

Notizen:

_____

_____

_____

_____

_____

_____

_____

_____

_____

_____

Aufgabe 2: Die Abgrenzungsrechnung durchführen

Die Trend-Systemmöbel AG muss auf Basis folgender Angaben die Abgrenzungsrechnung für den Monat Mai durchführen:

Konto	Aufwands- und Ertragspositionen mit Erläuterungen	€
5000	Umsatzerlöse für eigene Erzeugnisse	3 366 000,00
	Nebenerlöse aus	
5401	• Vermietung eines Wohngebäudes	68 000,00
5403	• aus Werksküche und Kantine	126 000,00
5710	Zinserträge davon 6 500,00 € betriebsfremd, 1 500,00 € Verzugszinsen von Kunden	8 000,00
6000	Aufwendungen für Rohstoffe • davon 3 000,00 € für Holz zur Deckenverkleidung im vermieteten Gebäude • Furniere im Werte von 62 000,00 € sind wegen zu feuchter Lagerung verdorben	1 872 000,00

Konto	Aufwands- und Ertragspositionen mit Erläuterungen	€
6160	Fremdinstandhaltung davon Erhaltungsaufwand für vermietete Gebäude 3 000,00 € Fassadenanstrich am Verwaltungsgebäude 38 000,00 €	54 000,00
6200	Löhne 14 000,00 € Lohnzahlungen für Arbeitsleistungen an vermieteten Gebäudeteilen	360 000,00
6300	Gehälter davon 1 000,00 € für die Verwaltung der vermieteten Räume	120 000,00
6400	Soziale Abgaben 2 500,00 € soziale Abgaben beziehen sich auf Lohnzahlungen für Arbeitsleistungen an vermieteten Gebäudeteilen sowie auf Gehaltszahlungen für die Verwaltung dieser Gebäudeteile	68 000,00
6520	Abschreibungen auf Sachanlagen davon 5 000,00 € Abschreibungen auf vermietete Gebäudeteile	160 000,00
6730	Gebühren Müllabfuhr, Straßenreinigung, Kanalbenutzungsgebühr für vermietete Gebäude 6 000,00 €	52 000,00
6770	Rechts- und Beratungskosten davon Aufwendungen für Rechtsstreitigkeiten mit Mietern 17 000,00 €	20 000,00
6900	Versicherungsbeiträge davon für vermietete Gebäude 2 000,00 €	60 000,00
6930	Verlust aus Lkw-Unfallschaden	37 000,00
7000	Betriebliche Steuern davon 5 000,00 € Grundsteuer für betrieblich nicht genutztes Vermögen	129 000,00
7510	Zinsaufwendungen 7 000,00 € Zinsen für ein Darlehen, das für den Erwerb des Wohngebäudes aufgenommen wurde.	22 000,00

a)   Erstellen Sie die Ergebnistabelle. Nutzen Sie hierzu die unter BuchPlusWeb eingestellte Vorlage.

b)   Ermitteln Sie Unternehmensergebnis, neutrales Ergebnis und Betriebsergebnis.

Aufgabe 3: Kalkulatorische Kosten bei der Abgrenzungsrechnung berücksichtigen

Die Abteilung Finanzbuchhaltung der Fischer GmbH hat für das abgelaufene Geschäftsjahr folgende Gewinn- und Verlustrechnung erstellt:

SOLL	8020 GuV		HABEN
6000 Aufw. für Rohstoffe	395 000,00	5000 Umsatzerlöse	575 000,00
6200 Löhne	205 000,00	5200 Bestandsmehrungen	193 000,00
6300 Gehälter	112 000,00	5400 Mieterträge	225 000,00
6400 Soziale Abgaben	104 000,00	5410 Sonstige Erlöse	98 000,00
6520 AfA	128 000,00	5710 Zinserträge	120 000,00
7000 Betriebliche Steuern	26 000,00		
7510 Zinsaufwendungen	38 000,00		
3000 EK	203 000,00		
	1 211 000,00		1 211 000,00

Zu der GuV liegen weiterhin folgende Informationen vor:

- **5400:** Von den Mieterträgen entfallen 8 000,00 € auf eine zurzeit nicht genutzte Werkshalle, der Rest sind Erträge aus der Vermietung von Wohnungen.
- **5410:** Die Erträge stammen aus dem Verkauf bereits vollständig abgeschriebener Fertigungsanlagen.
- **5710:** Die Erträge stammen aus Wertpapiergeschäften.
- **6000:** Insgesamt sind Rohstoffe im Wert von 12 000,00 € durch unsachgemäße Lagerung verdorben.
- **6200:** Es wurden Löhne in Höhe von 18 000,00 € für Arbeitsleistungen an vermieteten Wohngebäuden bezahlt.
- **6300:** Von den Gehältern entfielen 28 000,00 € für die Verwaltung vermieteter Wohngebäude.
- **6400:** Von den sozialen Abgaben beziehen sich 8 000,00 € auf Lohnzahlungen für Arbeitsleistungen an vermieteten Wohngebäuden und 13 000,00 € auf Gehaltszahlungen für die Verwaltung vermieteter Gebäude.
- **6520:** 28 000,00 € entfallen auf die vermieteten Wohngebäude.
- **7000:** 11 000,00 € mussten an Grundsteuer für vermietete Wohngebäude entrichtet werden.
- Weiterhin sind folgende kalkulatorische Kosten anzusetzen:
  kalkulatorische Abschreibungen   120 000,00 €
  kalkulatorische Zinsen   45 000,00 €

a) Führen Sie für die Fischer GmbH die Abgrenzungsrechnung durch und stimmen Sie die Ergebnisse miteinander ab. Nutzen Sie hierzu den unter BuchPlusWeb eingestellten Betriebsabgrenzungsrechnungsbogen.

b) Analysieren Sie das von Ihnen ermittelte Ergebnis der Abgrenzungsrechnung, indem Sie Unternehmensergebnis, neutrales Ergebnis und Betriebsergebnis miteinander vergleichen. Erläutern Sie in diesem Zusammenhang das Zustandekommen der von Ihnen errechneten Werte und gehen Sie dabei auf einzelne, markante Positionen der Abgrenzungsrechnung ein. Erläutern Sie, wie sich die Unternehmenssituation aus Ihrer Sicht darstellt, und nennen Sie mögliche Ursachen.

Aufgabe 4: Die Kostenstellenrechnung mithilfe des einstufigen BAB durchführen

Im Controlling der Almaron AG müssen die angefallenen Gemeinkosten auf die Kostenstellen verteilt werden. Dazu liegt Ihnen der folgende Ausschnitt mit Angaben zu den Verteilungsschlüsseln vor:

Gemeinkostenarten	Kostenstellen			
	Material	Fertigung	Verwaltung	Vertrieb
6050 Energiekosten	Verbrauch: 975 000 kWh	Verbrauch: 3 635 000 kWh	Verbrauch: 350 000 kWh	Verbrauch: 390 000 kWh
6300 Gehälter	11 000,00 € lt. Gehaltsliste	28 500,00 € lt. Gehaltsliste	29 000,00 € lt. Gehaltsliste	23 000,00 € lt. Gehaltsliste
6700 Mietaufwand	550 m²	2 000 m²	350 m²	100 m²
7000 Betriebliche Steuern	Verteilung auf die Kostenstellen im Verhältnis 2 : 11 : 4 : 3			
Kalkulatorische Abschreibungen	Verteilung auf die Kostenstellen im Verhältnis 8 : 30 : 2 : 2			
Kalkulatorische Zinsen (Zinssatz: 4 % p. a.)	Betriebsnotwendiges Vermögen: 1 000 000,00 €	Betriebsnotwendiges Vermögen: 3 100 000,00 €	Betriebsnotwendiges Vermögen: 325 000,00 €	Betriebsnotwendiges Vermögen: 700 000,00 €

a) Führen Sie die Verteilung der angegebenen Gemeinkosten auf die Kostenstellen durch.

Gemeinkostenart	Betrag	Material	Fertigung	Verwaltung	Vertrieb
6050 Energie	1 070 000,00 €				
6300 Gehälter	915 000,00 €				
6700 Mietaufwand	24 000,00 €				
7000 Steuern	150 000,00 €				
Kalk. AfA	1 050 000,00 €				
Kalk. Zinsen	205 000,00 €				
Summe					

b) Nennen Sie weitere, hier nicht erwähnte Gemeinkostenarten und geben Sie für diese mögliche Verteilungsschlüssel an.

Aufgabe 5: Gemeinkostenzuschlagssätze im BAB ermitteln und eine Kostenträgerzeitrechnung durchführen

Seit ungefähr fünf Jahren stellt die Schreinerei Vellguth & Co KG Wohnzimmermöbel her, die sie über einen eigenen Onlineshop vertreibt. In den vergangenen Monaten hat sich trotz steigender Nachfrage das Betriebsergebnis verschlechtert. Nun möchte der Inhaber und Geschäftsführer Uwe Vellguth die Produktgruppen Sessel und Fußhocker genauer analysieren.

a) Vervollständigen Sie das abgebildete Kostenträgerzeitblatt für den Monat Februar.

Bezeichnung	Gesamtbetrieb	GKZS	Produktgruppe Sessel	Produktgruppe Fußhocker
MEK	314 000,00 €		265 000,00 €	49 000,00 €
+ MGK	10 205,00 €			
= MK	324 205,00 €			
FEK	425 000,00 €		380 000,00 €	45 000,00 €
+ FGK	680 000,00 €			
= FK	1 105 000,00 €			
HK_{RP}	1 429 205,00 €			
+/- BVÄ UFE	11 000,00 €		5 000,00 €	6 000,00 €
$HK_{Prod.}$	1 440 205,00 €			
+/- BVÄ FE	-4 000,00 €		-3 000,00 €	-1 000,00 €
HK_U	1 436 205,00 €			
+ VwGK	78 991,28 €			
+ VtGK	64 629,23 €			
SK_U	1 579 825,50 €			
Umsatzerlöse	1 800 000,00 €		1 650 000,00 €	150 000,00 €
Betriebsergebnis				
Wirtschaftlichkeit				
Umsatzanteil				

b) Diskutieren Sie die von Ihnen ermittelten Werte.

Aufgabe 6: Die Kostenträgerzeitrechnung mit Ist- und Normalkosten durchführen

Die Keramikfabrik Eller GmbH aus Obernzell bei Passau hat sich auf die Herstellung hochwertiger Teller und Schüsseln für die Gastronomie spezialisiert.

Für den Monat November werden aus der Controlling-Abteilung folgende Zahlen (IST-Kosten) gemeldet:

Kosten und Leistungen	insgesamt	Anteile der Produktgruppen	
		Produktgruppe A (Teller)	Produktgruppe B (Schüsseln)
Fertigungsmaterial	85 000,00 €	52 000,00 €	33 000,00 €
Fertigungslöhne	46 000,00 €	34 000,00 €	12 000,00 €
Materialgemeinkosten	9 640,00 €		
Fertigungsgemeinkosten	88 450,00 €		
Verwaltungsgemeinkosten	21 340,00 €		
Vertriebsgemeinkosten	8 480,00 €		
Unfertige Erzeugnisse:			
Anfangsbestand	10 000,00 €	6 000,00 €	4 000,00 €
Endbestand	14 000,00 €	9 000,00 €	5 000,00 €
Fertige Erzeugnisse:			
Anfangsbestand	16 000,00 €	10 000,00 €	6 000,00 €
Endbestand	22 000,00 €	15 000,00 €	7 000,00 €
Netto-Umsatzerlöse	289 600,00 €	188 400,00 €	101 200,00 €

Darüber hinaus erfahren Sie aus dem Controlling, dass im Monat November im Rahmen der Vorkalkulation (bei identischen Einzelkosten) mit folgenden NORMAL-Gemeinkostenzuschlagssätzen kalkuliert wurde:

Materialgemeinkosten	11 %
Fertigungsgemeinkosten	200 %
Verwaltungsgemeinkosten	10 %
Vertriebsgemeinkosten	6 %

a) **Erstellen Sie** das Kostenträgerzeitblatt, indem Sie die IST-Gemeinkostenzuschlagssätze berechnen und dann sowohl im Rahmen der IST-Kostenrechnung als auch im Rahmen der NORMAL-Kostenrechnung die Selbstkosten des Umsatzes ermitteln.

b) **Ermitteln Sie** die entstandenen Kostenüber- bzw. Kostenunterdeckungen in den Kostenstellen Material, Fertigung, Verwaltung und Vertrieb sowohl jeweils für die einzelnen Produktgruppen als auch insgesamt.

c) **Ermitteln Sie** das Betriebsergebnis und das Umsatzergebnis der beiden Produktgruppen.

d) **Diskutieren Sie** mögliche Ursachen für die in den einzelnen Kostenstellen entstandenen Kostenabweichungen (vgl. Aufgabe b).

e) **Vergleichen Sie** Betriebs- und Umsatzergebnis (vgl. Aufgabe c) und erläutern Sie, aus welchem Grund diese unterschiedlich hoch ausfallen.

Aufgabe 7: Die Kostenträgerstückrechnung als Zuschlagskalkulation durchführen

Die Schreinerei Vellguth & Co KG muss den Verkaufspreis für einen elektrischen Fernsehsessel neu kalkulieren. Dazu wendet sie das Verfahren der Zuschlagskalkulation an. Folgende Daten sind zu berücksichtigen:

Fertigungsmaterial	350,00 €
Fertigungslöhne	295,00 €
Sondereinzelkosten der Fertigung	55,00 €
Sondereinzelkosten des Vertriebs	29,00 €
MGKZS	4,50 %
FGKZS	145,00 %
VwGKZS	6,25 %
VtGKZS	4,25 %
Gewinnzuschlag	20,00 %
Skonto	3,00 %
Rabatt	10,00 %

a) Berechnen Sie den Angebotspreis.

b) Ein Kunde ist lediglich bereit, einen Barverkaufspreis von 1 500,00 € zu akzeptieren.

ba) Ermitteln Sie den tatsächlich realisierten Gewinnzuschlag bei unveränderten Selbstkosten.

bb) Ermitteln Sie die Selbstkosten, die maximal anfallen dürfen, wenn weiterhin ein Gewinnzuschlag von 20 % realisiert werden soll.

Aufgabe 8: Den Angebotspreis für Handelswaren kalkulieren

Die WFW AG bezieht Regenschutzkleidung von der EmsTex GmbH und verkauft diese als Handelsware an ihre Großkunden weiter. Für das Modell „Dry Today" liegt der Einstandspreis bei 19,00 €. Die WFW AG kalkuliert bei Regenschutzkleidung mit einem Handlungskostenzuschlagssatz von 15 % und einem Gewinnzuschlag von 12 %. Sie bietet ihren Kunden neben einem Barzahlungsrabatt (Skonto) von 2 % auch einen Rabatt in Höhe von 10 % auf den Listenverkaufspreis an.

a) Führen Sie die Handelswarenkalkulation durch und ermitteln Sie die Selbstkosten, den Barverkaufspreis, den Zielverkaufspreis und den Listenverkaufspreis für das Modell „Dry Today".

b) Berechnen Sie den Kalkulationszuschlagssatz und den Kalkulationsfaktor für Regenschutzkleidung auf Basis der Angaben für das Modell „Dry Today".

c) Ein großer deutscher Discounter möchte das Modell „Dry today" als Sonderartikel verkaufen. Er erwartet auf den Listenverkaufspreis einen Sonderrabatt von 20 % und einen Skontosatz von 3 %.

ca) Ermitteln Sie den Zielverkaufspreis, den Barverkaufspreis und den Gewinn bzw. Verlust, wenn Sie zu diesen Bedingungen liefern.

cb) Ermitteln Sie den maximalen Einstandspreis, den Sie von der EmsTex GmbH akzeptieren dürfen, wenn sie bei identischem Handlungskostenzuschlagssatz (15 %) bei diesem Auftrag wenigstens einen Gewinn in Höhe von 5 % realisieren wollen.

Aufgabe 9: Die Kostenstellenrechnung im mehrstufigen BAB durchführen

Ihnen liegt der abgebildete BAB der Metallwerke AG für den Monat April zur weiteren Bearbeitung vor.

Kostenstellen GK-Arten	Zahlen der KLR	allgemeiner Kostenbereich		I	Fertigungs-hilfsstelle Arb.vorb.	II	III	IV	V
		Kantine	Fuhrpark	MATERIAL		FERTIGUNG Stanzen	FERTIGUNG Bohren	VERWALTUNG	VERTRIEB
Hilfsstoffe	176954,00	9600,00	3500,00	135000,00	25000,00	1500,00	800,00	897,00	657,00
Betr.-Stoffe	117300,00	73000,00	11000,00	6800,00	7500,00	9500,00	8000,00	900,00	600,00
Gehälter	346400,00	12400,00	23000,00	45000,00	58000,00	56000,00	55000,00	54000,00	43000,00
Soz. Abgaben	316762,00	10000,00	21568,00	42876,00	51000,00	52567,00	49876,00	50125,00	38750,00
Mietaufwend.	122254,00	6500,00	8000,00	12000,00	15300,00	17654,00	19800,00	21000,00	22000,00
Steuern	140000,00	10000,00	10000,00	20000,00	10000,00	20000,00	20000,00	30000,00	20000,00
kalk. AfA	423080,00	67000,00	152000,00	43000,00	34500,00	22000,00	78000,00	12345,00	14235,00
kalk. Zinsen	274000,00	30500,00	47000,00	45000,00	15000,00	31000,00	30500,00	46000,00	29000,00
primäre GK	1916750,00	219000,00	276068,00	349676,00	216300,00	210221,00	261976,00	215267,00	168242,00
Umlage Energie									
Zwischensumme									
Umlage Fuhrpark									
Zwischensumme									
Umlage Arbeitsvorb.									
Gemeinkosten									
Zuschlagsgrundlage									
GKZS									

a) Verteilen Sie die Gemeinkosten der Kostenstelle Kantine im Verhältnis 2 : 5 : 3 : 8 : 9 : 7 : 6 auf die nachfolgenden Kostenstellen.

b) Verteilen Sie die Gemeinkosten der Kostenstelle Fuhrpark im Verhältnis 3 : 1 : 1 : 1 : 2 : 12 auf die nachfolgenden Kostenstellen.

c) Verteilen Sie die Gemeinkosten der Kostenstelle Arbeitsvorbereitung im Verhältnis 3 : 7 auf die beiden Fertigungshauptstellen.

d) Berechnen Sie die von den fünf Hauptkostenstellen insgesamt zu tragenden Gemeinkosten.

e) Ermitteln Sie die Zuschlagsgrundlage für die Kostenstellen Verwaltung und Vertrieb (Hinweis: es liegen keine Bestandsveränderungen vor).

f) Berechnen Sie die Gemeinkostenzuschlagssätze für die fünf Hauptkostenstellen.

g) Führen Sie eine Kostenträgerstückrechnung durch und ermitteln Sie auf Basis der von Ihnen berechneten Gemeinkostenzuschlagssätze die Selbstkosten für einen Metallzaun, das Hauptprodukt der Metallwerke AG:

Kalkulationsschema	Zuschlagssatz	Betrag
MEK		300,00 €
MGK		
MK		
FEK I		220,00 €
FGK I		
FK I		
FEK II		170,00 €
FGK II		
FK II		
Herstellkosten		
VwGK		
VtGK		
Selbstkosten		

Aufgabe 10: Eine Maschinenstundensatzrechnung durchführen

Die Jürgens Metallwerke GmbH weist die Dreherei als Maschinenplatz in der Kostenstellenrechnung aus. Es liegen folgende Kosten vor:

Kostenarten	Zahlen der KLR	Fertigungshauptstellen			
		Maschinenplatz „Dreherei"			
		masch.-abhängige FGK		Restgemein-kosten	
		variabel	fix		
Summe Gemeinkosten	163 500,00 €	24 000,00 €	104 500,00 €	35 000,00 €	
	Summe masch.-abhängige FGK:	128 500,00 €			
	Zuschlags-grundlage:	165	Maschinen-stunden	Fertigungs-löhne	50 000,00 €
	Maschinen-stundensatz:		€/Stunde	RGK-Satz	

a) Berechnen Sie den Maschinenstundensatz für die Dreherei sowie den Restgemeinkostenzuschlagssatz.

b) Kalkulieren Sie die Kosten der Dreherei für einen Auftrag. Es ist von folgenden Vorgaben auszugehen:

Maschinenlaufzeit   40 Min.

Fertigungslöhne   80 Min. zu je 32 €/Std.

c) Berechnen Sie den Maschinenstundensatz, wenn bei gleicher Kostenstruktur die Beschäftigung des Maschinenplatzes auf

ca) 150 Maschinenstunden sinkt,

cb) 180 Maschinenstunden steigt.

Aufgabe 11: Eine Divisionskalkulation im Einproduktunternehmen durchführen

In einem Salzbergwerk wurden im März 35 000 t Salz für die chemische Industrie gefördert, von denen 32 000 t verkauft und 3 000 t eingelagert wurden. Dabei entstanden Herstellkosten in Höhe von 840 000,00 € sowie Verwaltungs- und Vertriebskosten in Höhe von 192 000,00 €.

a) Berechnen Sie für den Monat März

aa) die Herstellkosten je Tonne,

ab) die Verwaltungs- und Vertriebskosten je Tonne,

ac) die Selbstkosten je Tonne.

b) Ermitteln Sie den Listenverkaufspreis je Tonne, wenn das Salzbergwerk mit einem Gewinnzuschlag von 35 %, Skonto in Höhe von 2 % und einem Rabatt von 15 % kalkuliert.

c) Im April fördert das Salzbergwerk bei identischen Kosten erneut 35 000 t, verkauft aber zusätzlich die 3 000 eingelagerten Tonnen. Berechnen Sie

ca) die Herstellkosten je Tonne,

cb) die Verwaltungs- und Vertriebskosten je Tonne,

cc) die Selbstkosten je Tonne.

d) Ermitteln Sie den Gewinn je Tonne in Euro und in Prozent im April, wenn die gesamte Menge zum in b) berechneten Barverkaufspreis verkauft wird.

Aufgabe 12: Mit Äquivalenzziffern kalkulieren

Die Ziegelei Zickler produziert vier unterschiedliche Typen Dachziegel, die sich nur durch ihren Härtegrad, d. h. durch die Dauer der Beanspruchung des Brennofens, unterscheiden. Die gesamten Selbstkosten in Höhe von 896 670,00 € je Monat sollen mithilfe der Äquivalenzziffernrechnung auf die vier Dachziegelty-pen verteilt werden können. Basis für die Festlegung der Äquivalenzziffern ist die Brenndauer.

a)   Ermitteln Sie die Äquivalenzziffern, Recheneinheiten und Selbstkosten für jeden Typen.

Ziegelsorte	Produktions-menge (Stück)	Brenn-dauer	Äquivalenz-ziffer	Rechen-einheiten	Selbstkosten je Stück	Selbstkosten je Sorte
Typ I	670 000	18 Std.				
Typ II	350 000	20 Std.	1,0			
Typ III	400 000	24 Std.				
Typ IV	580 000	26 Std.				

b)   Berechnen Sie den Listenverkaufspreis für 100 Dachziegel (= Verpackungseinheit) des Typs II mithilfe des folgenden Kalkulationsschemas:

Rechenschema	€-Beträge
Selbstkosten je VPE	
+ Gewinnzuschlag (15 %)	
= Barverkaufspreis	
+ Skonto (3 %)	
= Zielverkaufspreis	
+ Rabatt (20 %)	
= Listenverkaufspreis	

Aufgabe 13: Fixe und variable Kosten unterscheiden

In der TSM AG fallen im Bereich der Büromöbelfertigung für ergonomische Schreibtischstühle fixe Kosten in Höhe von 85 000,00 € und variable Stückkosten in Höhe von 77,00 € an.

a)   Vervollständigen Sie die abgebildete Tabelle.

Produktions-menge	variable Kosten	fixe Kosten	Gesamt-kosten	variable Stückkosten	fixe Stückkosten	Stück-kosten
100						
200						
300						
400						

Produktions- menge	variable Kosten	fixe Kosten	Gesamt- kosten	variable Stückkosten	fixe Stückkosten	Stück- kosten
500						
600						
700						
800						
900						
1 000						

b) Zeichnen Sie den Verlauf der variablen Gesamtkosten, der fixen Gesamtkosten sowie der Gesamtkosten in einem Diagramm auf.

c) Zeichnen Sie den Verlauf der variablen Stückkosten, der fixen Stückkosten sowie der gesamten Stückkosten in einem Diagramm auf.

Aufgabe 14: Den Deckungsbeitrag und die Gewinnschwelle (Break-even-Point) ermitteln

Die WFW AG verkauft ein Kinderfahrrad zum Nettopreis von 198,00 €. Die variablen Stückkosten betragen 140,00 €, die insgesamt anfallenden Fixkosten je Rechnungsperiode 290 000,00 €.

a) Ermitteln Sie
aa) den Deckungsbeitrag,
ab) den Break-even-Point,
ac) den Erfolg bei einem Absatz von 14 000 Stück.

b) Im harten Wettbewerb mit der Konkurrenz sieht die Unternehmensleitung drei Alternativlösungen, um den Erfolg der letzten Rechnungsperiode zu halten:
  1. Senkung des Stückpreises um 20 %,
  2. Produktion eines qualitativ besseren Fahrrades, wodurch sich die variablen Kosten um 14,50 € je Stück erhöhen,
  3. Anschaffung einer neuartigen Produktionsanlage, wodurch die Fixkosten um 10 % zunehmen.

  Zeigen Sie die Auswirkungen der drei Alternativen auf die Gewinnschwellenmenge und den Umsatz auf, wenn der Erfolg der letzten Rechnungsperiode (vgl. a)) erreicht werden soll.

Aufgabe 15: Preisuntergrenzen bestimmen

Die Click & Safe GmbH aus Passau ist ein mittelständischer Hersteller von Fahrradschlössern, der in den letzten Monaten zunehmend Absatzschwierigkeiten hatte.

Aus der Kostenrechnung liegen für das Fahrradschloss „Secure" folgende Daten vor:

Produktionsmenge	1 000 Stück je Monat
Materialkosten	8,00 € je Stück
Fertigungslöhne	7,00 € je Stück
Sonstige variable Kosten	0,70 € je Stück
Anteilige kalk. Abschreibungen	2 700,00 € je Monat
Anteilige kalk. Zinsen	300,00 € je Monat
Ausgabewirksame fixe Kosten	200,00 € je Monat

a) Bestimmen Sie für das Fahrradschloss „Secure"

aa) die kurzfristige Preisuntergrenze,

ab) die langfristige Preisuntergrenze,

ac) die liquiditätsorientierte Preisuntergrenze.

b) Erläutern Sie, unter welchen Bedingungen die Click & Safe GmbH ein Angebot eines Discounters über die Abnahme von 3 000 Schlössern für 17,50 € je Stück annehmen sollte.

c) Erläutern Sie, warum die Click & Safe GmbH ein Angebot über 14,50 € je Stück keinesfalls akzeptieren sollte.

Aufgabe 16: Das optimale Produktionsprogramm mithilfe des relativen Deckungsbeitrags bestimmen

Die Sommerfeld Bürosysteme GmbH ist ein erfolgreiches mittelständisches Industrieunternehmen aus Essen. Im Rahmen der Büromöbelfertigung ist ein Kapazitätsengpass entstanden, in dem aktuell 13 500 Fertigungsminuten zur Verfügung stehen.

a) Bestimmen Sie das optimale Produktionsprogramm, indem Sie die nachfolgende Tabelle vervollständigen.

Erzeugnis	Cana Polsterbank	Tubis Polsterbank	Basis Polsterbank	Basis Polstersessel	Cubis Tisch	Cubis Polstersessel
absetzbare Menge (in Stück)	1 000	400	500	1 800	40	160
Verkaufspreis (je Stück in €)	2 754,00	2 895,00	2 839,50	1 182,00	465,00	1 109,00
variable Kosten (je Stück in €)	2 619,00	2 345,00	2 604,50	722,00	315,00	919,00
Stückdeckungsbeiträge (in €)						
Fertigungszeit (je Stück in Minuten)	12	15	20	4	10	16
relativer Stückdeckungsbeitrag						
Rangfolge						
benötigte Fertigungszeit (in Minuten)						
Zusammensetzung des Fertigungsprogramms						
Gesamtdeckungsbeiträge je Erzeugnis (in €)						
maximaler Gesamtdeckungsbeitrag (in €)						
- fixe Kosten (in €)						
maximaler Gewinn (in €)						

b) Aufgrund des Kapazitätsengpasses können einige Kundenaufträge nicht produziert werden. Erläutern Sie, welche Folgen/Probleme sich daraus für die Sommerfeld Bürosysteme GmbH ergeben können.

c) Diskutieren Sie, welche Maßnahmen die Sommerfeld Bürosysteme GmbH ergreifen könnte, um diesen kurzfristigen Kapazitätsengpass beheben zu können.

d) Beschreiben Sie, welche Maßnahmen notwendig wären, wenn die Kapazität in der Büromöbelfertigung dauerhaft (langfristig) nicht ausreicht.

Aufgabe 17: Eine Zielkostenrechnung (Target Costing) durchführen

Auf einer Abteilungsleiterkonferenz der Sommerfeld Bürosysteme GmbH zitiert Peter Kraus, der Leiter der Abteilung Vertrieb, aus dem Geschäftsbrief eines Kunden:

Sehr geehrte Damen und Herren,

leider müssen wir Ihnen mitteilen, dass wir Ihr Angebot über die Lieferung von 25 Basispolstersesseln mit verchromten Tragarmen (Bestell-Nr. 771/0) nicht annehmen werden. Es handelt sich zwar zweifelfrei um ein qualitativ hochwertiges Produkt, allerdings besitzt es Eigenschaften, welche für uns nicht relevant sind. Wir haben uns für ein Angebot eines Ihrer Mitbewerber entschieden, da dieser uns einen vergleichbaren Sessel zum Preis von 990,00 € je Stück liefern konnte.

Mit freundlichen Grüßen
Michael Back

Peter Kraus erläutert: „Wir bieten den Basispolstersessel zu einem Netto-Listenverkaufspreis von 1 182,00 €, wobei wir einen Gewinnzuschlag von 20 % realisieren, wie mir die Kollegen aus dem Controlling mitgeteilt haben. Wir müssen zwingend den Verkaufspreis senken, wenn wir hier nicht von unseren Mitbewerbern aus dem Markt gedrängt werden wollen."

a) Ermitteln Sie für den Basispolstersessel die jeweiligen Kostenanteile für die festgestellten Produkteigenschaften.

Produkteigenschaften	Kosten in €	Kostenanteil in %	Kundengewichtung in %
Lebensdauer	325,05 €		30 %
Reinigungsmöglichkeiten der Polster	108,35 €		15 %
Kombinationsmöglichkeiten	98,50 €		5 %
Ergonomische Eigenschaften/Bequemlichkeit	118,20 €		25 %
Optik durch verchromte Armlehnen	216,70 €		10 %
Recycling	118,20 €		15 %
Gesamtkosten	985,00 €	100 %	100 %

b) Erläutern Sie, bei welchen Produkteigenschaften Kosten eingespart werden könnten, ohne dass sich die Produkteinschätzung des Kunden verschlechtert.

c) Ermitteln Sie die Zielkosten (Target Costs), wenn die Sommerfeld Bürosysteme GmbH den Basispolstersessel – wie der Mitbewerber auch – zu einem Netto-Listenverkaufspreis von 990,00 € anbieten möchte, wobei der Gewinnzuschlag von 20 % auch zukünftig realisiert werden soll.

d) Vervollständigen Sie den Aufbau der Zielkostenrechnung für den Basispolstersessel:

    Target Price:
– Target Profit:
= Target Costs:
– Drifting Costs:
= Target Gap:

e) Ermitteln Sie die Kosten, die für die Realisation der jeweiligen Produkteigenschaft anfallen dürfen, wenn als Maßgabe die Kundengewichtung gilt und die Zielkosten in Höhe von 825,00 € realisiert werden sollen.

Produkteigenschaften	Kundengewichtung = Kostenanteil in %	Target Costs je Produkteigenschaft
Lebensdauer	30 %	
Reinigungsmöglichkeiten der Polster	15 %	
Kombinationsmöglichkeiten	5 %	
Ergonomische Eigenschaften/ Bequemlichkeit	25 %	
Optik durch verchromte Armlehnen	10 %	
Recycling	15 %	
	100 %	825,00 €

f) Berechnen Sie den Target Gap je Produkteigenschaft.

Produkteigenschaften	Tatsächliche Kosten in €	Zielkosten je Produkteigenschaft	Target Gap
Lebensdauer			
Reinigungsmöglichkeiten der Polster			
Kombinationsmöglichkeiten			
Ergonomische Eigenschaften/ Bequemlichkeit			
Optik durch verchromte Armlehnen			
Recycling			
	985,00 €	825,00 €	

Aufgabe 18: Die flexible Plankostenrechnung als Alternative zur Normalkostenrechnung anwenden

Die Kostenrechnung der Sommerfeld Bürosysteme GmbH hat für die Herstellung von 40000 Stapelstühlen im Oktober folgende Plandaten zusammengestellt:

	Gesamte Plankosten in €	davon fix
Fertigungslöhne	3 600 000,00	–
Hilfslöhne	875 000,00	40 %
Hilfsstoffe	1 125 000,00	30 %
Kalkulatorische Abschreibungen	1 000 000,00	100 %

Tatsächlich wurden im Oktober nur 30000 Stapelstühle produziert, wobei folgende Ist-Kosten in Euro ermittelt werden:

Fertigungslöhne	2 750 000,00 €
Hilfslöhne	602 000,00 €
Hilfsstoffe	845 000,00 €
kalkulatorische Abschreibungen	1 000 000,00 €

a) Erstellen Sie einen Kostenplan.

b) Ermitteln Sie die Plankostenverrechnungssätze.

c) Errechnen Sie die verrechneten Plankosten.

d) Bestimmen Sie die Beschäftigungs- und Verbrauchsabweichungen.

Aufgabe 19: Die Prozesskostenrechnung als Ergänzung zur traditionellen Kostenrechnung kennenlernen

Die Eller Keramikwerke Obernzell GmbH & Co KG möchte die Prozesskosten in der Kostenstelle Versand verursachungsgerecht ermitteln.

a) Berechnen Sie den Teilprozesskostensatz, den Umlagesatz und den Prozesskostensatz.

Teilprozess	Kostentreiber (Cost Driver)	Teilprozess-menge je Monat	Teilprozess-kosten je Monat	Teilprozess-kostensatz	Umlage-satz	Prozess-kosten-satz
Aufträge bearbeiten	Anzahl der Aufträge	1 200	17 400,00 €			
Aufträge kommissionieren	Anzahl der Aufträge	1 200	18 960,00 €			
Aufträge versenden	Anzahl der Aufträge	1 200	11 400,00 €			
Abteilung leiten	leistungsmengenneutral		3 343,20 €		Ermittlung Umlagesatz:	

b) Berechnen Sie die gesamten Prozesskosten für die Bearbeitung eines Auftrages in der Kostenstelle Versand.

Bildquellenverzeichnis

Foto Stephan – Behrla Nöhrbaß GbR, Köln: 12

fotolia.com, New York: 158; brynner jun. 93; Eisenhans 174; h_lunke 7; industrieblick 103; janny2 57; Jeanette Dietl 46; PhotoSG 49; Sanders, Gina 29; stockphoto-graf 135; Ulf Gähme 61

stock.adobe.com, Dublin: industrieblick 124; khaligo 90; Lucky Dragon USA 82; Pfluegl, Franz 100; Picture-Factory 68, 141; Prashant ZI 80; stockphoto-graf 107; sylv1rob1 25; uwimages 129; zinkevych 149

vario images, Bonn: 185

Umschlagfoto: Fabiola Quadflieg www.qpunkt.eu